309851

LEÇONS
DE MÉTAPHYSIQUE
DE KANT.

LEÇONS

DE

MÉTAPHYSIQUE

DE KANT,

PUBLIÉES PAR M. POELITZ,

PRÉCÉDÉES

D'UNE INTRODUCTION

OU L'ÉDITEUR EXPOSE BRIÈVEMENT LES PRINCIPAUX CHANGEMENTS
SURVENUS DANS LA MÉTAPHYSIQUE DEPUIS KANT;

Traduites de l'Allemand

PAR J. TISSOT,

PROFESSEUR DE PHILOSOPHIE A LA FACULTÉ DES LETTRES DE DIJON.

PARIS,

LIBRAIRIE PHILOSOPHIQUE DE LADRANGE,
QUAI DES AUGUSTINS, 19.

1843.

PRÉFACE DU TRADUCTEUR.

—

Depuis assez long-temps déjà la métaphysique cartésienne a cessé de régner en France, et aucune autre n'en a pris la place.

L'école empirique, dite sensualiste, n'en a pas eu; et celle qui lui a succédé ne s'est pas encore nettement formulée à cet égard, non plus qu'à beaucoup d'autres.

Et cependant la métaphysique est un des besoins les plus impérieux de l'esprit humain; et si la philosophie n'est pas là tout entière, c'est là du moins qu'elle tend sans cesse. Il y a plus : c'est que si une philosophie n'a pas une métaphysique, bien ou mal faite, toujours elle en suppose une.

La métaphysique, et dans la métaphysique l'ontologie, est donc au fond de toutes les spéculations philosophiques. Disons mieux : elle est au fond de toutes les spéculations scientifiques, puisqu'elle est en germe nécessaire dans les idées primitives qui constituent le domaine du sens commun.

Aussi des savants de plus d'une sorte ont-ils fort mauvaise grace de la dédaigner. Pour peu qu'ils fussent conséquents, ils seraient très-facilement convaincus d'avoir des idées métaphysiques, d'avoir même une théorie métaphysique quelconque, ou d'être sans cesse en contradiction avec eux-mêmes, s'ils ne voulaient pas en convenir.

La métaphysique n'est donc pas, comme on se l'imagine trop souvent, un résultat fantastique de quelques cerveaux exaltés ou excentriques : c'est un produit universel et nécessaire de l'esprit humain. La philosophie n'en produit pas plus les idées fondamentales ou la matière, qu'elle ne produit les idées d'un autre genre. Sa mission, comme sa puissance, se borne à constater et à étudier ces sortes d'idées quant à leur origine, à leur valeur et à leurs rapports.

C'est parce que les idées métaphysiques sont naturelles, primitives, parce qu'elles se retrouvent au fond de toutes nos connaissances et dans toutes les têtes humaines ; c'est-à-dire, parce qu'elles sont objectivement et subjectivement universelles, qu'elles passent inaperçues pour beaucoup d'esprits. Semblables à la lumière, elles sont comme invisibles par elles-mêmes, et servent à illuminer, à rendre intelligible tout le reste. Si la lumière du soleil n'avait pas ses phases, ses absences et ses retours, si les ténèbres ne la remplaçaient pas périodiquement, je ne serais point surpris qu'elle n'eût point de nom parmi les hommes, qu'elle fût même niée par un grand nombre, et qu'enfin ceux qui en proclameraient l'existence fussent regardés du même œil qu'on voit généralement les métaphysiciens dans le monde.

Tant pis pour le monde et pour les savants mêmes qui nient jusqu'aux idées métaphysiques. Il ne faudrait pas un quart d'heure de discussion pour réduire ces sortes d'adversaires à reconnaître soit qu'ils nient ce qu'ils ne comprennent pas, soit qu'ils nient d'un côté ce qu'ils affirment de l'autre, soit qu'ils sont métaphysiciens à leur insu, sans cependant que leur métaphysique en vaille mieux; soit enfin que s'ils ne veulent pas l'être, il faut qu'ils se jettent entre les bras du scepticisme le plus radical.

Voilà le sort logique inévitablement réservé à ceux qui nient les idées métaphysiques.

Quant à ceux qui les reconnaissent, il faut qu'ils conviennent que ces idées sont susceptibles d'être étudiées comme toutes les autres espèces d'idées; qu'une théorie, une science métaphysique, est dès-lors possible; qu'elle est de la plus haute importance, puisque les idées qui en sont l'objet sont comme le noyau de toutes nos autres connaissances; — ou qu'ils nient que nous ayons la faculté de réfléchir sur des idées dont nous avons conscience, ou bien enfin qu'ils démontrent que cette réflexion n'aboutit scientifiquement à rien.

S'ils contestent la possibilité de réfléchir à cet égard, ils rejettent un fait.

S'ils nient que la métaphysique soit possible et qu'ils le démontrent ou croient le démontrer, ils font une théorie métaphysique, et tombent en contradiction avec eux-mêmes.

Enfin, si, croyant à la possibilité de la métaphysique comme science, ils en nient l'utilité, tout en reconnaissant que les questions les plus intéressantes pour l'humanité sont indissolublement liées à celles dont les idées les plus générales de la métaphysique peuvent être l'objet, ils se contredisent encore de la manière la plus flagrante.

Il ne leur resterait plus, pour essayer de justifier leur mépris, qu'à nier cette étroite connexion entre les questions de haute métaphysique et celles qui tiennent de plus près aux intérêts supérieurs de l'humanité. Ce serait encore là nier un fait, et par conséquent tomber dans la déraison.

Mais si la matière de la métaphysique est incontestable; si la science en est possible, dût-elle être négative; si enfin l'utilité de cette science, quel qu'en soit le résultat (pourvu qu'il soit scientifiquement établi et qu'il puisse être regardé comme vrai), si cette utilité, dis-je, est impossible à méconnaître, en même temps qu'elle est de la plus haute gravité : — il importe extrêmement d'en favoriser l'étude.

Pour le faire utilement, il nous a paru que rien n'était plus convenable que de prendre cette science au point où elle était restée parmi nous, et de donner aux amis de la philosophie un traité qui est comme la transition de la métaphysique de Descartes, de Leibniz et de Wolff, c'est-à-dire de la métaphysique du 17ᵉ siècle à celle du 19ᵉ.

Or, cette transition est très-bien représentée par les *Leçons de Métaphysique de Kant*.

Ces *Leçons*, qui étaient moins avancées que la *Critique de la Raison pure*, et qui ont un caractère positif que la métaphysique semble avoir perdu dans cet immortel monument, sont loin d'être trop arriérées pour le public français, même pour ce public qui s'occupe un peu sérieusement de philosophie.

C'est donc par là qu'il convient de renouer avec notre propre passé, et de nous acheminer à quelque chose de mieux peut-être.

Les *Leçons de Métaphysique de Kant* n'ont pas été publiées par lui, ni même sur des manuscrits qu'il ait laissés. Ce sont, à proprement parler, des rédactions, ou plutôt des notes prises à ses cours par des auditeurs, à deux ou trois époques différentes.

L'éditeur, M. Pœlitz, qui a long-temps professé la philosophie, le droit naturel et des gens, l'histoire et la statistique dans différentes universités allemandes; M. Pœlitz, auteur de plusieurs ouvrages originaux estimés, nous est un sûr garant déjà de l'importance des *Leçons de Métaphysique* et du zèle intelligent qui a présidé à leur publication.

Nous croyons d'autant moins nécessaire de nous justifier de donner cette traduction d'une œuvre indirecte et posthume de Kant, qu'en comparant ces leçons avec les ouvrages de même nature publiés par ce philosophe, on reconnaît au fond la même pensée, la même doctrine, le même système, avec cette différence que certaines parties ne sont souvent qu'en germe, soit dans les Leçons, soit dans les ouvrages publiés par l'auteur, tandis qu'elles sont développées les unes ici, les autres là. Les leçons du professeur complètent donc la pensée de l'auteur ou la résument : si elles en diffèrent quelquefois en matière importante, ces différences sont rares.

Elles remplissent donc une lacune dans la doctrine de Kant telle qu'il l'a fait connaître lui-même, puisqu'il n'avait donné aucune métaphysique positive.

Et quand même on ne les regarderait que comme exprimant dans le professeur une période intellectuelle antérieure à celle qui a donné naissance à la doctrine *critique de la raison pure*, elles auraient toujours une très-grande importance historique; mais elles sont quelque chose de plus, et font connaître comment l'auteur de la *Critique* enseignait une métaphysique qu'il semblait avoir réduite à rien [1].

Il faut remarquer, en effet, que les Leçons de Mé-

---

[1] La métaphysique négative telle qu'elle ressort de la *Critique*, semble emporter avec elle toute la métaphysique positive, et, comme l'a dit l'auteur dans sa préface à la première édition, contient implicitement les solutions de toutes les questions auxquelles cette métaphysique peut donner lieu. La *Critique* ne fournirait donc pas simplement un principe de solution d'une application difficile, mais encore des solutions proprement dites. La *dialectique transcendentale* est-elle autre chose, en effet, qu'une démonstration, du moins aux yeux de l'auteur, de l'impossibilité de toute métaphysique positive?

taphysique ont été faites bien postérieurement à 1781, date de la publication du principal ouvrage de Kant. On ne saurait pas qu'elles ont été recueillies en 1788, 1789, 1790, qu'il serait impossible de douter, en les lisant, qu'elles sont sorties d'un esprit pénétré des grands résultats de la *Critique de la Raison pure.*

Un autre genre d'intérêt qui s'attache à notre publication, c'est qu'elle contient la psychologie expérimentale de Kant, psychologie aussi simple qu'elle est lucide, et dont les grandes divisions sont les mêmes qui sont généralement admises dans l'enseignement philosophique en France depuis plusieurs années.

Ajoutons que les leçons de Kant étaient beaucoup plus claires que ses écrits, et que cette clarté se retrouve dans les notes qui ont été recueillies à ses cours. Aussi ces notes sont-elles très-propres à faciliter l'intelligence de la doctrine écrite de ce grand maître.

Pour mieux faire ressortir le rapport qui existe entre les *Leçons de Métaphysique* et la Critique, comme aussi pour expliquer certaines propositions qui pourraient être mal entendues, ou pour en réfuter d'autres qui nous semblent fausses, nous entrerons dans quelques détails.

1° Kant dit, ou on lui fait dire, dans la division de la psychologie en empirique et en rationnelle, que l'objet de cette dernière est *en soi* un objet d'expérience encore.

Cette assertion me paraît fausse, ou tout au moins

équivoque[1] : fausse, si l'auteur prétend que nous avons une intuition quelconque de la substance Moi ; obscure, s'il entend que cette intuition est sans doute possible à d'autres intelligences, et que nous-mêmes nous nous connaîtrons un jour intuitivement.

Je ne crois pas cependant que cette dernière interprétation soit conforme à la pensée de l'auteur ; il est en tous cas certain que Kant, dans sa Critique de la Raison pure, nie positivement, et à très-bon droit, que nous *connaissions* autre chose de nous-mêmes que nos phénomènes internes.

En effet, si le connaître suppose matière et forme, si la matière de la connaissance est nécessairement un produit de la perception soit externe, soit interne ; ce qui n'est pas sensible, phénoménal, ne peut être perçu, ni par conséquent connu.

On ne peut pas dire, pour échapper à cette conclusion, que le moi *substantiel* est lui-même *phénomène* : car il y a là contradiction dans les termes mêmes. Si

---

[1] C'est par suite de la même erreur que l'on fait dire un peu plus loin au professeur que « la psychologie rationnelle est » la connaissance des objets du *sens intime* en tant que cette » connaissance est fournie par la *raison pure* (p. 200). » Il est clair que le sens intime n'est pas la même chose que la raison pure, que l'objet de l'une de ces facultés ne peut pas être celui de l'autre. Le sens intime est la faculté des faits internes : il ne donne que des connaissances empiriques, tandis que la raison est le principe des conceptions ou connaissances *a priori*.

le moi substantiel pouvait *apparaître*, être phénomène, être connu, il serait une substance qui en supposerait une autre comme sujet, puisque par hypothèse il serait phénomène, et que tout phénomène suppose réalité substantielle ultérieure inaperçue.

Mais alors cette réalité substantielle qui serait sous le phénomène *moi*, serait la véritable substance du moi ; et comme elle ne serait pas elle-même phénomène, à moins de lui supposer à son tour une troisième substance, et ainsi de suite à l'infini, le moi substantiel ne peut donc pas être connu de lui-même.

Et cependant il s'affirme. S'affirmerait-il donc sans se connaître ? — Sans se CONNAITRE, oui ; sans se CONCEVOIR, non ; deux choses fort différentes et que l'on confond sans cesse.

Mais n'anticipons point sur la psychologie rationnelle : constatons seulement que la proposition qui a occasioné cette courte discussion n'est point en harmonie avec le reste de la doctrine de Kant. Disons pourtant que dans son Anthropologie il parle encore d'une *aperception* du moi sous les phénomènes de conscience, et qu'il appelle cette aperception conscience logique.

2º Nous trouvons encore, à l'occasion de la distinction des sciences en *empiriques* et en *rationnelles*, que l'auteur considère la pesanteur et la fluidité comme des qualités empiriques (p. 199). Cette assertion serait susceptible d'une distinction qui la rendrait fausse en un sens, savoir : en ce que la force qui détermine la chute des graves, force qu'on appelle proprement *pe-*

santeur, n'est pas plus du domaine direct de l'expérience que quelque autre force que ce puisse être : la *force* telle qu'on l'entend ordinairement n'est qu'une conception qui s'ajoute à celle de cause et la détermine.

3º Tout en disant que « la métaphysique est la science de la raison pure, qu'elle comprend la psychologie rationnelle et la physique rationnelle, » l'auteur ne détermine pas ici ce qu'il faut entendre par raison pure.—C'est la capacité d'avoir des idées non-sensibles.

4º Lorsqu'on fait dire à Kant « que le sujet moi est senti, que le moi est la seule substance que nous puissions percevoir, » on le met en contradiction avec lui-même comme auteur de la *Critique de la Raison pure*. Et c'est, nous n'en faisons pas le moindre doute, la doctrine exposée dans ce dernier ouvrage qui est la vraie, et qu'il est juste d'attribuer exclusivement à l'auteur.—Ajoutons pourtant que, dans cet ouvrage même, il a quelquefois l'air peu conséquent, puisqu'en plus d'un endroit, surtout lorsqu'il parle de l'unité synthétique *a priori*, de l'aperception pure, etc., il prête à penser qu'il croit à l'intuition du moi substantiel.

5º Je ne sais si l'on se comprend bien lorsqu'on dit que « l'immatériel est *présent* dans l'espace *sans remplir un lieu.* » — Il est du moins un sens suivant lequel il y aurait là contradiction.

6º Ne fait-on pas aussi une confusion lorsqu'on dit : « Quand je compte, j'ai la conscience des nombres? » Les nombres, comme tels, ne sont point des faits de conscience : c'est l'*acte* de nombrer qui a ce caractère; ce sont les *idées* de nombre qui sont des faits de conscience, et non point leur valeur rationnelle ou objective.

Cette réflexion nous semble d'autant plus importante, que la confusion qu'elle est destinée à dissiper est pour quelques bons esprits [1] une occasion de confondre la psychologie empirique ou expérimentale avec les sciences métaphysiques ou rationnelles.

Il est très-vrai que ces sciences ne peuvent être faites sans idées, et que toute idée, en tant qu'elle fait son apparition dans l'esprit humain, est un fait de conscience. Mais est-ce à dire, comme on a l'air de le croire, que la psychologie bien faite non-seulement donnerait la clef de toutes les difficultés métaphysiques, mais en serait même une solution directe, serait une métaphysique complète? Nous ne le pensons pas, et voici pourquoi :

a) La psychologie expérimentale ne comprend que les idées mères, fondamentales des différentes sciences métaphysiques, et non les idées déduites qui résultent de la combinaison des premières. Elle ne comprend pas davantage leur disposition en un tout, leur systématisation; sans quoi il y aurait dans la raison native de chaque homme non-seulement la matière et la forme *en puissance* de toutes les sciences métaphysiques, mais encore cette matière et cette forme *en réalité*. Or, il n'en est rien : c'est évident. Donc la

---

[1] Tel que M. Jouffroy. V. sa préface aux OEuvres de Reid.

science exige, et pour la matière et pour la forme, un travail qui, en s'exerçant sur un fonds natif il est vrai, suscite dans la conscience des idées nouvelles et dont le caractère est vraiment scientifique, puisqu'elles sont le fruit de la réflexion et du raisonnement. Je ne pense pas qu'on prétende qu'elles y sont, mais assoupies, et sans donner connaissance d'elles-mêmes. De pareilles idées ne sont qu'une contradiction assez grossière.

Si la psychologie expérimentale, telle qu'on l'entend ordinairement, a pour objet de faire connaître l'état général de la conscience humaine, il est évident qu'elle ne donne pas les sciences métaphysiques, qui ne sont point naturellement toutes faites dans l'esprit humain. Quiconque serait conséquent, et prétendrait les faire en observant scrupuleusement les idées qui leur servent de base, ressemblerait à un homme qui, au lieu de travailler pour augmenter son patrimoine, passerait son temps à supputer la valeur de ses biens, distinguant soigneusement leur nature, mettant d'un côté les valeurs mobilières, et de l'autre les immobilières; subdivisant les unes et les autres, et classant le tout avec un ordre parfait. Il ne serait pas plus riche après cette opération qu'auparavant: seulement il connaîtrait parfaitement ses ressources, saurait sur quoi compter s'il voulait faire des entreprises pour augmenter sa fortune.

b) Autre chose est d'ailleurs de s'occuper des idées sous le point de vue psychologique, autre chose de s'en occuper sous le point de vue scientifique et métaphysique. Cette distinction, que nous croyons neuve et du plus haut intérêt, pour être un peu subtile, n'en est pas moins juste. En effet, les idées ne sont que de purs faits de conscience, des états intellectuels de l'ame, des déterminations du moi, si l'on fait abstraction de leur valeur objective, de leur sens intellectuel, comme c'est l'hypothèse dès qu'on ne les envisage que comme faits de conscience. On aurait beau les regarder toute sa vie comme des états internes, comme des déterminations du moi, on n'en tirerait pas la moindre instruction. On n'obtiendrait pas davantage la science dont elles sont la matière première, en s'occupant de leur origine.

Ainsi considérées psychologiquement, c'est-à-dire comme *actuelles* ou comme *primitives*, c'est-à-dire encore dans le présent et dans le passé, elles ne rendront jamais que deux choses, leur présence dans l'esprit, et la manière certaine ou probable dont elles y ont fait leur apparition d'abord.

c) Pour faire les sciences métaphysiques, il faut donc nécessairement sortir du point de vue *psychologique* des idées, et s'attacher à leurs points de vue ontologique et *logique*, c'est-à-dire à leur sens objectif et à leurs rapports entre elles : car toute science n'est qu'un système d'idées ayant un sens objectif ou impersonnel, et dont toutes les parties sont liées par des idées encore.

Or, les idées sont entre elles dans un rapport *analytique* ou *synthétique*. Le premier de ces rapports est un rapport par *identité* totale ou partielle; le second, un

b

rapport d'*affinité* dont la loi forme ce qu'on appelle l'association des idées. Mais on aurait beau connaître psychologiquement et la loi du rapport analytique des idées ou loi d'identité, et la loi du rapport synthétique ou loi d'affinité, on n'aurait pas encore posé la première pierre de l'édifice d'une science quelconque; et cependant, c'est là le *nec plus ultra* de la psychologie empirique en fait de science. Elle est donc absolument impuissante à donner *directement* la solution des questions métaphysiques.

Pour le mieux comprendre, qu'on nous permette l'exemple des mathématiques. Assurément, celui qui commence à apprendre l'arithmétique et la géométrie peut avoir et a réellement en général les notions fondamentales de ces deux sciences: il sait compter; il a l'idée de l'unité, de la multiplicité et de leur rapport; il a des notions complètes de l'espace, et de l'étendue dans les trois dimensions de l'espace considérées isolément ou réunies. Or, je le demande, deviendrait-il un grand mathématicien en étudiant toutes ces idées sous le rapport psychologique? Ne faut-il pas, au contraire, qu'il perde complètement de vue cette manière d'envisager les idées fondamentales de la science, pour ne les considérer que sous le point de vue rationnel ou logique, c'est-à-dire dans leurs rapports?

Si l'on m'objecte que ces rapports mêmes sont du ressort de la psychologie, je répondrai qu'à ce compte la psychologie serait la science universelle, puisqu'il suffirait qu'une idée fût un fait de conscience, qu'une science se composât d'idées, pour qu'elle fût du domaine de la psychologie; ce qui est évidemment donner à la psychologie une extension abusive.

Sans doute, les idées de rapport, et ce que nous avons appelé le caractère objectif des conceptions de la raison, sont des faits de conscience; mais est-ce à ce titre que les idées ont un sens, une portée objective, qu'elles sont (pour me servir d'une expression qui, bien qu'abusive, a cependant un côté vrai) *représentatives?* Est-ce en tant qu'elles sont des faits de conscience qu'elles ont une valeur objective, nécessaire, absolue, qu'elles constituent le monde intelligible (matériel ou idéal), le seul après tout que nous connaissions? Les intuitions et les idées générales mêmes ne sont-elles pas regardées comme quelque chose de plus que de simples faits internes? Pourquoi, si elles n'étaient que des faits de cette nature, se distingueraient-elles d'autres faits qui, par eux-mêmes, n'ont aucune valeur objective, aucun sens intelligible, les faits affectifs, les sensations proprement dites, les sentiments, les appétits, les actes instinctifs, etc.?

Il nous paraît donc incontestable que les idées métaphysiques peuvent et doivent être considérées sous deux points de vue : 1° sous le point de vue subjectif ou psychologique, et alors elles ne sont que des états de l'esprit, des faits de conscience, et n'ont, sous ce rapport, aucun caractère intelligible et scientifique; 2° sous le point de vue objectif ou ontologique, et alors, sans cesser d'être des états de l'esprit, elles ne sont cependant pas considérées comme telles, mais bien exclusivement par rapport à leur valeur scientifique. Ce second point de vue est même le premier qui se présente à l'esprit de l'individu et des masses. C'est pourquoi l'histoire de la philosophie nous représente les premiers penseurs tout occupés à édifier les sciences, sans avoir l'air de soupçonner qu'il y eût une étude psychologique à faire sur la nature, l'origine et la valeur réelle de ces conceptions.

L'enfant se préoccupe-t-il de l'origine de ses idées, de ses intuitions, en un mot du côté subjectif ou psychologique de ses connaissances? Nullement : il est fatalement entraîné par elles dans leur sens objectif, impersonnel, ontologique, ou logique. Les idées nous ont été données surtout pour éclairer notre activité, et non pour n'être qu'un objet de contemplation intérieure. Le point de vue psychologique est donc véritablement exceptionnel, je dirais presque anormal, loin d'être le point de vue général et ordinaire.

Faire de la psychologie en matière d'idées, ce n'est donc point faire de la science; de même que faire de la science, ce n'est point faire de la psychologie, dans le sens propre des mots *science* et *psychologie*.

Concluons donc, en définitive, que lorsque nous comptons, nous n'avons pas, à proprement parler, la conscience du nombre, parce que nous n'avons conscience que de nos états, de nos manières d'être réelles, et que le nombre n'est point un état, comme, par exemple, la douleur, la joie ou la tristesse; que c'est le caractère rationnel et objectif d'une certaine espèce d'idées qu'on appelle, pour cette raison, idées de nombre, mais non un état. Si le nombre était un état, il n'aurait aucune valeur objective; et d'un autre côté, si c'était quelque chose d'objectif, d'indépendant de notre idée, nous ne pourrions pas plus le connaître que nous ne pourrions être lui et nous tout à la fois : car, à la rigueur, nous ne connaissons que nos idées.

Comment se fait-il, maintenant, que ces idées aient un caractère, et par suite une valeur objective? C'est vraiment là le mystère de notre nature cognitive, mystère que nous nous bornons à constater comme une loi primitive de notre être, et dont nous n'avons pas plus le mot que nous n'avons celui de toute autre loi de ce genre.

7° Kant a dit en différents endroits de ses ouvrages, particulièrement dans son Anthropologie et sa Psychologie expérimentale, que nous avons un grand nombre d'idées dont *nous n'avons pas conscience.* Cette opinion m'a toujours semblé très-paradoxale. On nous donne cependant des exemples : c'est la vue de la voie lactée; celle d'un homme, d'une maison vus de loin; c'est, par exemple, encore la notion de droit ou de liberté, etc. Comment, dit-on, aurions-nous la perception de la voie lactée, où nous ne distinguons à l'œil nu aucune étoile, si cependant nous n'avions pas la perception de chaque étoile dont elle est formée? Comment saurions-nous qu'un animal que nous voyons dans le lointain est un cheval, si nous n'en voyions la tête, les jambes et le tronc, et même les différentes parties des membres et du corps de cet animal, parties que nous ne distinguons pourtant pas : car la tête n'est tête, et n'est visible comme telle, que par les parties qui la constituent, depuis la plus petite jusqu'à la plus grande, etc.?

Il nous semble que cet argument prouve beaucoup trop pour qu'il puisse prouver quelque chose. En effet, si le tout n'est visible que parce que ses parties le sont, comme il ne peut l'être que par ses parties réelles, et que ces parties réelles ne sont que des atomes, des infiniment petits, et que des infiniment petits pourraient fort bien n'être qu'une hypothèse métaphysique, et qu'en tous cas, lors même qu'ils seraient quelque chose de plus, comme on l'admet généralement, ils ne sont pas visibles pris un à un, il s'ensuit qu'ils ne peuvent pas l'être réunis : car leur réunion n'est qu'une idée de rapport, et ce n'est pas cette idée qui peut être visible. Si le tout n'est visible que parce que ses parties le sont, il s'ensuit donc rigoureusement que si les parties ne le sont pas, le tout ne l'est pas lui-même. Telle est la conséquence du principe en vertu duquel Kant conclut que nous avons une foule d'idées dont nous n'avons pas conscience.

S'il s'était contenté de dire que nous avons des idées obscures, indéterminées, dans l'ordre empirique comme dans l'ordre rationnel, nous n'aurions rien eu à reprendre; mais dire que nous avons des idées dont nous n'avons pas conscience, c'est, à ce qu'il nous semble, dire que nous avons des idées qui ne sont pas des idées, que nous avons des idées que nous n'avons pas.

En effet, et sans attacher à la rétorsion précédente plus de valeur qu'elle n'en a peut-être, puisque rétorquer, comme dit l'école, n'est pas répondre, attachons-nous au sens du mot idée, et voyons s'il n'est pas nécessaire que toute idée soit accompagnée de conscience. En effet, qu'est-ce qu'une idée, sinon un état avec conscience, un état du moi? Si la conscience n'accompagnait pas cet état, l'idée serait-elle un état de l'esprit, du *moi*, un état qu'un être intelligent pût dire *sien*, un état cognitif, une illumination d'un sujet pensant? Evidemment non : ou bien il faudrait admettre qu'un pareil état n'a pas plus d'existence aux yeux du sujet qui en est revêtu, que la gravité ou la dureté pour la pierre qui nous présente ces qualités. Mais est-il possible que les idées soient ainsi des états ignorés, nous ne disons plus du *moi*, car il y a évidemment contradiction, mais de la substance du moi; ce qui, comme j'ai essayé de l'établir ailleurs, n'est pas à beaucoup près la même chose? Une pareille idée serait un état de vie d'un sujet qui serait pourtant comme mort, inanimé, à cet égard : car l'idée, la pensée, est la vie du moi; dire qu'il peut avoir des idées sans en être revêtu à ses propres yeux, c'est dire qu'il peut être sans être.

En deux mots, des idées sont essentiellement des *états du* moi, c'est-à-dire des états avec conscience; que cette conscience soit, du reste, spontanée ou réfléchie, peu importe ici : donc des idées sans conscience seraient des états du moi qui n'en seraient pas : ce qui est contradictoire.

Qu'il y ait des idées qui passent si rapidement ou si légèrement dans la conscience qu'elles n'y laissent point ou presque point de trace, je l'accorde; mais alors encore ce n'est pas la conscience qui manque, c'est la mémoire.

Qui ne voit, d'ailleurs, que dans les exemples cités il y a un sophisme *per subreptionem*, puisque l'on n'y tient pas compte d'un raisonnement secret qui s'opère dans l'esprit de chacun de nous quand nous reconnaissons de loin un objet. Si je vois dans le lointain un animal que je reconnais être de telle espèce, ce n'est pas parce que j'en perçois toutes les parties distinctement, mais uniquement parce que la configuration de sa masse se dessine suffisamment à mes regards pour que mon *imagination* reproductive puisse s'emparer de cette donnée sensible, et achever dans ma représentation le reste de l'image, lui donner les détails que les sens ne donnent pas. C'est précisément par suite de cette intervention de l'imagination à l'aide du souvenir et de l'induction, que l'erreur est possible dans tous les cas analogues. Si la perception du tout n'était qu'une affaire de sens, on ne pourrait se tromper, on ne pourrait prendre un sujet pour un autre, un sujet d'une espèce pour un sujet d'une autre espèce. Or, c'est ce qui arrive souvent. Donc les perceptions ne fournissent pas toute la matière de l'idée; donc, si l'idée est complète, et détaillée même, ce n'est que par le secours de l'imagination. Nous devons donc avoir conscience de l'*image* entière, bien que nous n'ayons pas conscience d'une *perception* entièrement adéquate à son objet.

J'insiste un peu sur cette question, parce que l'opinion que je combats présente un côté favorable au mysticisme, et que le mysticisme est essentiellement antirationnel, antiphilosophique.

8° Kant divise les facultés en *supérieures* et en *inférieures*, suivant que nous sommes actifs ou passifs dans leur jeu. Mais, outre que nous ne sommes sans doute jamais exclusivement passifs ni actifs, il ne nous semble pas avoir assez approfondi cette division, non plus que celle des facultés intellectuelles en supérieures et en inférieures encore, suivant que les connaissances qui en sont le produit sont rationnelles ou empiriques.

9° « La mémoire, dit notre philosophe, n'est que » l'imagination du passé », et non une faculté spéciale. Il aurait peut-être été plus juste de dire que ce n'est point une faculté *simple*, mais qu'elle est *composée* de l'imagination et de la raison : car c'est la raison qui donne la forme au souvenir, qui fournit les conceptions de temps, d'identité, etc.

10° Ce qu'on peut appeler la théologie positive rationnelle de Kant, se trouve compris dans quatre ouvrages, dont deux ne sont que des leçons recueillies par différentes mains, et peuvent être regardés comme n'en formant qu'un seul. Nous n'avons à nous occuper que de ceux-ci.

Si nous oublions un instant le résultat négatif de la critique de la raison spéculative en matière théologique, le plus grand reproche que nous aurions à faire alors à la théologie rationnelle positive de Kant, serait d'avoir présenté Dieu comme l'*omnitudo realitatis*. Cette manière de l'envisager, empruntée à Wolff, à Fénélon, à Descartes, à S. Anselme, etc., conduit tout droit au panthéisme [1] ; et l'on ne peut se dissimuler que Spinosa ne soit le plus conséquent de tous les logiciens qui sont partis de cette fausse idée métaphysique de Dieu. On voit ou l'on croit voir maintenant le panthéisme partout : la raison en est toute simple, c'est qu'il est une conséquence inévitable d'un des plus forts arguments métaphysiques en faveur de l'existence de Dieu, et que cet argument n'a cessé depuis longtemps d'être donné dans toutes les écoles, ecclésiastiques ou autres. Cet argument est celui qui cumule en Dieu toute la réalité, qui en fait l'*être* proprement dit, l'être absolu, l'être par excellence, l'être unique ; argument qui vient de la Bible (*Je suis Celui qui suis... Celui qui est...*), aussi bien que de Platon. Et l'on est surpris après cela de voir le panthéisme imminent, de le voir sortir des doctrines de ceux-là mêmes qui le repoussent avec le plus de sincérité ! Il faut être bien peu logicien, pour

---

[1] Ce qui ne veut pas dire du tout que ces grands hommes voulussent le panthéisme ; il ne serait déjà pas plus équitable de les en accuser, qu'il ne l'est aujourd'hui de faire le même reproche aux héritiers de leurs doctrines. Les ennemis de l'Université, et de la philosophie en particulier, devraient au moins être plus prudents, s'ils ne veulent absolument pas être justes.

s'étonner de ce phénomène. J'en connais d'autres raisons encore, mais elles demanderaient de longs développements pour qu'elles pussent être avouées, au moins secrètement, de ceux-là mêmes qui sont le plus intéressés à les nier. Je n'en parlerai donc pas ici.

En vain dirait-on, avec Kant, que « l'idéal de l'être primitif doit être conçu simple, puisqu'il ne peut pas être composé de tous les êtres dérivés, attendu qu'il ne les suppose pas, mais qu'il en est au contraire supposé: » il n'en reste pas moins vrai, dans l'hypothèse, que tout ce qu'il y a de réel dans les êtres finis est une partie de la réalité infinie, circonscrite par la négation ou la privation de tout le reste.

Le vice de cette monstrueuse idée de Dieu est facile à saisir, dès qu'on vient à réfléchir que la *réalité en général* n'est qu'une abstraction; que cette abstraction n'a pas plus d'objet *ontologiquement* correspondant qu'aucune autre; que si, d'ailleurs, la *réalité* existait, comme elle devrait être essentiellement une, il ne serait pas possible qu'il y eût multiplicité. Etant une, elle serait simple, et les circonscriptions qu'on veut établir dans son essence pour en tirer les réalités partielles des différents êtres, ne sont que des opérations mécaniques, prises de la division des choses sensibles, et qui deviennent absurdes dès qu'elles sont appliquées à une réalité en soi, non phénoménale. Quelle puérile, quelle misérable, quelle honteuse métaphysique, en effet, que celle qui fait concevoir Dieu comme une espèce d'étoffe universelle de la réalité, où chaque lambeau devient un être ! Et pourtant, ce point de vue purement logique avait déjà été pris dans le sens ontologique par Aristote lui-même, car la *privation* faisait pour lui partie de l'être.

Hâtons-nous bien vite, non-seulement de disculper Kant d'une erreur aussi grave, mais encore de lui rendre le témoignage d'en avoir le premier découvert l'origine dans sa *Critique de la Raison*, et par conséquent d'avoir dissipé l'illusion, pour tous ceux au moins qui adopteraient sa manière de voir en métaphysique.

Si Kant, dans ses Leçons, semble encore parfois se traîner sur les traces de l'ancienne métaphysique, c'est par un reste de vieille habitude scholastique.

Il faut avouer en effet qu'il avait partagé un instant cette erreur; c'est ce qui résulte clairement d'un morceau publié par lui, et intitulé : *De la seule preuve possible de l'existence de Dieu;* mais cet essai est de 1763. Il ne peut donc pas être regardé comme le dernier mot de son auteur sur ce sujet.

Nous ne pousserons pas plus loin cette critique; et, quoiqu'elle soit un peu longue, l'éloge le serait bien davantage si nous entreprenions de faire ressortir tout ce qu'il y a de vrai et d'intéressant dans les *Leçons de Métaphysique*. Fussent-elles un peu arriérées, si on les compare à la philosophie critique, il n'en serait pas moins vrai qu'elles sont encore pour le plus grand nombre de ceux qui cultivent la philosophie en France, un véritable progrès, et qu'elles se recommandent à plus d'un titre à leur attention.

L'introduction de l'éditeur, que nous avions déjà

donnée dans un autre ouvrage, à une époque où nous n'étions pas sûr de pouvoir publier un jour les Leçons de Kant, mais que nous reproduisons aujourd'hui parce qu'elle est ici à sa véritable place, et que c'était pour nous une occasion d'en améliorer la traduction; cette introduction, disons-nous, est un fort bon résumé des progrès de la métaphysique en Allemagne depuis Kant jusqu'en 1821.

Les *Prolégomènes* de l'auteur présentent une division naturelle et vraie de la philosophie.

L'*Ontologie* est remarquable par la justesse de la plupart des définitions, par la critique de celles qui étaient alors plus usitées, par les aperçus pleins d'une juste finesse dont elle abonde. Le principe que Toute opposition exige une idée supérieure où elle se résolve, est comme le germe du système de l'identité de Schelling, ou de l'idée absolue de Hégel.

Entre une multitude de distinctions très-heureuses, il y en a une qui nous semble du plus haut intérêt à cause de ses conséquences : c'est celle où Kant fait ressortir la différence essentielle qui existe entre la possibilité *logique* et la possibilité *réelle*.

On désirerait quelquefois plus de développements, d'autres fois moins de répétitions.

L'ontologie est donc de temps à autre ou trop concise ou trop prolixe. La trop grande concision de certaines parties pourrait bien être la faute de ceux qui ont recueilli les notes, et les répétitions inutiles celle du professeur. On est très-porté à se répéter dans une leçon, soit parce qu'on se méfie de la mémoire ou de l'attention des auditeurs, soit parce que la liaison des idées fait tourner le professeur sur lui-même.

La *Cosmologie* est traitée avec beaucoup de lucidité. Des définitions parfaitement nettes, des divisions justes, permettent de résoudre d'une manière satisfaisante, au moins hypothétiquement, des questions aussi élevées que celle de l'unité ou de la pluralité des mondes, du commerce des substances, et des évènements surnaturels. Cette dernière question, entre autres, est traitée avec beaucoup de profondeur et de sagesse.

On désirerait seulement plus de méthode dans l'enchaînement des différentes parties de ce traité ; ou, si la méthode y existe véritablement, on la voudrait plus apparente.

Dans la *Psychologie empirique*, Kant s'attache d'abord à donner des sciences, surtout des sciences philosophiques, une division plus rationnelle qu'on ne l'avait fait avant lui. Il essaie le même travail pour les facultés de l'ame en général ; et, au lieu de s'attacher à des points de vue accessoires, ou d'énumérer les facultés d'une manière fortuite et tout empirique, comme on ne le fait encore que trop souvent, il part d'un point de vue *a priori*, clair et supérieur, qui lui permet de dominer sa matière, et de la traiter avec assez de bonheur.

Il reconnaît, établit même, et d'une manière plus satisfaisante qu'on ne l'avait fait jusque là, que toutes nos idées ne viennent pas des sens, bien que l'exercice des sens soit la condition de l'activité intellectuelle qui les produit. Puis il fait remarquer aussitôt que celles qui ne viennent pas des sens ne sont cependant pas innées, comme une foule d'esprits légers, prévenus ou ignorants en philosophie, le lui ont fait dire en France [1].

Il distingue, surtout dans sa Logique, les jugements d'apparence des jugements d'expérience; les premiers sont ceux que l'esprit porte, sans réflexion, à la vue des phénomènes, jugements qui n'ont qu'une valeur purement subjective, tandis que les jugements d'expérience ont une valeur générale, et sont l'expression de quelque loi de la nature.

Il divise très-bien l'imagination par rapport aux trois parties du temps, rattache à cette division des considérations ingénieuses sur l'imagination, ou plutôt sur les aspects divers sous lesquels on peut en faire l'étude. Ce n'est pas avec moins de justesse qu'il distingue les idées symboliques par analogie des idées générales; qu'il appelle *jugement* la faculté de subsumer le particulier au général, de même que l'*entendement* est la faculté collective de généraliser, et la *raison* celle de conclure.

Il affirme avec vérité que l'entendement humain ne peut connaître les choses telles qu'elles sont : c'est là un point capital sur lequel il revient souvent ailleurs; mais ce qu'il y a de très-vrai et de très-digne de remarque à ce sujet, c'est la réflexion que la croyance du contraire ouvre la porte au mysticisme.

---

[1] Entre autres Portalis, qui n'a rien entendu, absolument rien, à la philosophie de Kant.

Kant a distingué profondément le sentiment de sa cause, ainsi que le sentiment physique ou le sentiment-sensation, du sentiment non physique. Il a bien aperçu que la force, dont les partisans de la philosophie leibnizo-wolffienne se payaient trop facilement comme d'une idée fondamentale dans la philosophie de la nature, n'est cependant qu'une qualité, laquelle réclame par conséquent un sujet.

La *Psychologie rationnelle* est exécutée avec beaucoup de méthode; le cadre en est bien tracé, complet, et les questions sont décidées avec la retenue imposée par les principes de la critique de la raison pure. Quelques-unes sont de l'ordre le plus élevé.

Des deux morceaux du même auteur qu'on pourrait y rattacher, celui qui est intitulé : *La Fin de toutes Choses*, joint la sagesse à la hardiesse, ce qui est difficile. C'est la science qui rend Kant hardi, et la rectitude parfaite de son esprit qui le rend sage. Cette hardiesse n'est pour lui que de la logique : car il ne hasarde rien; tout est déduit, motivé, expliqué.

Kant est d'avis que l'ame pense toujours, et que si, dans le sommeil le plus profond, elle cessait de rêver, elle cesserait par là même de vivre, puisqu'elle cesserait de penser, et que la pensée est la vie de l'âme. C'est par suite de cette haute idée qu'il se fait de la pensée, et de la nécessité du commerce de nos semblables pour l'alimenter, l'activer et enrichir notre être intellectuel, qu'il regarde ailleurs comme un crime de lèse-humanité la défense de lire et d'écrire librement en matière de spéculation. On comprend en effet cette nécessité, puisque nous sommes des agents libres, destinés à nous conduire par les lumières de la raison. « Or, dit Kant, on ne *se conduit* point par la raison en *se laissant* conduire sans examen et sans réflexion : en agissant de la sorte, on foule aux pieds la dignité de notre nature d'êtres raisonnables; on abdique la qualité d'être moral ; on oublie qu'on a une fin qu'il faut en définitive concevoir, vouloir et atteindre par soi-même. Qui donc peut vouloir pour nous, et peut vouloir sans penser, sans réfléchir? Qui est-ce qui nous a donné le droit de rejeter l'imputabilité de nos actions sur les conseillers de notre conscience? »

En cherchant à expliquer dans un autre ouvrage les visions de Swedenborg, il dit très-bien que les éléments substantiels de la matière n'occupent point d'espace : ce sont des atomes absolus. A cet égard, ils ressemblent au principe pensant. Mais cette hypothèse, et celle du commerce des esprits, pour lesquels les distances ne sont rien, et auxquels la nature matérielle est peut-être moins opposée qu'on ne pense, ne suffisent cependant pas pour rendre bien compréhensible ce qu'on appelle *seconde vue* chez certains Ecossais, ou le commerce soit apparent soit réel des vivants avec les morts, commerce auquel croyait Swedenborg. Néanmoins, l'explication des visions par le déplacement du *focus imaginarius* est peut-être ce qu'on a dit de plus ingénieux et de plus vraisemblable sur ce phénomène singulier. Cette idée mérite attention; du reste, elle ne sera probablement jamais rien de plus qu'une hypothèse.

A part les quelques lignes où Kant semble encore vouloir prouver l'existence de Dieu, en rapportant, suivant l'ancienne métaphysique, toutes les réalités à une seule qui serait Dieu, argument dont nous avons déjà parlé, et que Kant réduit lui-même à sa juste valeur ; à part, disons-nous, ces quelques lignes, tout ce que dit ce professeur célèbre en matière de théologie rationnelle nous paraît en général plein de sagesse et de vérité. C'est surtout en ce point et en morale que nous l'admirons. Nous n'essaierons pas de faire ressortir tout ce qu'il y a de beau, de vrai, d'utile, etc., dans cette partie des ouvrages de notre philosophe ; nous dépasserions trop les bornes d'une préface. Qu'il nous suffise de rappeler que Kant[1] distingue profondément, et avec toute raison, ce qu'il appelle le *symbolisme* et le culte, de ce qu'il appelle l'élément *intellectuel* et l'élément moral de la religion. Il veut qu'on parte de la morale

---

[1] Dans celui de ses ouvrages théologiques qui a le caractère le plus pratique : *la Religion dans les limites de la Raison*, ouvrage de la plus haute valeur morale et religieuse, et qui n'a été inspiré, quoi qu'on en dise, ni par l'esprit philosophique du 18e siècle, dont Kant ne se ressentait guère, ni par l'esprit protestant, dont il s'était passablement affranchi, mais par la réflexion la plus forte et la plus saine. Cet ouvrage a été traduit en entier par M. Trullard ; l'abrégé en a été fort bien traduit d'abord par *Huldiger*, et augmenté d'éclaircissements et de considérations générales sur la philosophie critique. Une nouvelle traduction, précédée d'une préface de M. Bouillier vient d'en être faite par M. Lortet.

pour interpréter l'écriture, et qu'on ne voie dans cette dernière que ce qu'il a dû être dans l'intention de l'auteur des livres saints d'y faire entrer. Il pense qu'il y a de la superstition à prendre les phénomènes du monde physique pour des symboles.

Je ne puis terminer cette préface sans dire un mot de la forme de cette traduction. Elle est l'image fidèle de l'original[1]. Ceux qui ne peuvent souffrir qu'un traducteur emploie les mêmes termes techniques que l'auteur, qu'il conserve les mêmes tours et les mêmes contextures de phrases, autant du moins que le génie de la langue dans laquelle on traduit le permet ; ceux qui veulent des abrégés ou des paraphrases à la place du texte, qui aiment à voir les auteurs mutilés ou défigurés sous prétexte de les éclaircir ou de les accommoder davantage, soit au goût, soit à la paresse de la plupart des lecteurs : ceux-là, dis-je, peuvent continuer à juger publiquement mes travaux comme ils l'ont fait jusqu'ici ; je leur en donne bien volontairement une occasion nouvelle. Si je dois être disposé à suivre les conseils d'une critique éclairée et équitable, je ne me crois pas obligé de tenir compte de celle qui me semblerait encore fondée sur un faux principe littéraire, ne fût-elle pas inspirée par des sentiments d'hostilité que j'ai peine à comprendre.

---

[1] C'est par respect pour cette forme encore, que j'ai décliné dans ce volume des mots latins qu'il aurait peut-être été plus conforme au génie de notre langue de mettre au cas direct.

Un critique qui a peut-être plus de talent que d'impartialité, et même que de véritable connaissance des travaux dont il parle, m'ayant reproché et ce que j'ai fait, et ce que je n'ai pas fait, j'éprouve le besoin de m'expliquer en peu de mots sur mes actions et mes omissions.

En ce qui regarde mes traductions (et ceux qui me jugent avec tant de hauteur ne parlent pas d'autre chose), je confesse que les premières ont été faites avec un peu trop de rapidité pour qu'elles soient irréprochables, et qu'à tort ou à raison, je n'ai pas eu l'ambition d'en faire une œuvre littéraire : je ne me suis appliqué qu'à une chose, à rendre la pensée de l'auteur telle que je la concevais, telle qu'il l'avait formulée lui-même.

On se plaint particulièrement de la difficulté d'entendre mes traductions de Kant : on ne veut donc pas se rappeler que les grands ouvrages de cet auteur passaient déjà pour impénétrables à beaucoup d'esprits très-distingués de son temps et de son pays. On parle d'obscurité et de clarté, comme si c'étaient là des qualités absolues! Il y a peu de mots dont on ait plus abusé en critique. La *Mécanique céleste* de Laplace n'est-elle pas aussi claire sans doute que la matière le comporte? Et cependant, peut-elle être lue sans une attention très-soutenue de la part de ceux-là mêmes qui sont capables de l'entendre? Qu'on prenne un ouvrage scientifique quelconque, ce sera toujours la même chose. Et l'on voudrait lire de la métaphysique sans effort, comme on lit un roman ou de l'histoire ! J'aurais pu sans doute *exposer* plus clairement les doctrines de Kant; mais aurais-je alors été *traducteur?* Or, j'ai voulu traduire, et traduire *seulement*, mais traduire *entièrement*, et laisser à l'auteur son obscurité. C'est son affaire, ce n'est pas la mienne. J'ai fait pour mes leçons l'entière *exposition* de la doctrine de ce philosophe. Là je ne m'inquiète ni des mots, ni de la phrase, mais des idées seulement; et je me regarde alors comme tenu à la plus grande clarté que puisse comporter l'exposition, abrégée ou développée suivant le besoin, des idées de l'auteur. Mais tant que je me borne à traduire, je ne me crois point tenu à la même loi. C'est un principe que j'ai adopté jusqu'ici, parce qu'il n'est que la conséquence d'un autre plus élevé, et qui me semble devoir présider à toute traduction proprement dite d'un ouvrage scientifique. Qu'est-ce, en effet, que traduire un ouvrage de ce genre, si ce n'est faire passer d'une langue dans une autre les idées d'un auteur, avec leur enchaînement logique, avec leur clarté ou leur obscurité, leur vérité ou leur fausseté, sans addition[1] comme sans retranchement? Tous ceux qui ont quelque expérience de la facilité avec laquelle

---

[1] Le peu de mots que j'ai ajoutés au texte de l'auteur consistent la plupart dans des mots synonymes, ou dans des parties de phrases équivalentes à celles du texte, mais plus propres à faire entendre sa pensée. J'ai d'ailleurs eu la précaution de mettre ces additions purement explicatives entre parenthèses.

s'altère la pensée d'un auteur quand on veut y changer quelque chose, fût-ce pour la rendre plus claire et plus précise, au moyen de retranchements ou d'additions, seront sans doute de mon avis.

Quant au reproche qui m'a été fait d'avoir donné la traduction de l'abrégé de quelques-uns des principaux ouvrages de Kant, plutôt que la traduction de ces ouvrages mêmes, je réponds, 1° que ces abrégés ont été faits par des hommes habiles et consciencieux, n'en déplaise à ceux qui les dédaignent, et que, ne pouvant donner les ouvrages entiers, j'ai cru rendre service encore en n'en publiant que l'analyse; 2° qu'en ce qui regarde particulièrement la *Critique de la Raison pratique*, je ne pouvais absolument pas en donner la traduction, parce que je ne le devais pas; et je ne le devais pas, par la raison que je savais qu'elle existait entre les mains d'une personne que je croyais aussi disposée à la publier un jour que capable de la bien faire. Au surplus, ceux qui connaissent l'allemand et les ouvrages de Kant en particulier, savent bien que la *Critique de la Raison pratique* est incomparablement plus facile à entendre et à traduire que celle de la Raison pure : ayant fait le plus, j'aurais donc pu faire le moins.

Je puis ajouter encore, 1° que c'est d'après mes conseils que la traduction de l'ouvrage sur la *Religion dans les Limites de la Raison* a été entreprise; 2° qu'un professeur de l'université a aussi traduit l'*Anthropologie* à ma recommandation; 3° qu'un ecclésiastique de mes amis a bien voulu se charger de traduire la *Métaphysi-*

que de la *Physique* [1]; 4° que je crois pouvoir assurer que la *Contestation des Facultés* a été traduite par un professeur de mérite, qui ne manquera pas de la donner un jour; 5° enfin, que j'ai en manuscrit, outre l'analyse très-détaillée de tous les ouvrages de Kant, la traduction complète, *a*) du *Fondement de la Métaphysique des Mœurs; b*) de la *Puissance de l'Esprit sur les Souffrances physiques, par la seule volonté de les maîtriser; c*) de la *Philosophie en général; d*) de l'*Anthropologie philosophique,* publiée par Starke; *e*) une très-grande partie de celle des *Leçons sur la Religion,* éditées par M. Pœlitz, et de *la Pédagogie; f)* toute celle de l'*Analyse de la Critique de la Raison pure,* et de la *Critique du Jugement,* par Mellin.

J'ai cru devoir donner ces détails aux hommes laborieux qui cultivent la philosophie, afin qu'ils sussent ce qui est fait ou près de l'être, et ce qui reste à faire. J'ai toujours désiré que les travaux scientifiques de ce genre fussent organisés; mais de ma part ce ne pouvait être qu'un vœu. La *Critique du Jugement* n'est jusqu'ici, que je sache, entreprise par personne. Comme le morceau est difficile, et peut aller de pair avec celui de la *Critique de la Raison pure;* comme la traduction de ce dernier ouvrage m'a valu plus de désagréments que d'honneur et de profit, je déclare laisser le champ libre à ceux qui, très-capables

---

[1] Il nous semble avoir lu quelque part que la traduction de cet ouvrage avait été trouvée manuscrite dans les papiers de l'abbé Halma.

assurément de faire beaucoup mieux que moi, n'ont vu dans mes travaux de ce genre qu'un obstacle à leur talent et à leur zèle, quelque peu empressés qu'ils aient été jusque là. Quel peut être l'esprit d'une pareille plainte? et comment a-t-elle dû être jugée par tous les hommes équitables et instruits, quand il y a une si grande quantité de bons ouvrages philosophiques allemands à traduire encore ; quand on voit le peu de traductions qui paraissent annuellement depuis l'époque où j'ai commencé les miennes, et surtout quand on sait l'immense difficulté que présentent certaines d'entre elles?

Il ne me reste plus qu'à prier le lecteur de me pardonner ce retour sur moi-même. J'ai peut-être montré assez de bonne volonté pour l'avancement des études philosophiques, et j'ai payé cette bonne volonté assez cher, pour qu'on daigne sans doute me permettre quelques mots d'une apologie qui ne me semble blesser en rien la modestie, et qui est plutôt un simple appel au public éclairé et impartial, qu'une récrimination contre des attaques pour le moins peu bienveillantes.

Qu'il me soit permis encore d'adresser ici des remercîments aux amis de la philosophie qui, en France, en Allemagne, en Angleterre et en Italie, ont rendu plus de justice à mes efforts.

Dijon, le 24 février 1843.

ERRATA.

P. 70, ligne pénultième et ligne antépénultième, *effacez* la virgule avant le mot *métaphysique*.
P. 199, ligne 12, *lisez* connues.

AVERTISSEMENT DE L'ÉDITEUR.

On sait que l'immortel fondateur du système de la philosophie critique ne publia ni la *Logique*, ni la *Théologie*, ni la *Métaphysique*. De son vivant (en 1800), et sur sa propre invitation, *Jæsche* fit paraître la Logique. Peu de temps après, des fragments des leçons de ce philosophe sur la *Pédagogie* furent publiés par les soins de *Rink*. Jæsche avait aussi annoncé la publication des leçons de Kant *sur la Métaphysique;* mais elles n'ont pas paru.

Il y a quatre ans (en 1817), l'éditeur du présent ouvrage essaya de donner au public les leçons de Kant sur la *Théorie Philosophique de la Religion*, d'après des cahiers de notes prises au cours du célèbre professeur, et achetés des héritiers d'un de ses anciens collègues. L'accueil fait par le public à ces leçons n'a point trompé l'éditeur. Il s'attendait bien à ce que les véritables penseurs de l'Allemagne n'auraient pas encore oublié, quoique distraits pour cette foule de systèmes philosophiques plus récents, le grand penseur qui a réellement ouvert une nouvelle voie dans les recherches sur les intérêts les plus graves de l'espèce humaine.

Encouragé par ce succès, il publie encore aujourd'hui des *Leçons de Kant sur la Métaphysique*. Qu'elles soient bien l'expression de la pensée de Kant, c'est ce qui ne souffrira pas le moindre doute pour ceux qui ont quelque connaissance de son système et de sa manière. L'éditeur n'a donc à s'occuper ici que de deux choses :

Il doit, *d'abord*, faire connaître les manuscrits dont il s'est servi pour sa publication. Ils sont au nombre de deux, qui sont devenus sa propriété par acquisition légitime. L'un, le *plus ancien* quant à la rédaction, ne portait pas la date de l'année où les leçons de Kant avaient été recueillies. Il était, en général, plus étendu et plus substantiel que l'autre. Il a été fidèlement suivi pour la *Cosmologie*, la *Psychologie* et la *Théologie rationnelles*. — Le *second* manuscrit (qui contient aussi la *Logique* publiée par Jæsche) date de 1788, et porte des annotations marginales d'une autre main, des années 1789 et 1790, annotations qui ont pour but de corriger, mais surtout d'étendre et de compléter les premières rédactions par les suivantes. Ce manuscrit, collationné d'un bout à l'autre avec le premier, et quelquefois amélioré par suite de cette opération, a fourni l'*Introduction* et l'*Ontologie :* de sorte qu'on peut dire que cet ouvrage, pris dans son ensemble, a été imprimé sur deux manuscrits et sur des cahiers rédigés d'après les leçons de Kant faites *trois fois* sur la métaphysique. Les personnes qui s'y entendent conviendront, si elles sont équitables, que c'est montrer assez de respect pour la mémoire d'un grand homme, que de publier ses cahiers en collationnant d'un bout à l'autre trois manuscrits recueillis à trois cours différents sur la même science. — L'éditeur s'est ici comporté comme il l'avait fait déjà (et les juges les plus compétents l'en ont félicité dans les feuilles publiques) lorsqu'il publia les *Leçons sur la Religion*. Il ne s'est permis aucun changement dans les manuscrits, pas même dans les endroits qui exprimaient des vues contraires aux siennes. Tout ce qu'on peut lui imputer, c'est la correction de la ponctuation, et quelquefois la suppression de certaines superfluités, telles que des *mais,* des *ou,* des *donc,* particules qu'on n'évite pas toujours, quand elles pourraient l'être, dans la chaleur d'une exposition orale. Il a même laissé subsister des mots passablement barbares, tels que *necessitiren*, *Bonitæt*, et quelques autres semblables, qui auraient très-bien pu être remplacés par des mots allemands : le tout par un sentiment de piété envers un homme illustre, et comme garantie de l'authenticité du ton (*des Tones*). Il n'a biffé qu'un très-petit nombre de passages qui avaient été sûrement mal recueillis : car, quoiqu'ils eussent très-bien pu se justifier d'après l'esprit des opinions de Kant sur les mêmes matières et consignées dans ses autres ouvrages, l'éditeur a cependant préféré de n'en rien faire, par respect pour l'authenticité du tout. Les lecteurs ont donc, en fait, dans chaque ligne imprimée, du *Kant* pur.

Pour ce qui est du rapport intrinsèque des deux principaux manuscrits collationnés, l'éditeur fait remarquer que Kant a suivi dans tous deux — par conséquent dans ses leçons des différentes années — le même ordre dans la disposition des matières, qu'il s'est constamment attaché aux mêmes principes, et que le petit nombre de *variations* qu'on rencontre, ne concernent que les exemples donnés comme explication, ou des modifications insignifiantes. — La plus grande différence entre les manuscrits tient à ce que le plus récent est un peu plus *restreint* que l'autre, soit que cette brièveté ait sa raison dans l'exposition plus concise de Kant, à cause peut-être qu'un semestre académique se trouva plus court que deux autres, soit parce que la rédaction de l'auditeur a été faite d'une manière plus serrée.

Le *second* point sur lequel l'éditeur doit s'expliquer avec les lecteurs de cet ouvrage, est relatif au *caractère* et à *l'esprit* propre de ces leçons, et à *leur rapport avec les progrès et les changements de la métaphysique depuis Kant.*

Cependant, comme il a consacré à ce dernier objet, sur la demande du libraire, l'*aperçu historique* qu'on va lire, il se bornera ici à dire encore un mot sur le caractère et l'esprit propre de ces leçons de métaphysique.

Un léger coup d'œil fait déjà voir que *Kant*, dans l'exposition de la science fondamentale de la philosophie, ne s'éloigne pas de la division ordinaire en *ontologie*, *cosmologie*, *psychologie* et *théologie*. On aperçoit, en pénétrant plus avant dans l'esprit de ces leçons, que les doctrines propres à l'auteur du système critique sur les catégories, le temps et l'espace, le rapport des choses en soi aux phénomènes, l'insuffisance de tous les arguments spéculatifs en faveur de l'existence de Dieu, la croyance morale en Dieu, le mérite pour le bonheur, etc., dominent sans doute également ici; mais cependant que la forme et l'expression de son exposition académique semblent particulièrement plus *dogmatiques* encore que la forme de ses écrits publiés par lui. L'éditeur se permettra un jugement public sur ces leçons, d'après l'impression qu'il en a reçue : c'est que ce qui regarde l'*Histoire de la Philosophie*, dans l'*Introduction*, n'est pas moins insuffisant que ce qu'avait dit le professeur sur l'*Histoire de la Théologie Naturelle*, et qui se trouve à la fin des leçons publiées en 1817 sur la Théorie Philosophique de la Religion. Mais l'éditeur n'a pas cru devoir retrancher cette introduction [1], parce qu'elle renferme en outre le jugement porté par Kant dans sa chaire sur la *méthode critique*. On en a parlé tout récemment encore d'une manière si diverse, qu'il ne sera pas inutile d'entendre sur ce sujet le créateur de cette méthode.

L'éditeur ne trouve pas l'*Ontologie* proportionnellement aussi originale, aussi ingénieuse (*geistvoll*) ni aussi facile à saisir que la *Cosmologie* et la *Psychologie*. Kant, dans ses leçons sur cette première partie de la métaphysique, reste encore trop fidèle aux formes scholastiques pas-

---

[1] Le Traducteur a jugé convenable de faire cette suppression, par la raison que l'introduction dont il s'agit se trouve aussi en tête de la Logique de Kant, et qu'ainsi elle a déjà été traduite et publiée en français. (V. *Logique de Kant*, 1840.)

sablement lourdes usitées jusque là dans cette première subdivision de la métaphysique. Ce n'est pas cependant que l'éditeur pense que l'ontologie ne doive être exposée que d'une manière populaire, en faveur de ceux qui ne peuvent encore se nourrir que de lait. Comme base de la métaphysique, elle devra toujours renfermer les recherches les plus profondes et les plus difficiles. On conçoit cependant que la scholastique des siècles précédents peut y entrer en moindre dose et y être tempérée : c'est ce qui a déjà été essayé avec quelque succès.

Si la *Théologie Rationnelle* telle qu'elle est exposée dans les présentes leçons ne contient rien de nouveau, du moins quant aux principes, pour ceux qui, depuis dix ans, connaissent le système de Kant, elle est cependant très-intéressante, et diffère même un peu de *celle* qu'on trouve dans les leçons que le même professeur avait spécialement consacrées à la théorie philosophique de la religion, et qui ont été publiées en 1817. Du moins, la section consacrée à la théologie rationnelle dans les leçons de métaphysique est beaucoup plus courte que les leçons particulières sur la religion.

Mais les connaisseurs trouveront vraisemblablement dans la *Cosmologie* et la *Psychologie*, surtout s'ils comparent la dernière avec l'Anthropologie encore publiée par Kant lui-même, un caractère d'originalité propre. Que de choses remarquables ne dit pas Kant sur le rapport de la psychologie *empirique* et de la psychologie *rationnelle* entre elles! et comme il esquisse largement la *première* à titre de science spéciale, à une époque où K.-Christ.-Erhard *Schmid*, *Jacob*, *Hoffbauer*, etc., commençaient à faire de la psychologie *empirique* pure, ou dégagée de métaphysique! Comme ces leçons présentent déjà nettement, à côté de la théorie de la faculté représentative et de la faculté appétitive, *le traité spécial de la troisième faculté de l'ame, celle de sentir!* Et combien toute la philosophie théorétique et pratique, particulièrement la morale, la psychologie empirique et l'esthétique, n'a-t-elle pas fait de progrès par cette place assignée à la sensibilité *par rapport* à l'intelligence et à la volonté! Sans doute que plusieurs partageront au contraire la surprise de l'éditeur, en voyant que *Kant* puisse admettre dans la psychologie que « l'ame ait déjà existé avant la vie terrestre, et soit venue par la naissance dans le corps comme dans une prison. » Cependant cette opinion sera très-bien venue auprès d'une autre école philosophique nouvelle. Mais on verra aussi de nouveau, par la Théologie Rationnelle, combien est insensée l'accusation souvent répétée contre le grand homme :

Qu'il était devenu athée! On verra de même combien peu *Fichte* avait raison, lorsqu'il affirmait à une certaine époque que *Kant* pensait exactement comme lui en matière de théologie! *Kant* ne fut jamais idéaliste transcendental dans le sens de *Fichte* : il resta ce qu'il voulut être, c'est-à-dire *philosophe critique*, quoique l'idéalisme de Fichte ne semble être qu'un développement du système critique.

Tout ce que contiennent ces leçons de métaphysique ne passera pas dans la philosophie telle qu'elle s'est formée de nos jours; mais *plusieurs* choses, *beaucoup* de choses peut-être, en seront recueillies. Au moins, les *paisibles* investigateurs de la vérité liront et méditeront volontiers, du point de vue de la métaphysique de Kant, cette exposition suivie et systématique; ceux-là mêmes qui ne sont pas philosophes de profession, devront trouver de leur goût un grand nombre de passages de ces leçons d'une originalité ingénieuse, et souvent écrits du ton concis de la sentence. Les professeurs en particulier peuvent en prendre l'occasion d'imiter dans leur improvisation la justesse, la clarté, la précision et le tour vif de Kant. L'éditeur, qui professe depuis bientôt trente ans, sait par son expérience personnelle combien il est difficile de traiter dans une leçon, non-seulement avec profondeur et détail, mais encore d'une manière parfaitement juste, claire, et en termes les plus propres à intéresser, les objets les plus dignes d'être connus : tant le succès de l'improvisation tient souvent de l'accord instantané de l'esprit et du corps ! Et il confesse avec reconnaissance qu'il a beaucoup appris à *cet* égard des leçons de Kant.

Le 30 avril 1821.

INTRODUCTION DE L'ÉDITEUR.

Coup d'œil rapide sur les principaux Changements opérés dans la Métaphysique depuis Kant.

Un problème aussi ancien que la philosophie est celui de savoir quel est le rapport de la sphère du monde interne, ou de l'homme, à la sphère du monde externe ou des choses. Car on peut observer dans la conscience deux ordres de connaissances différentes, l'un interne et l'autre externe, et qui ont été nommés diversement dans les divers systèmes de philosophie, mais auxquels tout investigateur de la pensée est obligé de remonter, quelques noms qu'il leur donne du reste. Dans la philosophie qui a précédé celle de

Kant, on indiquait ces sphères d'idées par les mots de *choses en soi* et de *phénomènes* (les noumènes et les phénomènes), expressions empruntées des systèmes philosophiques de l'antiquité et du moyen âge, et que Kant a conservées. Depuis Kant, Fichte, Schelling, et la plupart des autres écrivains philosophes de nos jours, ont plus ordinairement employé les mots *objectif* et *subjectif* au lieu des précédents. Nous nous en servirons aussi nous-même, puisque enfin ce sont des expressions courantes et même consacrées.

Plus l'homme distingue nettement ce qui pense, sent et veut *en lui*, de ce qui lui arrive du *dehors* et qu'il ne peut pas rapporter à son individualité, plus il s'efforce de rechercher l'essence et les rapports mutuels du subjectif et de l'objectif. Mais si l'on considère de ce point de vue tous les systèmes philosophiques, et que l'on en cherche la classification générale, sans faire attention aux nuances des opinions particulières, on trouvera qu'ils se réduisent nécessairement à trois principaux. En effet, ou l'on a *objectivé le subjectif*, en supposant que le subjectif procède tout entier de l'objectif et y est contenu, ce qui donne le *matérialisme;* — ou l'on a *subjectivé l'objectif*, en présentant l'objectif comme entièrement contenu dans le subjectif et fondé par lui, c'est l'*idéalisme;* — ou bien enfin l'on a considéré l'*objectif et le subjectif comme deux sphères distinctes*, ce qui constitue le *dualisme*. Mais cette dernière opinion fondamentale présente deux principaux aspects, suivant que l'on reconnaît *entre l'objectif et le subjectif un rapport de causalité (dogmatisme)*; — ou que l'on déclare *qu'il ne faut pas chercher et qu'on ne peut trouver le rapport entre l'objectif et le subjectif (criticisme et scepticisme)*.

Nous réduisons ces systèmes, d'après leur idée fondamentale, aux formules suivantes, dans lesquelles nous nous servirons de la terminologie philosophique nouvelle.

I. Il n'y a aucune chose en soi différente du phénomène, rien de subjectif différent de l'objectif; le subjectif est fondé et contenu dans l'essence de l'objectif. C'est là le *matérialisme*, qu'on peut appeler aussi *réalisme physique*, par opposition au réalisme rationnel. Suivant ce système, il n'existe pas de monde intelligible différent du monde sensible. Tout ce que nous appelons opérations et facultés intellectuelles, tout ce qui se manifeste dans des modifications évidemment différentes des perceptions sensibles, n'est cependant, en dernière analyse, que *l'action de la matière*, dont l'essence nous est trop peu connue pour que nous puissions faire comprendre, d'une manière évidente, *comment* et *pourquoi* tout ce qu'on appelle spirituel n'est pas autre chose que le résultat des forces de la matière. Notre connaissance ne commence donc pas seulement avec l'expérience, mais elle en est encore totalement dérivée. — Le matérialisme, dans sa forme la *plus grossière*, affirme que l'ame n'est qu'un vain mot, et que tout ce que nous appelons actions de l'ame n'est que le résultat des forces de la matière; et, sous une forme plus adoucie, il accorde bien qu'il y a une ame différente du corps, mais il soutient que cette ame est de nature matérielle. Dans des temps peu éloignés de nous, ce système, divisé en deux parties, a été soutenu d'abord par l'auteur du *Système de la Nature* (d'Holbac, d'autres disent Mirabeau, d'autres Lagrange, etc.), et ensuite par le chanoine *Riem*, dans son *System der Natur*, dont la première partie seulement a paru en 1792.)

II. Il n'y a pas de phénomènes occasionés par le moyen des choses en elles-mêmes; l'objectif est contenu dans le subjectif et en est produit. C'est là l'*idéalisme*, dont on trouve assez peu de traces dans une philosophie plus ancienne, jusqu'à l'évêque *Berkeley*, qui enseignait que nos idées sensibles sont des copies et des intuitions des idées d'un monde matériel et parfaitement semblable à son objet, mais qui résident dans l'esprit infini. Mais l'idéalisme de Fichte, que nous exposerons plus bas, est essentiellement différent de cet idéalisme de Berkeley.

III. Le système *dualistique*, immédiatement fondé sur la différence qui se révèle dans la conscience entre l'objectif et le subjectif, s'est formé très-différemment dans l'esprit de quelques investigateurs. L'histoire de la philosophie doit suivre avec soin et détail les systèmes qui se sont succédé si rapidement de nos jours ; mais il ne peut être ici question que des *principales différences* du système dualistique : car il ne s'agit que d'assigner la place du système kantien par rapport au dogmatisme qui l'a précédé immédiatement, et par rapport aux systèmes qui l'ont suivi, et à la plupart desquels il sert de fondement. Le système dualistique apparaît :

1. Comme *dogmatisme*, qui enseigne : que le subjectif et l'objectif (les choses en soi et les phénomènes) sont deux choses essentiellement différentes, *mais qui sont entre elles dans un rapport de causation*. Le dogmatisme tire son nom de ce qu'il prétend établir le rapport entre les choses en soi et les phénomènes, et de ce qu'il affirme que les choses en soi contiennent le principe ou la raison de tout ce que nous observons dans l'homme et dans le monde. Il croit être parvenu

à donner l'enchaînement de la causalité non-seulement dans le *général*, mais encore dans le *particulier*. Il y a donc dans le caractère de ce système une métaphysique qui apprend à connaître dans l'*ontologie* les forces fondamentales, toutes les actions et tous les rapports des choses en soi; qui, dans la *cosmologie*, démontre rationnellement les dernières raisons de tous les phénomènes physiques dans l'univers, et fait voir leurs rapports entre eux; qui expose dans la *psychologie rationnelle* l'essence primitive de l'esprit humain, et la raison de toutes les actions et de toutes les espérances de cet esprit pour le présent et pour l'avenir; une métaphysique enfin qui, dans la *théologie rationnelle*, fait de Dieu même, considéré dans son essence intime, dans tous ses attributs et dans ses rapports au règne des forces morales et physiques, un objet de la connaissance humaine. — Avant Kant, ce dogmatisme fut présenté avec les formes strictes de la méthode mathématique, particulièrement par Christian *Wolff*, et après lui par ses disciples *Meier*, *Baumgarten*, *Eberhard* et d'autres, mais avec certaines modifications. Cependant ceux qui furent ensuite appelés éclectiques, particulièrement *Moïse Mendelssohn*, *Tœllner*, *Sulzer*, *Tiedemann*, *Feder*, *Platner*, *Garve*, etc., s'affranchirent de la sévérité de ce système et de la méthode mathématique établie par Wolff.

2. Comme *criticisme* : le subjectif et l'objectif sont essentiellement différents l'un de l'autre; et leur rapport est démontré inexplicable par la critique de notre faculté de connaître. — C'est le grand résultat par lequel Kant renversa toute l'école métaphysique antérieure à lui, et devint le fondateur d'un nouvel ordre de choses en philosophie. Les principaux passages de ses écrits prouvent qu'en cela il ne fut pas même *idéaliste,* mais qu'il resta critique dans toute la rigueur du mot. — Tandis que plusieurs de ceux qui le suivirent furent fidèles à ce caractère fondamental du criticisme (par exemple *Schulz,* à Kœnigsberg, *Jacob, Heidenreich,* K.-Christ.-Erh. *Schmid,* etc.); d'autres cherchèrent à parvenir aux mêmes résultats d'une autre manière (comme, par exemple *Reinhold,* dans sa philosophie élémentaire, avant qu'il adoptât le rationalisme de Bardili; *Fries,* dans la nouvelle *Critique de la Raison,* 1807; *Bouterweck,* dans son *Apodictik,* 1799, etc.), ou élevèrent le criticisme à l'idéalisme (tels que Jacob-Sigism. *Beck, Fichte, Schad,* etc.)

3. Comme *système d'identité* : le subjectif et l'objectif sont identiques dans l'absolu. — Ainsi, *Schelling* fit faire un pas de plus à l'idéalisme de

Fichte, en signalant l'absolu comme le point d'indifférence de l'objectif et du subjectif. Les opinions avancées par J.-Jac. *Wagner, Hegel*, etc., sont les lignes collatérales du système de Schelling.

4. Comme *réalisme rationnel :* l'identité absolue n'est ni l'objet, ni le sujet, ni l'identité de l'un et de l'autre, mais la manifestation de Dieu dans la nature. Ce renchérissement sur la philosophie de l'identité de Schelling poussa *Bardili* à un dogmatisme grossier. Cette tentative excita plus d'attention par la conversion de Reinhold à une pareille opinion, qu'elle n'en méritait par elle-même sous le point de vue scientifique.

5. Comme *scepticisme :* la conscience même est la synthèse primitive du subjectif et de l'objectif. *Krug* donna par ce principe au criticisme une forme systématique nouvelle dont il ne s'éloigna que peu dans les théories essentielles.

6. Comme *philosophie de foi* (on n'a pas encore d'expression propre pour nommer ce système) : la connaissance humaine philosophiquement disposée est le résultat de la foi individuelle, et cette foi résulte d'un sentiment primitif de l'homme. — Tel est à peu près le fondement de l'opinion philosophique et très-ingénieuse de Fr.-Heinr. *Jacobi*, qui, à la vérité, ne systématisa pas ses opinions personnelles, mais qui, au fait, se

fraya un chemin particulier dans la recherche philosophique, où il fut suivi, entre autres, par Fr. *Kœppen,* homme de beaucoup d'esprit et de pénétration.

7. Comme *scepticisme* (dans le nouveau sens de ce mot) : le rapport entre le subjectif et l'objectif ne peut être perçu dans la conscience que subjectivement, sans pouvoir être expliqué dans sa dernière raison : par conséquent il ne peut être ni prouvé ni nié; mais son caractère est simplement d'être inexplicable. Outre *Platner, Abicht,* etc., le représentant le plus célèbre de ce nouveau scepticisme dans sa forme scientifique, est Gottlob-Ernest *Schulze,* qui déjà, dans son ouvrage intitulé *Enésidème,* avait ébranlé par des raisons victorieuses la théorie de Reinhold sur la faculté de représentation.

Après cette exposition des principaux systèmes de métaphysique, destinée seulement à donner une idée de leurs différences essentielles par rapport aux principes qui leur servent de fondement, nous essaierons de faire connaître, dans quelques paragraphes, les caractères généraux des systèmes métaphysiques, au moyen seulement de passages extraits des écrits de leurs auteurs, sans entrer pour le moment dans un examen critique et polémique de la solidité ou de la non-solidité de ces systèmes, et sans prétendre même rechercher, dans un cadre aussi resserré, tout ce qu'il y a de distinctif et de propre dans chaque nouveau système de métaphysique. Ces longs développements n'appartiennent qu'aux grands ouvrages sur l'histoire de la philosophie, tels que ceux de Buhle, de Tennemann, etc. Il suffit ici de faire connaître la différence des systèmes nouveaux par rapport aux doctrines fondamentales de la métaphysique, — le rapport du subjectif à l'objectif.

§ I.

KANT, BECK, FICHTE.

Si l'on fait attention que le caractère fondamental de la métaphysique dominant en Allemagne avant Kant était *dogmatique*, et avait pour but de démontrer le *rapport de causation entre le subjectif et l'objectif*, alors on comprendra l'immortel service définitivement rendu par Kant à la philosophie en général, et en particulier à la métaphysique comme science philosophique fondamentale. Appuyé sur une unité de mesure critique et sur la fixation des limites posées au légitime exercice de notre faculté de connaître, il conduisit la métaphysique à ce grand résultat, *que le rapport entre les choses en elles-mêmes et les phénomènes est inexplicable;* bien qu'il proclame en plusieurs endroits de ses ouvrages, d'une manière déterminée et presque dogmatiquement, qu'*il y a des choses en soi;* — *qu'il y a des phénomènes;* — *qu'il y a un rapport entre ces deux ordres de choses;* — *que ce lien n'est insaisissable que pour l'eprit humain,* et par conséquent qu'il faut renoncer à expliquer le rapport entre les choses en soi et les phénomènes.

Nous devons, pour que les passages que nous allons citer soient parfaitement compris, faire connaître en peu de mots le caractère du criticisme. D'après une critique sévère de notre faculté de connaître, et d'après une détermination nette des opérations (sensibilité, entendement, raison) de cette faculté et de ses bornes, *nous ne connaissons pas les choses telles qu'elles sont en elles-mêmes, mais telles qu'elles nous apparaissent.* Nous ne pouvons rien savoir des choses en elles-mêmes, en tant qu'elles peuvent servir de base aux phénomènes et en tant qu'elles agissent, si ce n'est que les phénomènes font des impressions sur nous, parce que nous connaissons simplement ce qui arrive à notre connaissance par la perception sensible. — Mais, comme la doctrine du rapport de causation entre les choses en soi et les phénomènes était le fondement de la métaphysique dogmatique, il fallait, après avoir obtenu ce résultat, établir à la place de la métaphysique de l'école une *critique de toute la métaphysique antérieure.* — Mais, dans l'esprit du système critique, les phénomènes ne sont pas les choses en soi : ils forment pour nous, dans notre représentation, l'*ensemble de l'expérience.* En tant que nous les percevons sous les formes de la sensibilité, l'espace et le temps, et d'après les catégories, c'est-à-dire d'après les formes pures de l'entendement, nous pensons. Mais ces formes se trouvent *simplement en nous* et *a priori,* c'est-à-dire dans la constitution originelle de notre faculté de connaître; et, quoique notre connaissance commence, il est vrai, *avec* l'expérience, elle n'est cependant point entièrement contenue *dans* l'expérience, et sa forme (la manière dont la diversité est liée en une unité, et dont cette unité est aperçue en nous comme connaissance) est *complètement subjective,* c'est-à-dire indépendante des objets qui apparaissent. Le caractère fondamental du criticisme est donc de penser, de concevoir ces objets apparaissant hors de nous, comme différents des représentations que nous en avons et des choses en soi qui servent de fondement à ces représentations, *mais qui nous sont parfaitement inconnues :* en sorte que nous ne pensons les phénomènes que d'après la constitution primitive de notre faculté de connaître ou *a priori.* — Le criticisme distingue, à la vérité, les choses en elles-mêmes et les phénomènes, et admet l'existence des unes et des autres ; mais il regarde leur rapport comme inexplicable, parce que nous ne pouvons penser les phénomènes que d'après les formes primitives de notre faculté de connaître, sans savoir le moins du monde si ces formes et les objets perçus et pensés par elle correspondent aux choses en soi.

Les passages suivants, tirés des ouvrages de Kant, prouvent la fidélité de cette exposition du criticisme sous le point de vue métaphysique qui nous occupe, le rapport du subjectif et de l'objectif. Il dit, dans les *Prolégomènes à toute Métaphysique future* (p. 104), ouvrage qui parut après la *Critique de la Raison pure,* et qui tantôt y renvoie, tantôt l'éclaircit, tantôt en étend les résultats : « En fait, lorsque nous regardons avec raison les objets des sens comme de simples phénomènes, nous reconnaissons en même temps par-là qu'ils ont pour fondement une chose en soi, quoique nous ne connaissions pas ce qu'elle est en elle-même, mais seulement son phénomène, c'est-à-dire la manière dont nos sens sont affectés par ce quelque chose d'inconnu. Mais, par le fait même que l'entendement admet des phénomènes, il reconnaît aussi l'existence des choses en soi ; et en ce sens nous pouvons dire que la représentation des êtres qui servent de fondement aux phénomènes est non-seulement admissible, mais nécessaire même. Notre déduction critique n'exclut donc point de telles choses (noumènes); mais seulement elle circonscrit tellement les principes de l'esthétique, qu'ils ne peuvent s'appliquer à toutes choses (sans quoi tout serait converti en de simples phénomènes), mais qu'ils ne sont valables que pour les objets d'une expérience possible. » —P. 169 : « Le monde sensible n'est autre chose qu'un enchaînement de phénomènes liés entre eux suivant des lois générales : il n'a donc aucune existence par lui-même ; il n'est pas proprement une chose en soi, et se rapporte par conséquent nécessairement à ce qui est le principe de ce phénomène, à des substances (*Wesen*) qui ne peuvent être connues simplement comme phénomènes, mais comme choses en soi. Pour ce qui est de la connaissance de ce monde, la raison ne peut espérer de voir son désir satisfait pleinement que quand elle aura passé du conditionné à la condition. » — P. 163 : « Il y a une grande absurdité à n'accorder aucune chose en soi ou à vouloir donner notre expérience comme le seul mode possible de connaissance des choses. » — P. 165 : « Il est vrai que nous ne pouvons avoir aucune idée déterminée au-delà de toute expérience possible, c'est-à-dire touchant ce que les choses peuvent être en elles-mêmes. Mais nous ne sommes cependant pas libres, avant d'avoir cherché à les connaître, de nous en abstenir complètement : car l'expérience ne satisfait jamais parfaitement la raison. » — P. 147 : « Lorsque je parle des objets dans le temps et l'espace, je ne parle pas des choses en elles-mêmes, par la raison toute naturelle que je ne sais rien d'elles; mais je parle seulement des choses dans le phénomène, c'est-à-dire de l'expérience. » — P. 139 : « On ne pourra jamais démontrer immédiatement, mais seulement en conséquence de l'expérience et pour l'expliquer, non-seulement que quelque chose de réel correspond, mais encore doit correspondre à nos perceptions extérieures. »—Kant s'explique dans le même sens sur cette question fondamentale de la métaphysique, dans sa *Réponse à la question proposée par l'Académie de Berlin, de savoir quels sont les progrès réels de la Métaphysique en Allemagne depuis Leibnitz et Wolff.* Dans ce petit écrit, publié par *Rink* (1804), et qui est sans doute la meilleure exposition critique qui ait été faite de la philosophie de Leibnitz, Kant soulève la question de savoir : « Si l'objet que nous affirmons hors de nous, ne serait pas toujours en nous. » A quoi il répond, p. 54 : « Que, quand même la métaphysique laisserait cette question sans solution, elle n'en ferait pas un pas de moins, parce que les perceptions qui nous servent à constituer notre expérience au moyen des catégories, pourraient toujours être les mêmes en nous, et qu'il est indifférent, pour l'extension de la connaissance, que quelque chose d'extérieur leur corresponde ou ne leur corresponde pas, puisque nous pouvons, sans cela, non pas nous attacher aux objets, mais seulement à nos perceptions, qui sont toujours en nous. »

Nous croyons avoir cité assez de passages des écrits de Kant pour être autorisé à conclure que, dans sa métaphysique, il se tenait aussi éloigné du dogmatisme que de l'idéalisme; et que Jac.-Sigism. *Beck*, dans son ouvrage intitulé : *De l'unique point de vue possible d'où l'on peut considérer la philosophie critique* (Halle 1796), ainsi que *Fichte*, aussi long-temps qu'il ne donna son système que comme un criticisme sous une autre forme, c'est-à-dire jusqu'à ce que Kant lui-même eut réfuté sérieusement cette opinion, avaient mal entendu Kant en le faisant idéaliste. Mais Beck fut certainement le premier de l'école critique qui, dans l'ouvrage précédent, éleva le criticisme à l'idéalisme, en admettant une *représentation primitive*, qui est l'usage primitif de l'entendement, lequel usage consiste dans les catégories : de telle sorte que leur exposition comme postulats devient l'analyse de l'usage primitif de l'entendement. Il fonde donc le criticisme, non pas sur la gradation, qui va des formes de l'intuition (l'espace et le temps) aux catégories, mais sur la synthèse primitive dans l'entendement, synthèse qui ne peut être connue que par l'exercice même de l'entendement. Or, comme il fait reposer toute réalité susceptible de connaissance sur notre représentation subjective originelle et sur les lois de cette représentation, il ne peut plus être question, suivant lui, de l'existence réelle des *choses en soi, en dehors de notre faculté représentative.* Il n'y a donc aucune chose en soi hors de nous; mais tout ce qui nous apparaît hors de nous ne se fonde que sur notre représentation et notre pensée, et repose uniquement sur notre pensée même et sur ses lois.

Cet idéalisme critique de Beck servit en quelque sorte de transition à l'idéalisme transcendental auquel *Fichte* s'éleva. Il serait trop long de faire connaître en détail comment Fichte a systématisé cet idéalisme, système qu'il a d'ailleurs modifié plusieurs fois, sans cependant lui donner plus de pureté et d'enchaînement logique dans ses derniers écrits que dans les premiers, surtout dans sa *Doctrine fondamentale de toute la théorie scientifique* (1794); dans son *Explication plus claire que le jour, adressée à un plus grand public, sur le caractère propre de la philosophie la plus récente* (1801); et dans son *Essai d'une nouvelle Exposition de la Théorie de la Science;* dans le Journal philosophique qu'il publiait avec Niethammer, 1797, I, p. 1 et s., et qui comprend la *Seconde Introduction à la Théorie de la Science*, IV p. 310 et s.; V, p. 1 et suiv. Si l'on accorde à Fichte sa première position, savoir la position du non-moi par le moi, son idéalisme est sans contredit le système le plus conséquent, le plus péremptoire et le plus abstrait de la philosophie moderne.

D'après ce système, l'objectif est donné par l'activité libre du subjectif : car le caractère du subjectif est l'activité. Cette activité est primitive, et se révèle dans la réflexion sur la conscience comme sujet et objet en même temps, comme se posant et comme posé par soi : il n'y a donc pas d'objectif qui soit sans subjectif, c'est-à-dire qui soit différent et indépendant du sujet. Le moi ne peut être actif qu'autant qu'il s'oppose primitivement au non-moi en nous, mais non hors de nous. Le moi est le subjectif, le non-moi est l'objectif. Le caractère du moi est que le principe agissant et ce sur quoi il agit soient un seul et même être. Le moi peut penser et vouloir, ce qui est pensé et voulu est l'objet; mais ce qui est pensé et voulu comme objet, est *en nous*, et s'y trouve même toujours converti en un *être* par l'activité du moi. Dans le premier cas, c'est l'existence de la pensée; dans le second cas, l'existence du vouloir et de l'action. L'existence même se révèle immédiatement dans la conscience; mais le savoir se révèle toujours dans la conscience comme objet, parce que je ne puis rien savoir sans savoir quelque chose. Il est de la nature du caractère fini, que telle soit originellement l'économie de la subjectivité de l'objectif. Tous les êtres finis peuvent penser; mais dès qu'ils pensent, ils doivent penser un objet. Tout ce qui doit se trouver dans le cercle de l'activité doit donc être déterminé par le rapport du sujet à l'objet et de l'objet au sujet. Des êtres finis ne peuvent aller plus loin, ni savoir ce qui est hors d'eux, parce que cela même qu'ils appellent phénomène n'est qu'une idée en eux, où il n'y a plus d'objet dès qu'ils cessent de penser une idée. — Le moi pur atteindrait de son activité primitive l'infini, s'il n'était pas toujours uni à un objet (à un non-moi) par son activité. L'activité du moi pur ne dépasse pas cet objet. Fichte appelle *sentiment* la perception de la limitation de l'activité du moi libre. Ce sentiment n'est que le rapport immédiat de l'objectif dans le moi au subjectif du même moi. Dans cette limitation qui compète à l'objet, se trouve la *résistance* qui s'oppose à l'activité déterminée du moi, quoique l'activité ne devienne fixe et activité déterminée que par cette résistance. La résistance à l'activité idéale est dans l'objet (par conséquent dans le moi même): donc il s'oppose à lui-même par lui-même. L'affaire de la liberté, de la tendance à l'absolu dans le moi pur, est de vaincre cette résistance : la liberté doit donc être contenue dans le moi pur, et non dans l'objet ; mais son énergie doit se manifester dans son action sur l'objet. « L'unique absolu (Système de Morale, p. xvii et s.), base de toute conscience et de toute existence, c'est l'activité pure, qui résulte des lois de la conscience, et particulièrement de la loi fondamentale que l'actif ne peut être regardé que comme sujet et objet réunis (comme *moi*), comme action sur quelque chose hors de moi. » Tout ce qui est contenu dans ce phénomène, depuis la fin qui m'est imposée absolument par moi-même dans une fin unique ; tout, jusqu'à la matière grossière du monde, qui a une autre fin, n'est qu'une partie de la phénoménalité universelle, par conséquent aussi phénomène. Le seul vrai pur est ma substantialité.

De même qu'on trouve dans Fichte l'idée de l'absolu, idée qui bientôt après lui fut de nouveau placée au sommet de la métaphysique par son successeur Schelling, mais après avoir été un peu modifiée ; de même c'est à Fichte qu'appartient l'idée de *l'intuition intellectuelle*, dont la valeur a été pareillement augmentée par Schelling : en sorte que l'intuition intellectuelle dans Fichte est différente de la même intuition dans Schelling. Fichte employait l'idée de l'intuition intellectuelle dans le rapport suivant : « Le moi lui-même n'est autre chose que l'action sur soi-même, un retour sur soi-même. Est-il donc avant ce retour et indépendamment de ce retour? Ne doit-il pas être déjà, pour pouvoir se prendre pour terme d'une action? Nullement : ce n'est que par cet acte, et seulement par cet acte, que le moi se constitue primitivement à ses propres yeux. Mais ce retour sur lui-même n'est point l'action de comprendre, de saisir : elle n'a lieu que par l'opposition d'un non-moi et par la détermination du moi dans cette opposition : ce n'est donc qu'une *simple intuition (intellectuelle)*. Qu'il y ait une telle faculté d'intuition intellectuelle, c'est ce qui ne peut se démontrer par concepts ou par raisonnement; on ne peut pas non plus dériver de concepts la nature de cette faculté. Chacun doit la trouver immédiatement en soi-même, sans quoi on n'apprendra jamais à la connaître. Mais chacun peut bien apercevoir dans son expérience propre que cette intuition intellectuelle se présente dans chaque moment de la conscience. Je ne puis faire un pas, remuer la main ou le pied, sans l'intuition intellectuelle de ma propre conscience dans ces actions; ce n'est que par cette intuition que je sais que je fais cela; ce n'est que par elle que je distingue mon action, et dans elle, moi, de l'objet de l'action. — Ce qui, pour le moi primitif, est acte (*Thathandlung*), est, pour la philosophie, *fait de conscience*. Le concept de l'agir, qui n'est possible que par l'intuition intellectuelle du moi spontané, est le seul qui concilie les deux mondes qui nous sont donnés, le monde sensible et le monde intelligible. Mais il n'est point indifférent que la philosophie parte d'un fait (*Thatsache*), ou d'un acte (*Thathandlung*), c'est-à-dire de l'activité pure qui ne suppose aucun objet, mais produit cet objet même, et dans laquelle par conséquent l'agir se convertit immédiatement en fait. Si la philosophie part du fait, elle se place alors dans le monde de l'existence et du fini, et il lui sera difficile, en partant de là, de trouver le chemin de l'infini et du supra-sensible. Part-elle, au contraire, de l'acte, elle se trouve alors justement sur le point qui unit les deux mondes, et d'où ils peuvent être aperçus d'un libre regard. »

Depuis que le système de Fichte s'est répandu, la terminologie usitée auparavant en métaphysique par rapport aux choses en elles-mêmes et aux phénomènes, et conservée encore par Kant, s'est insensiblement convertie en cette autre terminologie correspondante de l'objectif et du subjectif, et les idées de l'*intuition intellectuelle* et de l'*absolu* ont reçu de ce premier philosophe un nouveau caractère dans la langue philosophique. Mais un passage d'un des premiers écrits de Fichte prouve qu'avant que son système eût atteint sa dernière perfection, il concevait aussi des *choses* en soi. Dans ce passage tiré de son ouvrage sur l'*Idée de la Théorie de la Science*, 1794, où il ne rejette pas encore complètement de la philosophie les choses en soi, il s'exprime ainsi, page 4 : « La dissidence propre (des différents partis philosophiques) devrait rouler sur *le rapport de notre connaissance à une chose en soi*, et cette lutte devra être décidée par une future *théorie de la science* qui établira : que notre connaissance s'accorde avec la chose en soi, non pas, il est vrai, immédiatement et par la représentation, mais bien *médiatement par le sentiment ;* que sans doute les choses sont *représentées simplement comme phénomènes*, mais *qu'elles sont senties comme choses en soi ;* que sans ce sentiment, *aucune représentation ne serait possible ;* mais que les choses en soi ne sont *connues que subjectivement*, c'est-à-dire qu'autant qu'elles opèrent sur notre sentiment. »

§ II.

SCHELLING, BARDILI, REINHOLD.

Si Fichte éleva le criticisme jusqu'à l'idéalisme transcendental, Schelling, à son tour, poussa cet idéalisme jusqu'à la philosophie de l'identité. Comme Fichte, Schelling a varié dans ses différents ouvrages, suivant les temps, sur des points particuliers de sa doctrine. Mais il ne s'agit ici proprement que de son opinion sur le rapport du subjectif à l'objectif : sur quoi l'on peut consulter ceux de ses ouvrages dont nous donnons les titres : *De l'Ame du Monde* (Hamb., 1798, 1809); *Première Esquisse de la Philosophie de la Nature* (Iéna, 1799); *Système de l'Idéalisme Transcendental* (Tub., 1800); *Journal de Physique spéculative*, deux parties (Iéna, 1800); *Bruno, ou du Principe divin et naturel des Choses* (Berlin, 1802); *Philosophie et Religion* (Tub., 1804); *Mélanges Philosophiques* (1re partie, Landshut, 1809). Schelling renchérit sur l'idéalisme de Fichte, en ce qu'il considère l'énergie primitive de l'esprit humain, dont Fichte faisait son *moi pur*, comme quelque chose de *dérivé*; et qu'il oppose à la subjectivité pure de Fichte *une objectivité non moins élevée* et d'une valeur égale, cherchant pour ces deux choses une troisième *plus élevée* encore, et qui en soit comme la source commune. De là, pour lui, deux sciences philosophiques particulières, la *philosophie de la nature* et la *philosophie transcendentale;* car il n'y a, suivant lui, que deux cas possibles : ou le subjectif précède l'objectif, et la question est alors de savoir comment l'objectif survient et s'accorde avec le subjectif. C'est à cette question que la philosophie transcendentale répond. Ou bien l'objectif précède le subjectif, et alors il est question de savoir comment le subjectif survient et s'accorde avec lui; ce qui est l'objet de la philosophie de la nature. La première descend du moi à la nature, la seconde s'élève de la nature au moi aussi loin qu'elle peut aller; et toutes deux ont pour base le principe : que les lois de la nature doivent se révéler immédiatement dans la conscience comme lois de la conscience ; et réciproquement, que les lois de la conscience doivent se révéler immédiatement dans la nature objective comme lois de la nature. Mais ces deux sciences sont inexplicables, parce qu'on ne comprend pas comment de l'unité du moi procède la multiplicité, ni comment cette unité doit à son tour se rencontrer dans la pluralité, si l'union du moi et du non-moi n'est pas effectuée par *l'identité du subjectif et de l'ob-*

jectif dans l'absolu. Cette identité absolue n'est pas un composé du subjectif et de l'objectif, mais leur unité ; en sorte que ces deux choses forment plutôt une chose *unique* qu'une réunion, et sont plutôt unies que semblables. La chose individuelle n'existe qu'en tant qu'il y a identité absolue en elle, ou en tant qu'elle exprime l'identité absolue sous une forme déterminée de l'existence. Toutes les oppositions de la pensée et de l'existence, de l'idéal et du réel, du sujet et de l'objet, toutes les choses, tous les phénomènes qui nous apparaissent comme différents, ne le sont réellement pas, et ne forment au fond qu'une seule et même chose. Le monde objectif tout entier, nature, évènements, univers, dans le sens ordinaire du mot ; tout, jusqu'à notre propre moi empirique, n'appartient qu'au monde phénoménal, comme expression, image ou manifestation de l'identité absolue ; mais de la manière dont tout cela nous apparaît, et tel qu'il est conçu d'après les lois de l'entendement, il n'est rien en soi, rien de réel. Ces lois mêmes, la loi de causalité et le principe de contradiction, n'ont de valeur que pour le monde *réfléchi*. Le principe suprême ou absolu, le principe animateur de l'univers, est l'*ame du monde*, puisque, toujours un et toujours le même, il ne se révèle que dans la sphère du phénomène comme une double chose, comme l'*idéal et le réel tout à la fois ;* mais ces deux choses se *pénètrent* alternativement à l'infini, ce qui produit la diversité des phénomènes particuliers ou individuels. Le véritable savoir, la connaissance des *choses en soi,* est par conséquent une connaissance absolue, est une connaissance des choses telles qu'elles sont dans l'absolu, dans l'identité comme dans l'ame universelle ; c'est la vue des choses, suivant laquelle aucun phénomène n'est véritablement la cause d'un autre; tout, d'après cette vue, étant également fondé dans l'absolu. Il n'y a donc *aucun être individuel,* aucune chose particulière en soi. Toute existence particulière est, comme telle, *une forme déterminée* de l'existence de la totalité absolue, mais non pas son existence même, qui *n'est que dans la totalité.* Le particulier, l'individuel, n'est qu'en tant que l'identité absolue est en lui, ou bien encore en tant qu'il exprime la totalité absolue sous une forme déterminée de l'existence. Aussi tout ce qui est en soi, par conséquent le véritable univers, *n'a-t-il point été créé,* quant à l'existence, et ne peut-il être anéanti ; c'est-à-dire qu'il est *éternel :* car l'identité absolue est absolument posée en dehors de tout temps, c'est-à-dire encore qu'elle est éternelle. L'absolu ou l'identité absolue *se perçoit* elle-même éternellement (hors du temps), sujet et objet, ou *se connaît elle-même par l'intuition intellectuelle*. Une intuition intellectuelle est donc celle, en général, qui produit librement, et dans laquelle *ce qui produit et ce qui est produit est une seule et même chose ;* au lieu que l'intuition sensible ne produit pas son objet, mais le reçoit. Une semblable intuition ne saurait être démontrée, mais seulement nommée ou indiquée, et le moi est une telle intuition, en tant que la même chose est tout à la fois ce qui est produit et ce qui produit. Le moi est donc primitivement une activité, mais une activité infinie, qui n'est bornée que *parce qu'elle se perçoit elle-même*, et parce qu'elle fait son objet de ce qui renferme toujours le concept d'une chose bornée. L'activité primitive du moi se dirige sur cette limitation, et, comme activité primitive, remonte plus haut que la conscience, est par conséquent *idéelle ;* tandis que la limite à laquelle elle s'attaque est *réelle*. Quand nous ne considérons que cette activité idéelle, nous concevons alors les limites dont il s'agit, simplement posées par le moi ; de là l'*idéalisme*. Si nous ne nous arrêtons qu'aux limites, et que nous les concevions comme indépendantes du moi, alors naît le *réalisme*. Si nous réfléchissons en même temps sur l'activité idéelle du moi et sur ses limites, nous sommes alors dans le *réalisme-idéal*, qui comprend la *philosophie transcendentale* et la *philosophie de la nature*, comme les deux modes de l'absolu opposés l'un à l'autre, et construits scientifiquement.

A cette forme systématique de la philosophie de l'identité, Schelling ajouta, dans l'écrit intitulé *Philosophie et Religion*, qu'amenèrent les objections d'*Eschenmayer*, la doctrine suivante, qui était étrangère au premier plan de son système. — *Le fondement de la réalité des choses finies* est dans une *séparation*, dans une *chute de l'absolu* (*ex absoluto*); car de l'absolu au réel il n'y a aucune transition continue; l'origine du monde sensible n'est concevable que comme une rupture absolue d'avec l'absolu, seul réel, par un *saut*. Les ames tombent du monde intellectuel dans le monde sensible, où, pour expier *leur existence individuelle*, et une faute commise dans une vie précédente quant à l'idée, non quant au temps, elles se sentent enchaînées au corps comme dans une prison; elles portent avec elles, à la vérité, le souvenir de l'accord et de l'harmonie du véritable univers; mais elles ne l'entendent qu'à travers le bruit confus occasioné dans les sens par le monde sensible, elles ne l'entendent que troublé par la dissonance. Elles ne peuvent pas non plus reconnaître la vérité dans ce qui est, ou qui semble être, mais dans ce qui *a été* pour elles, et qu'elles doivent s'efforcer sans relâche de re-

conquérir, c'est-à-dire dans la vie intelligible.
L'ame ne peut reconnaître les archétypes sous
leur véritable forme, mais seulement sous une
forme troublée par la matière. Néanmoins elle reconnaît en eux les êtres primitifs, différents et
distincts sans doute, mais dépendants et indépendants tout à la fois les uns des autres. Le
monde phénoménal est pour l'ame la *ruine du
monde divin et absolu.*—L'absolu, la raison absolue, l'identité, l'unité, la connaissance absolue,
le moi absolu, est *Dieu.* Tout ce qui, en toutes
choses, a quelque valeur, quelque réalité, est
par conséquent de Dieu. Le véritable Dieu est
celui hors duquel la nature, l'univers, n'est point;
comme la véritable nature (l'univers) est celle
hors de laquelle Dieu n'est pas. Toutes choses,
en tant qu'elles sont choses en soi, *sont en Dieu.
La nature ne consiste que dans la contemplation divine et réfléchie,* et en est un effet. Elle est l'émanation de toutes choses de Dieu, et l'organe de
Dieu. Chaque moment de la durée et tous les évènements sont des manifestations divines. On ne
parvient point à la véritable connaissance de cet
absolu ou de Dieu par le raisonnement, mais par
une *intuition rationnelle ou intellectuelle immédiate*
qui est la connaissance absolue. Or, comme la
doctrine de l'absolu n'est que spéculative, elle
n'a besoin d'aucun complément *par la foi :* car

son essence consiste à posséder d'un savoir clair et d'une connaissance d'intuition ce que d'autres philosophes pensent trouver et saisir dans la foi.

Il devait être difficile de croire qu'on pût aller plus loin que Schelling; et c'est cependant ce que tenta *Bardili* (mort professeur à Stuttgard en 1808) dans ses *Essais d'une Logique première* (1800), et à l'opinion duquel se rendit *Reinhold* « après avoir relu douze fois en entier cette Logique première. » Cette conversion de Reinhold au système appelé *Réalisme rationnel* lui valut une célébrité d'un moment. Ce système est expliqué et développé dans une *Correspondance entre Bardili et Reinhold, sur l'Essence de la Philosophie et le Désordre de la Spéculation* (1804); et dans les *Lettres* anonymes *sur la Vérité, Dieu, l'Organisme et l'Immortalité.* (Copenh., 1803). — Si Hobbes représenta déjà la pensée comme un calcul, ce fut cependant une opinion propre à Bardili, que celle de prétendre découvrir dans la pensée en soi, considérée quant à la forme, *quelque chose de réel,* et même l'essence de la Divinité; de présenter la *logique* comme identique avec la métaphysique, et de l'élever à la dignité de *science philosophique fondamentale.* L'essence de la pensée consiste, suivant Bardili, dans l'action de fonder et d'unir, par conséquent à enchaîner et à ramener les rapports à une unité immuable, à rapporter les parties au tout, à soumettre le particulier au général. La possibilité de la pensée repose par conséquent sur la possibilité de répéter infiniment l'un comme un sur l'immuable identité dans le multiple, c'est-à-dire dans toutes les expressions possibles de la pensée. La pensée suppose donc, *ainsi que le calcul,* une unité immuable qui peut être répétée à l'infini, et qui toujours reste la même en cela. La pensée en exercice consiste dans la répétition de l'Un immuable, et ses lois sont : *l'un, comme un, dans l'un et par l'un,* c'est-à-dire l'immutabilité dans tous les rapports et dans toutes les preuves. Cet un, répétable ou répété à l'infini, est la *possibilité* ou la *raison* de tout ce qui est ou sera quelque chose. Mais, pour que quelque chose ou un *objet* en général soit par l'un, *une autre chose* doit *s'ajouter* à cet un parfaitement identique, qui, comme non identique en soi, par conséquent comme différent de cette identité, en admet l'essence, sans toutefois perdre la sienne propre. Cette autre chose, en tant qu'elle est différente de l'un absolu, doit être un *non-un* ou un *divers ;* et, en tant que toute existence contemporaine ou successive exclut l'un absolu, elle doit convenir au non-un ou divers. L'objet en général (qui est le fondement de toute la nature, de tout l'univers) se compose donc : 1° d'un divers lié et soumis à l'unité absolue de la pensée ; 2° d'un simultané et d'un successif liés sous cette unité (comme sous la négation de tout simultané et de tout successif), comme *quelque chose de pensé,* ou considéré réellement et parfaitement *comme un objet;* — simultané et successif qui est indissolublement uni à un non-simultané et non-successif. Ou bien, comme ce qui est pensé purement et simplement n'est autre chose que la *possibilité* même, le simultané et le successif, au contraire, n'est autre chose que la *réalité* dans le temps et dans l'espace. En sorte que l'objet en général se compose des éléments de la *possibilité indissolublement unie à la réalité.* Et comme la réalité peut s'appeler avec raison la forme ou l'essence d'une autre chose nécessaire en dehors de la pensée pure, on peut donc dire que *la forme se manifeste dans l'objet en général,* ou que *l'essence de la matière se montre indissolublement unie à la forme,* ou à l'essence de la pensée. Par ce moyen se résout le problème, insoluble jusqu'ici, de l'union, de l'accord entre le monde rationnel et le monde phénoménal, entre l'ame et le corps. Quiconque peut comprendre un objet en général, doit aussi comprendre en principe cet accord. *Mais l'essence de tous les êtres se révèle en même temps à nous par cette pensée dans l'application et par son identité.* — Cette identité de Bardili est essentiellement différente de celle de Schelling, quoique dans chacun d'eux l'identité soit ce qu'il y a de *plus élevé*. L'identité de Schelling est celle du subjectif et de l'objectif; mais dans le réalisme rationnel, elle n'est ni l'objet, ni le sujet, ni l'identité de l'un et de l'autre; ce n'est ni la nature, ni Dieu, mais la *manifestation de Dieu dans la nature*. L'absolument absolu se manifeste donc dans l'essence comme essence première, dans la vérité comme le vrai primitif, dans la nature comme le surnaturel. Cette manifestation en général est la *raison en elle-même*. Mais la manifestation du vrai primitif en vrai, de l'essence primitive en essence, du surnaturel en naturel, est le principe de toute existence et de toute connaissance; et cette conscience, que la pensée comme pensée est, dans son application, la manifestation de Dieu dans la nature, la manifestation du vrai en vrai primitif, et du vrai par le vrai primitif, constitue la *connaissance philosophique*, le *savoir pur*, le *rationalisme*. Dans ce système se dévoile donc la *vérité une et identique dans le connaître et dans l'être;* et la pensée qui se révèle dans la conscience humaine et dans tout le reste de la nature comme identité absolue, devient connaissance. De cette manière, la science de la pensée doit être *en même temps la science de la pensée et de l'être,* par conséquent la *logique et la métaphysique* doivent être *identiques.*

§ III.

KRUG ET JACOBI.

Egalement éloigné des deux extrêmes, du matérialisme et de l'idéalisme, et à plus forte raison des degrés de l'idéalisme auxquels avaient cherché à s'élever Schelling et Bardili dans la philosophie de l'identité et dans le réalisme rationnel, *Krug* est resté fermement attaché à l'*esprit du criticisme;* cependant il a essayé de lui donner un nouveau point d'appui, qui fût une base systématique ferme, et qui garantît sa position scientifique à l'égard du matérialisme et de l'idéalisme. Krug a cherché à donner cette nouvelle forme au criticisme, surtout dans les écrits suivants : *De la Méthode de philosopher, et des Systèmes de Philosophie; Philosophie fondamentale* (Zullich., 1803, 1819); *Manuel de la Philosophie et de la Littérature Philosophique* (2 parties, Leips., 1820). Il appelle son système *synthétisme.* Les principaux caractères de ce système sont les suivants : En tant que notre conscience est un état déterminé, il y a dans le moi une existence déterminée unie à un savoir déterminé. — Cette coïncidence de détermination arrive toujours dans une série de moments déterminés : en sorte que d'autres liaisons de même espèce tantôt la précèdent, tantôt la suivent; et toute notre expérience résulte d'une infinité de synthèses de cette nature. C'est pourquoi cette liaison expérimentale régulière de l'existence et du savoir s'appelle *synthèse empirique* (synthesis a posteriori). Mais toute *synthèse empirique* suppose une *synthèse transcendentale* (synthesis a priori), c'est-à-dire une liaison primitive de l'être et du connaître dans le moi, par laquelle la conscience même est d'abord constituée. Cette liaison, en tant qu'elle précède tout fait de conscience particulier et lui sert de condition, peut aussi s'appeler *fait primitif* de conscience. La synthèse transcendentale est absolument *inexplicable* et *insaisissable :* car, pour l'expliquer et la comprendre, *la conscience devrait sortir d'elle-même,* et faire voir sa propre origine dans la succession, ce qui est impossible, parce qu'on ne peut avoir aucune conscience *avant* la conscience, et que toute synthèse empirique revient toujours à la synthèse transcendentale comme à sa condition primitive. Cette synthèse transcendentale doit être reconnue comme le *point limite de la philosophie,* au-delà duquel la philosophie se perd dans le vide (domaine de la *non-conscience*), et devient superflue (*transcendante*). — De là tous les systèmes de philosophie possibles. On peut appeler l'existence, ou ce qui est, le *réel;* et le savoir, ou la représentation de ce qui est, l'*idéal*. D'où résulte la question : *Quel est le rapport respectif de l'idéal et du réel?* Ou bien l'un est posé dans et par l'autre, en sorte que l'on dérive l'un de l'autre (soit l'idéal du réel, ce qui donne le *matérialisme;* soit le réel de l'idéal, ce qui donne l'*idéalisme*); ou bien tous deux sont *posés primitivement* et liés l'un à l'autre, en sorte qu'aucune dérivation de l'un par rapport à l'autre n'est possible, ce qui constitue le *synthétisme*. Mais le réalisme est impuissant à faire voir comment l'idéal sort du réel, de même que l'idéalisme ne peut déduire le réel de l'idéal : car celui qui pose le réel comme primitif ou premier, admet proprement un réel *sans un idéal*. Mais le réel sans l'idéal serait *simple matière ou masse corporelle*, dans laquelle ne se rencontre aucune trace de représentation et de conscience. Le réalisme est par conséquent *matérialisme*. Celui, au contraire, qui pose l'idéal comme ce qu'il y a de primitif ou de premier, admet proprement un idéal *sans un réel :* car celui-ci doit provenir d'abord de celui-là, et il s'agit de savoir comment et par quoi le subjectif acquiert son rapport objectif. Mais l'idéal sans le réel ne serait *rien* au fond; parce que si l'on fait abstraction de toute réalité, il ne reste ni sujet réel, ni objet réel des représentations et de la conscience. L'idéalisme est donc un véritable *nihilisme*. Le réalisme est aussi *arbitraire* que l'idéalisme, parce qu'il pose le réel de la même manière que l'idéalisme pose l'idéal comme la seule chose primitive. Les deux systèmes sont donc *transcendants*, puisqu'ils font disparaître l'union primitive du réel et de l'idéal, et dépassent ainsi les bornes de la philosophie : ils sont donc hors d'état de dériver *réellement* l'un de l'autre, ce qu'ils devraient faire cependant s'ils voulaient résoudre leur problème. Le philosophe ne doit donc pas chercher à dériver l'idéal du réel, ni le réel de l'idéal : il doit les considérer tous deux *comme posés et unis primitivement*, par conséquent reconnaître la *synthèse transcendentale* comme la limite absolue de la philosophie. Un système conçu d'après ce point de vue supérieur s'appelle donc *synthétisme* transcendental, et est aux deux précédents comme la synthèse à la thèse et à l'antithèse. — Mais si l'être et le savoir, le réel et l'idéal, sont primitivement, ni l'un ni l'autre n'a donc la priorité; et ni la conviction où est l'homme de sa *propre existence*, ni celle qu'il a de l'*existence des autres choses hors de lui*, ni enfin la conviction du *commerce ou de la relation* qui a lieu entre lui et les autres choses, relation par laquelle l'un révèle son existence à l'autre immédiatement, ne peut se démontrer; mais ces trois fonctions, essentiellement et nécessairement liées entre elles, doivent être considérées comme *primitivement et immédiatement certaines,* et servir de *fondement* à toutes les convictions humaines.

A côté du dogmatisme, du criticisme et des systèmes idéalistes, un investigateur profond et plein d'esprit, Frédéric-Henri Jacobi (mort en 1819), se traçait une route à part. Ce qui le caractérisait, c'était *son éloignement pour toute philosophie systématique :* c'est pour cette raison qu'il s'éleva également contre le dogmatisme ancien, aussi bien que contre Kant, Fichte et Schelling. On ne peut méconnaître qu'il rencontre souvent juste dans sa polémique; mais souvent aussi une préoccupation exclusive l'empêche d'approfondir assez la doctrine de ses adversaires; du moins aucun auteur systématique ne pouvait rien gagner à être traduit par Jacobi dans la langue propre à ses opinions. Lui-même a expliqué la philosophie telle qu'il la concevait, sans aucune liaison systématique, sans ordre : cependant ses écrits ne sont pas dépourvus de passages remarquables sur tous les objets importants et sur toutes les doctrines de la philosophie théorétique et pratique; il vaudrait la peine d'extraire de ses divers ouvrages les passages purement philosophiques, et de les disposer suivant un *ordre scientifique*.— Ses écrits les plus importants sont: *Lettres sur la Doctrine de Spinosa* (nouv. éd., 1789); *David Hume sur l'Idéalisme et le Réalisme* (1788); *Epître à Fichte* (1799); *des Choses Divines et de leur Révélation* (1811). Il faut voir aussi *Wizenmann, Résultats de la Philosophie de Jacobi et de Mendelssohn* (1786); *Fr. Kœppen, Doctrine de Schelling*, ou la *Somme de la Philosophie du Néant absolu, avec trois lettres de Jacobi* (1803); et l'Introduction à la Philosophie de Jacobi, dans le deuxième volume de ses œuvres. Suivant Jacobi, tout savoir philosophique repose sur une *foi*, ou sur une connaissance et une persuasion *immédiate* sans démonstration: car le monde extérieur n'est donné que par le sens *extérieur*; le sursensible (la liberté, la moralité, l'immortalité, Dieu, la Providence) n'est connu *immédiatement* que par un sens *interne* (la raison, l'organe de la vérité). Par cette double révélation, l'homme parvient à la conscience de lui-même avec le sentiment de sa supériorité (de la liberté) sur la nature; il connaît immédiatement par la raison Dieu et la liberté. La réalité de cette connaissance repose sur le sentiment, qui est l'*intuition rationnelle* ou la perception immédiate de l'ame : car un sentiment ineffaçable est le fondement de notre foi à l'existence de la nature, à notre propre existence, et à l'existence de Dieu, et cette foi est la condition de notre connaissance. Cette foi est une foi vivante à un ordre de vérité que ne reconnaît aucune spéculation, qu'aucune idée n'embrasse, qu'aucune langue ne nomme, et qui ne se révèle qu'au *sentiment dans la conscience*. Comme simple foi, elle résulte de la perception réelle, mais *dépourvue de connaissance*, de la perception de la véritable distinction entre l'apparence, le phénomène, et l'existence en soi, par conséquent du propre *sentiment de la vie* de l'homme, de la conscience de la *personnalité*, de la conscience morale (*Gewissen*).

Par cette foi l'on *connaît* la vérité sans la *reconnaître*, ou sans la *méconnaître;* et plus l'homme est moralement parfait, plus pure et plus vivante est cette foi. Elle est la santé du cœur, sans laquelle il n'y a pas de santé possible de l'entendement. Elle ne sert point de base à l'enseignement philosophique; ainsi le système scientifique le plus brillant n'est qu'une pure et vaine spéculation : car ce n'est qu'une vaine curiosité qui le fait naître. Sans cette foi, il n'y a aucune réalité, aucune vérité, ni pour la spéculation ni pour la pratique : car savoir et exister en soi sont pour nous un *mystère*. Le droit et le devoir ne peuvent avoir lieu que dans cette foi. Ce qui est noble, beau et bon, ce qui fait durer la vie et surmonte la mort, sort de cette force cachée, de cette puissance secrète de l'humanité. Il n'y a aucune certitude dans la connaissance, si déjà nous ne connaissons la certitude *par avance;* or la certitude est dans la foi, qui contient en soi une certitude *immédiate,* laquelle, loin d'avoir besoin d'aucun principe, exclut au contraire tout principe, parce que la conviction par principe est une certitude de *seconde* main. La raison ne peut produire d'autres objets (concepts) ni donner aucune conviction qu'en partant des principes qui procèdent de la foi. Par la foi nous savons que nous avons un corps, qu'il y a d'autres corps et d'autres êtres pensants hors de nous, et cela *aussi* certainement que nous nous apercevons *nous-mêmes : car sans le toi (l'objectif), le moi (le subjectif) est impossible.* Cette foi est enfin une foi à une unité de tout ce qui existe, du sensible et du suprasensible : unité *qui repose en Dieu,* par lequel tout existe dans une harmonie et une unité nécessaire. Cette foi doit donc précéder tout savoir philosophique, et devient ensuite *savoir philosophique,* quand le besoin de la clarté dans la connaissance produit *la connaissance de cette foi.* C'est ainsi que la *connaissance croyante* et la *croyance connaissante* sont dans une sorte d'action et de réaction, et résultent d'un sentiment qui n'est susceptible d'aucune explication scientifique et n'en a pas besoin. — A la *philosophie* appartient seulement ce qui, comme objet du connaître et de l'agir, est le *résultat du développement de cette force;* à la *non-philosophie*, au contraire, appartiennent tous les objets qui ne sont accessibles ni par la volonté, ni par la connaissance. La non-philosophie est donc *plus élevée* que la philosophie, l'inconnu plus élevé que le connu, et le développement du *passage* de la philosophie à la non-philosophie détermine en même temps les *bornes entre la spéculation et la foi.* — Peu de temps avant sa mort, Jacobi s'expliqua sur le rapport entre la raison et l'entendement, rapport qu'il avait auparavant laissé indéterminé. Il considérait la *raison* comme la faculté des idées qui se révèlent dans le sentiment le plus profond, et qui font la *matière* de la philosophie; tandis que *l'entendement* était pour lui la faculté des concepts, celle qui donne la *forme* à la philosophie.

§ IV.

ABICHT, PLATNER, SCHULZE.

Aussi haut que remonte l'histoire de la philosophie, toujours le scepticisme apparaît en opposition au dogmatisme, et se proclame comme la seule métaphysique possible et certaine. Or, de la même manière que les systèmes dogmatiques, depuis les Grecs, ont varié sans fin quant à leur fondement et à leur forme scientifique, quoiqu'ils aient un point central commun dans le fait du *dogmatisme* relatif à un rapport de causation entre les choses en soi et les phénomènes; de même le scepticisme a aussi pour chaque époque sa couleur, sa forme, et sa manière de se produire extérieurement, par opposition aux systèmes dogmatiques dominants, ou qui cherchaient à dominer en se donnant comme apodictiques. Dès-lors, il est nécessaire que le scepticisme de Hume, destiné à combattre le dogmatisme de Locke, soit différent de celui de Pyrrhon et de Sextus; de même, le scepticisme qui s'est élevé contre le criticisme, l'idéalisme et le système de l'identité, doit différer de celui de Hume, et ainsi de suite.

Le scepticisme ancien et le moderne ne se rencontrent qu'en un signe caractéristique : c'est que, par opposition aux systèmes dogmatiques, qui veulent démontrer le rapport qui existe entre le subjectif et l'objectif, ils renoncent, au contraire, à toute explication et démonstration de ce rapport. C'est pour cette raison qu'ils s'accordent plutôt avec le *criticisme* qu'avec aucun autre système de philosophie, le criticisme proclamant aussi le rapport de causation entre le subjectif et l'objectif comme *inexplicable* et *impossible*, tandis que Fichte, Schelling, Bardili, etc., établissent ce rapport de causation *dogmatiquement* (c'est-à-dire apodictiquement par une démonstration apparente), et que Jacobi l'admet à la vérité sans démonstration, mais cependant comme incontestable, en se fondant sur le sentiment immédiat. Mais toujours le scepticisme reste *individuel*, et c'est par cette raison qu'il ne peut jamais être question d'un système ou d'une école de scepticisme, comme il y a un système et une école de Wolff, de Kant, de Fichte, de Schelling, etc. Car le caractère individuel du scepticisme consiste en deux points : d'abord à combattre chaque système qui domine ; ensuite à établir ce dont le sceptique est lui-même persuadé subjectivement, et qui constitue par conséquent *son système philosophique individuel*. Telle est aussi la raison pour laquelle les penseurs qui, dans les temps modernes mêmes, se sont déclarés sceptiques, ne se rencontrent en définitive que dans un fort petit nombre de points, et pour laquelle chacun d'eux fait sa route à part, suivant son caractère sceptique individuel. Aussi, à une époque quelconque, le nombre des sceptiques est beaucoup plus petit que le nombre des dogmatiques; de la même manière qu'en politique, l'opposition est en général plus faible que le parti ministériel. Du reste, il ne faut jamais oublier que le doute universel, qu'une téméraire négation et une renonciation à la connaissance sans fondement, ne forme pas le principal caractère du scepticisme.

Mais, quelque différents les uns des autres que puissent être les sceptiques les plus modernes, c'est-à-dire ceux qui ont paru depuis l'établissement et la propagation du criticisme et des systèmes philosophiques qui en dépendent, quelque originales et diverses que puissent être leurs opinions et leurs convictions individuelles, tous cependant devaient s'accorder sur les trois points suivants :

1° L'homme, par la constitution primitive de son être, est forcé de suivre *ses représentations, qui sont totalement subjectives*. Toute conviction philosophique est par conséquent purement subjective, et ne peut jamais *prétendre à une valeur objective*.

2° L'homme, d'après ses représentations subjectives, ne peut jamais *dépasser la conscience*, parce que ce qui est extérieur à la conscience $= x$. Le cercle entier de sa *connaissance philosophique* est donc renfermé dans le développement et l'exposition de la sphère entière de la conscience.

Mais la *manière* dont ce développement s'opère, forme le système individuel de l'investigateur sceptique.

3° Toutes les représentations humaines sont purement subjectives, et l'homme ne peut jamais sortir de sa conscience; et le rapport entre le *subjectif et l'objectif,* qui se révèle dans la conscience, ne peut être expliqué dans ses derniers principes, loin qu'un lien de causation puisse être démontré entre l'un et l'autre; mais ce rapport doit *plutôt reposer sur sa parfaite inexplicabilité.*

Il serait trop long de faire connaître ici tous les sceptiques de notre époque: nous nous contenterons de mentionner *Abicht,* remarquable par sa sagacité dans *l'Examen de la Critique de la Raison spéculative* (2ᵉ part., 1799), et dans son *Encyclopédie de la Philosophie* (1804), et de dire un mot de *Platner* (mort en 1818), et enfin de *Schulze.* Platner fut d'abord éclectique, et inclinait très-fort au système de Leibnitz et de Wolff; plus tard, quand le criticisme eut paru, il le combattit comme sceptique, mais avec modération; et, assez familiarisé avec le scepticisme des anciens, il saisit le caractère fondamental du scepticisme avec plus de bonheur qu'il n'en eut en essayant de l'approfondir, particulièrement dans sa métaphysique, où il laisse subsister la plupart des aphorismes de l'ancienne édition (*Aphorismes Philosophiques*, nouv. édit., 1793; et *Manuel de Logique et de Métaphysique*, 1795).

Le scepticisme de *Platner* reposait sur les propositions suivantes : Toutes les représentations humaines n'ont pas l'air d'être autre chose que des rapports; il n'y a donc pas de raison de les reconnaître comme *objectivement vraies*. Seulement nous sommes sûrs d'une *certitude parfaite* de l'existence de nos représentations, tant des représentations des sens et de l'imagination, que des représentations de la raison. Si ces représentations des deux espèces ont un degré invariable de force, alors, conformément à notre nature, nous sommes persuadés de leur vérité objective; c'est-à-dire que nous sommes forcés de penser qu'elles ont un *objet*, quoiqu'il ne *puisse être démontré que cette objectivité est réellement objective plutôt que subjective*, parce que nous ne pouvons jamais passer de nos représentations aux objets, ni confondre les représentations avec les objets : *par conséquent les objets de la connaissance sensible et les principes de la connaissance sursensible sont complètement inconnus*. Mais si nous admettons la réalité du monde matériel et la vérité de toutes les espèces de raisonnement fondés sur la nature de la faculté de connaître, ce n'est pas parce que nous voulons les admettre afin d'avoir quelque chose à quoi nous puissions nous attacher, mais parce que nous devons les admettre en vertu de notre nature que nous ne pouvons changer. Le sceptique ne prétend par conséquent pas, comme le critique, déterminer les limites de la faculté de connaître, car le criticisme devient par-là dogmatique; ni en affirmer la nullité, du moins sans critique préalable de la faculté de connaître : il n'affirme donc rien, ne dit ni oui, ni non; il ne dit pas même qu'on ne peut rien savoir, ou que toute connaissance est purement subjective. Il n'a pas pour but de valoir universellement ou de former un système; il ne dérive pas ses opinions de principes apodictiques, mais il les *justifie du point de vue individuel* sous lequel la faculté de connaître se présente à lui [1]. C'est pourquoi le caractère philosophique de son scepticisme n'est pas quelque chose de fluctuant, d'incertain entre des opinions opposées; c'est une opinion impartiale, parmi toutes les opinions répandues dans le monde; c'est un calme d'esprit inébranlable (ataraxie), qui contemple tranquillement le drame des systèmes philosophiques,

---

[1] L'éditeur se rappelle à ce sujet que Platner, en 1795, écrivait dans son Album la sentence suivante, entièrement dans l'esprit des vues précédentes : *Toute la sagesse humaine n'est rien; le reconnaître est seul quelque chose.*

mais avec la disposition d'y reconnaître comme tel tout ce que l'homme par sa nature, c'est-à-dire suivant le caractère de sa faculté cognitive, doit admettre comme vrai. Il reconnaît dès-lors en cela une validité parfaite aux preuves fondamentales de l'*histoire*, de la *philosophie* et de la *religion*, en tant qu'elles peuvent présenter la foi à la chose prouvée comme une conséquence de la façon de penser de la nature humaine; et parce que la moralité est entièrement contenue dans la conscience de l'homme, et qu'il ne s'agit pas ici d'un objet dans le sens propre. Il croit donc intimement à son existence et à la force obligatoire de sa loi.

Le scepticisme du professeur Gottlob-Ernest *Schulze* prit une autre forme. Dans son *Enésidème*, il se déclara l'adversaire de la philosophie élémentaire de Reinhold; mais son principal ouvrage fut sa *Critique de la Philosophie Théorétique* (en deux part., 1801), à laquelle il faut comparer ses écrits antérieurs, *l'Encyclopédie des Sciences Philosophiques* (1814 et 1818), et particulièrement la préface de la seconde édition de l'Encyclopédie, à cause de l'explication sur la *Critique de la Philosophie théorétique*, et de son point de vue du scepticisme. Dans la Critique de la Philosophie Théorétique, il a en vue l'opposition du scepticisme contre le dogmatisme et le criticisme : lui-même appelait sa manière de penser *anti-dogmatisme*. Il attaque dans son système critique, avec des armes redoutables, tout ce qu'il y trouve encore de *dogmatisme*. Les principales propositions de son scepticisme sont les suivantes : Notre savoir ne peut s'étendre aux choses qui sont en dehors de la conscience : car on ne peut rien savoir, en dehors de la sphère de la conscience, *des principes de l'existence des choses ou de notre connaissance de cette existence*. Par conséquent, aucun principe sursensible supérieur des choses ne peut être établi dans le monde ni dans la connaissance que nous en avons ; quoiqu'on ne puisse nier que nous ne possédions des connaissances des objets, que ces objets ne soient déterminés d'une manière ou d'une autre quant à la connaissance que nous en avons, ou qu'il n'y ait un monde sensible doué de diverses propriétés. *La philosophie ne peut donc avoir de principes absolument vrais et derniers*; et ce que la spéculation croit avoir reconnu des principes suprêmes de ce qui est donné dans l'expérience externe, consiste simplement dans des concepts, parce que ni l'entendement, ni la raison, ne peuvent représenter quelque chose de conforme à la réalité. Ce que la philosophie de l'école dit de l'origine des connaissances n'est par conséquent qu'un jeu d'idées vaines ; et la véritable sagesse philosophique dont l'homme est capable relativement à la connaissance, consiste à *apprendre l'inintelligibilité de son origine*, à ne pas se perdre d'une manière extravagante en sortant de soi-même, à n'imaginer et à ne chercher aucun point de vue surhumain d'où l'on doive ensuite pouvoir observer toute origine ; mais plutôt à restreindre son désir de savoir, à rechercher les parties constitutives de nos connaissances, leurs différences, et les lois suivant lesquelles se détermine le rapport de la conviction aux diverses espèces de connaissances. *Le sceptique ne combat donc rien absolument de ce qui est immédiatement donné dans la conscience, rien de ce qui est présent, actuel ; il est*, suivant Schulze, *de la constitution de la nature humaine de reconnaître la matière de la conscience pour ce qu'elle est ; et de régler son action en conséquence.*

En s'attachant ainsi fermement *à ce qui est donné immédiatement dans la conscience*, le scepticisme de Schulze prend un caractère particulier, puisque ce philosophe obtient ainsi, pour son opinion individuelle, un point d'appui solide, dont il part pour traiter de la plupart des sciences philosophiques, particulièrement du droit, de la morale, de la psychologie et de la logique. Ce point d'appui est en même temps la mesure des *bornes en deçà desquelles l'affirmation du sceptique, qu'il n'y a pas de philosophie qui puisse valoir universellement, reste une vérité.*

Si maintenant nous voulons embrasser d'un seul coup d'œil, en finissant cette revue, le résultat total des changements et des progrès survenus dans la métaphysique en Allemagne depuis Kant, nous trouvons qu'il se réduit à ce qui va suivre. Toute véritable philosophie doit partir de la conscience, et du dualisme des capacités et des facultés humaines qui s'y rencontrent, ainsi que de la légitimité primitive de l'esprit humain par rapport à la triple faculté intellectuelle, sensible et active, et suivre dans les sciences philosophiques particulières les représentations garanties par la conscience, et par conséquent nécessaires par rapport au corps et à l'esprit entre l'objectif et le subjectif. Mais pour ce qui est de la question métaphysique principale relativement à l'objectif et au subjectif, elle doit, après une critique scrupuleuse sur les *trois facultés* de l'esprit, et non pas seulement sur la faculté de connaître, finir par cette proposition : On ne saurait *affirmer ni nier* si et comment, relativement au premier acte de l'activité libre qui est perçu dans la conscience, l'essence de l'homme est ou un dualisme primitif, ou une unité absolue ; et si *en général il y a un subjectif réel et un objectif réel, différents de la manifesta-*

tion du subjectif et de l'objectif dans la conscience.
Elle tient donc pour également dogmatique d'affirmer : ou qu'il y a un rapport de causation entre le subjectif et l'objectif ; ou que le subjectif sort tout entier de l'objectif (matérialisme) ; ou que l'objectif n'est qu'un simple produit du subjectif (idéalisme) ; ou que le subjectif et l'objectif sont identiques dans l'absolu ; ou que l'identité absolue est la manifestation de Dieu dans la nature. Elle ne considère les bases philosophiques du criticisme, du synthétisme et du scepticisme que comme pouvant servir à une philosophie propre à une époque, quoiqu'elle ne regarde pas même comme dogmatique cette affirmation du criticisme : que les choses en soi et les phénomènes existent indéterminément, et que ces deux sortes de choses sont essentiellement différentes les unes des autres, parce qu'en effet ceci n'est point un fait de conscience. Du reste, elle s'accorde avec le criticisme sur ce résultat : *que le rapport entre le subjectif et l'objectif doit reposer sur son inexplicabilité ;* que cette inexplicabilité ne peut être ni démontrée, ni contredite ; mais qu'elle ne nuit point à l'avancement de l'homme dans la connaissance du vrai et dans la pratique du bien moral, et n'empêche point la forme systématique des sciences philosophiques particulières, parce qu'il n'est pas nécessaire, ni

dans l'une ni dans l'autre, de s'élever à quelque chose d'antérieur à la conscience, dans la sphère du transcendant, mais seulement de s'attacher à la conscience et au développement dont elle est le théâtre.

Le 30 avril 1821.

MÉTAPHYSIQUE.

PROLÉGOMÈNES.

La philosophie, comme les mathématiques, peut être divisée en deux parties, savoir : en philosophie *pure*, et en philosophie *appliquée*. La *Métaphysique* est le système de la philosophie pure. Le mot métaphysique indique une science dont l'objet est en dehors des bornes de la nature. La nature est l'ensemble de tous les objets de l'expérience.

Un *principe* est une règle générale qui contient sous elle d'autres règles. Si nous prenons ensemble tous les concepts purs, qui sont entièrement distincts des concepts empiriques, nous aurons ainsi la matière d'une science. La connaissance philosophique se compose de simples concepts *a priori*.

La *Physique* est la philosophie de la nature, en tant qu'elle dépend de principes pris de l'expérience. La *Métaphysique*, au contraire, est la philosophie de la nature, en tant qu'elle dépend de principes *a priori*. La *Morale* nous enseigne les principes pratiques de la raison. Les concepts *auxquels tout semble être rapporté*, sont ceux d'un *être suprême* et d'un *autre monde*.

La métaphysique est *nécessaire*, parce que la raison n'est jamais satisfaite par des concepts empiriques. En effet, elle ne se contente pas de la contemplation des choses ou de l'expérience, c'est-à-dire de la connaissance du monde sensible. Les concepts de Dieu et de l'immortalité de l'ame sont les deux grands mobiles qui font sortir la raison du champ de l'expérience.

Une question capitale est celle de savoir *comment des connaissances a priori sont possibles*. Les mathématiques pures tout entières sont une science qui contient de simples concepts *a priori*, et dont le fondement ne consiste point dans des concepts empiriques. On a déjà fait voir qu'il y a réellement de ces connaissances *a priori*; qu'il y a même une science formée tout entière de concepts intellectuels parfaitement purs. Mais il est question de savoir comment les connaissances *a priori* sont possibles. La science qui répond à cette question s'appelle *Critique de la Raison pure*. La philosophie transcendentale est le système de toutes nos connaissances pures *a priori :* on l'appelle ordinairement *Ontologie*. L'ontologie traite donc des choses en général, et fait abstraction de tout en particulier. Elle embrasse tous les concepts intellectuels purs et tous les principes de l'entendement ou de la raison.

Les sciences principales qui font partie de la métaphysique sont : l'*Ontologie*, la *Cosmologie*, et la *Théologie*. — Toute science qui a la nature pour objet, s'appelle *Physiologie*. La science des choses corporelles s'appelle *Physique*, et la science métaphysique de l'ame s'appelle *Psychologie*. Toutes deux font partie de la physiologie. La physique est ou *empirique* ou *rationnelle*. On peut encore appeler cette dernière *générale*. La psychologie est de même *empirique* ou *rationnelle*. La physique empirique et la psychologie empirique *ne font pas proprement partie de la métaphysique;* mais on a constamment placé la psychologie empirique dans la métaphysique, parce qu'on ne savait pas ce qu'était proprement la métaphysique. Nous devons encore l'y placer, parce qu'elle ne peut être exposée à part.

L'*Ontologie* est une science élémentaire pure de toutes nos connaissances *a priori* ; c'est-à-dire qu'elle contient l'ensemble de tous les concepts purs que nous pouvons avoir *a priori* des choses. *La Cosmologie* est la contemplation du monde par la raison pure. Le monde est ou corporel, ou spirituel. La cosmologie renferme donc deux parties. On pourrait appeler la première science de la *nature corporelle*, et la seconde science de la *nature pensante*. Il y a donc une science des corps et une science des esprits. La physique rationnelle et la psychologie rationnelle sont les deux parties principales de la cosmologie, métaphysique générale. — La dernière science, métaphysique principale, est la *Théologie* rationnelle.

ONTOLOGIE.

L'ontologie est la première partie de la métaphysique. Le mot même vient du grec, et signifie la *science des êtres*, ou mieux, suivant l'esprit de la lettre, la *théorie générale de l'être*. L'ontologie est la science élémentaire de tous les concepts que mon entendement ne peut avoir qu'*a priori*.

Du Possible et de l'Impossible.

La première et la plus importante question en ontologie est celle de savoir *comment des connaissances a priori sont possibles*. Cette question doit d'abord être résolue : car toute l'ontologie se fonde sur sa solution. *Aristote* l'a décidée en rejetant toute connaissance *a priori*, et en disant que toutes nos connaissances sont empiriques, ou qu'elles se fondent sur les premiers principes de l'expérience. Car sa maxime était : *Nihil est in intellectu, quod non antea fuerit in sensu.* Il rejetait donc par-là toute connaissance *a priori.* *Platon* disait, au contraire, que toutes nos connaissances *a priori* proviennent d'une intuition primitive.

Nous n'avons absolument pas de concepts innés (*notiones connatæ*), mais nous les acquérons tous, ou nous les recevons tous (*notiones acquisitæ*). L'entendement acquiert des concepts en faisant attention à sa propre fonction. Tout ce qu'on peut en dire, c'est qu'il y a certaines connaissances *a priori,* quoiqu'il semble qu'elles proviennent de l'expérience, ou qu'elles soient employées en dehors des bornes de l'expérience. Il y a dans notre raison une sorte de dialectique, c'est-à-dire un certain art de l'apparence qui nous fait voir indifféremment quelque chose comme vrai ou faux. Un bon dialecticien doit pouvoir soutenir avec une égale facilité la thèse et l'antithèse sur quoi que ce soit. Il doit pouvoir prouver également la vérité et la fausseté d'une chose, établir à son gré le oui ou le non. La dialectique renferme une opposition qui fait voir qu'il est impossible de procéder systématiquement en métaphysique : *Impossibile est simul esse ac non esse. Simul* indique la simultanéité ; mais le temps n'est pas encore expliqué. Il vaut donc mieux dire : *Nulli subjecto competit prædicatum ipsi oppositum.* Le *nihil negativum* est ce qui ne peut absolument pas être conçu.

Le concept suprême de toute connaissance humaine est celui d'un objet en général, et non celui d'une chose et d'une non-chose, ou de quelque chose de possible et d'impossible : car ce sont là des opposés. Tout concept qui a encore un opposé, en exige un autre qui lui soit supérieur et qui contienne cette division. Deux opposés sont des membres de division d'un objet supérieur. Les concepts de *possible* et d'*impossible*, ou ceux d'une *chose* et d'une *non-chose*, ne peuvent donc être le concept suprême de la connaissance humaine.

Le principe de *contradiction* n'est pas la définition de l'impossible : l'impossible est ce qui se contredit. Est *apodictiquement certain*, ce dont le contraire n'est pas concevable. Un jugement négatif *apodictique* nécessaire est l'impossibilité : *Impossibile est illud quod sibi ipsi contradicit.* Toute définition est convertible ; toute définition peut se permuter avec son défini ; et si la définition ne peut pas être substituée au défini, c'est un signe certain qu'il n'y a pas définition. Ce qui se contredit est *impossible*. Il suit donc de là que ce qui ne contient aucune contradiction *n'est pas impossible* : ce qui n'est pas impossible est possible.

Quand donc mes pensées ne contiennent aucune contradiction, elles sont possibles. Ce dont la pensée même se contredit, est absolument impossible : c'est le *nihil negativum*. La *réalité* est quelque chose : la *négation* n'est rien, ou plutôt c'est un concept du défaut d'un objet. L'*ens imaginarium* est une non-chose, mais dont la pensée est possible. Une telle non-chose n'est rien ; ce n'est aucun objet qui puisse être perçu. Nous ne devons pas regarder la possibilité des pensées comme étant la possibilité des objets ; il faut bien s'en garder. Le *principium contradictionis* est un *criterium* de la vérité, qui ne doit être contredit par aucune connaissance. Le *criterium veritatis* est le signe distinctif de la vérité. Le *principium contradictionis* est le *criterium negativum* suprême de la vérité. C'est une *condition sine quâ non* de toute connaissance ; mais ce n'est pas le *criterium* suffisant de toute vérité.

Des Jugements synthétiques et des Jugements analytiques.

Un jugement est faux lorsqu'il se contredit lui-même ; mais il ne suit pas de là qu'un jugement qui ne se contredit pas soit vrai : tous les jugements *analytiques* doivent être dérivés du principe de contradiction. Le *nihil* est ce qui se contredit lui-même ou dont le concept est absolument impossible; on l'appelle aussi *nihil negativum*. L'*ens imaginarium* est une pure chimère, mais dont cependant la pensée est possible. Ce qui ne se contredit pas est logiquement possible; c'est-à-dire que le concept est à la vérité possible, mais qu'il n'existe aucune réalité. On dit donc du concept qu'il n'a aucune *réalité objective*. *Quelque chose* signifie un objet quelconque de la pensée : c'est le quelque chose *logique*. Le concept d'un objet en général s'appelle le concept suprême de toute connaissance. On appelle aussi un objet un quelque chose, non pas, il est vrai, un quelque chose métaphysique, mais un quelque chose logique. Le *principium contradictionis* est ainsi conçu : *Nulli subjecto competit prædicatum ipsi oppositum*. A ce principe est subordonné ou coordonné le *principium identitatis*, qui s'énonce ainsi : *Omni subjecto competit prædicatum ipsi identicum*.

La contradiction est ou *patente*, ou *latente :* de même, l'identité est aussi ou *patente*, ou *latente*, c'est-à-dire *manifeste* ou *occulte*. L'identité patente doit être évitée : la contradiction patente ne peut être commise par personne, parce qu'elle se contredit évidemment. La proposition ou le principe de l'identité vaut, touchant les propositions affirmatives, comme le principe de contradiction à l'égard des propositions négatives.

Au fond, l'on peut regarder ces deux principes comme un seul : car si je pose l'un, l'autre en résulte déjà. Le *principium identitatis* est en effet compris dans le *principium contradictionis*. Le *principium exclusi medii inter duo contradictoria* est aussi contenu dans le *principium contradictionis*. Celui-ci s'énonce donc de cette manière : *Cuilibet subjecto competit prædicatorum contradictorie oppositorum alterutrum*. La contradiction est ou *apparente* ou *réelle*. Souvent notre concept semble contenir une contradiction, quoiqu'en fait il n'y en ait aucune. Par exemple, quand on dit : se hâter lentement, il semble qu'il y a ici contradiction, et pourtant il n'y en a point : car c'est comme si l'on disait se hâter avec mesure, et ne pas manquer la fin qu'on se propose.

Tous les jugements sont de deux sortes : *analytiques* et *synthétiques*. Un *jugement analytique* est celui dans lequel je ne dis du sujet que ce que son idée contient déjà, et que je puis en tirer par analyse. Un *jugement synthétique* est celui dans lequel j'attribue au sujet un prédicat que j'ajoute au concept, et que je ne dérive point par analyse. Par exemple, quand je dis, L'or est un métal jaune, le jugement est analytique ; mais si je dis, L'or n'est pas sujet à la rouille, le jugement est synthétique. Les jugements analytiques sont purement *explicatifs*, mais les jugements synthétiques sont *extensifs*. Les jugements analytiques servent donc à expliquer la chose ; ils sont d'une grande importance : toute la philosophie en est remplie. Toute la morale se compose presque uniquement de jugements analytiques.

Comment des jugements analytiques sont-ils possibles a priori ? Tous les jugements analytiques sont des jugements *a priori*, parce que le prédicat est tiré du concept du sujet. Tous les jugements analytiques résultent du principe de contradiction. Un jugement synthétique, au contraire, ne se fonde pas sur le principe de contradiction. Les jugements synthétiques peuvent être divisés : 1° en jugements *a posteriori* ou d'expérience ; 2° en jugements *a priori*. Toutes nos expériences résultent de jugements purement synthétiques : nos jugements d'expérience sont donc tous synthétiques. Il s'agit de savoir maintenant comment des jugements synthétiques *a posteriori* sont possibles. Ils résultent de la liaison des intuitions empiriques, ou de l'addition de perceptions empiriques à d'autres perceptions de même nature. — On peut faire voir par une multitude d'exemples qu'il y a réellement des jugements synthétiques *a priori*. Toutes les mathématiques démontrent le fait ; l'arithmétique et toute la géométrie se composent presque uniquement de jugements synthétiques *a priori*. On demande si ces sortes de jugements se rencontrent aussi en philosophie? — Oui, ils se forment de concepts; tandis qu'en mathématiques ils ont lieu par la construction des concepts. La philosophie tout entière est pleine de jugements analytiques : car il faut que tout y soit analysé. Comment connaissons-nous maintenant si les jugements sont *a posteriori* ou *a priori?* Tout ce qui arrive a une raison suffisante ou une cause : une cause n'est autre chose que ce qui doit suivre d'après une règle constante. Toute substance est permanente; la forme seule change. Avant d'avoir des connaissances analytiques, il est inutile de penser à des connaissances synthétiques. Un seul moyen nous est offert pour connaître quelque chose synthétiquement *sans l'analyse*, ou pour savoir comment la *synthèse* est possible sans l'*analyse :* savoir l'expérience. Mais quand je puis trouver quelque chose par l'*analyse*, je n'ai besoin d'aucune expérience. Toutes les expériences ne sont autre chose que des jugements synthétiques. Les connaissances *a priori* ne sont absolument pas possibles par expérience, mais bien réciproquement; c'est-à-dire que la simple expérience est possible par des connaissances *a priori*. S'il n'y avait pas de connaissances *a priori*, il n'y aurait pas d'expériences : car celles-ci se fondent uniquement sur les connaissances *a priori*. Il y a deux choses dans toutes les connaissances, savoir : des concepts et des intuitions. Toutes nos connaissances supposent des concepts, et les concepts à leur tour requièrent absolument des intuitions. On peut employer les concepts *in concreto* et *in abstracto*. Si je veux avoir des concepts, il est nécessaire aussi que j'aie des intuitions. L'intuition est la représentation immédiate d'un objet singulier, tandis que le concept en est la représentation médiate. Quand nous avons des connaissances *a priori*, nous devons alors avoir d'abord des concepts *a priori*, et ensuite aussi des intuitions *a priori* auxquelles les concepts puissent être appliqués. L'intuition est donc la représentation singulière d'un objet. L'*espace et le temps sont des intuitions* a priori.

Un concept *a priori* est la liaison de la diversité de concepts intellectuels purs en une unité de conscience. La *Logique* traite simplement des lois *formelles* des concepts intellectuels. L'espace et le temps sont des intuitions *a priori*; on ne peut en dire grand'chose avant l'expérience. Il y a aussi des concepts *a priori* : car s'il n'y en avait pas, *aucune métaphysique ne serait possible.* Nous pouvons déterminer tous ces concepts dont l'entendement n'est capable qu'*a priori*, suivant

un principe unique, c'est-à-dire faire voir :
1° *quelle en est l'origine*, et 2° *quel en est le nombre.*
A l'aide des idées *a priori*, nous pouvons traiter la métaphysique comme un système. Nous devons voir sur quoi se fondent les concepts *a priori*, et d'où ils résultent. Tout ce qu'il y a de *formel* dans l'entendement est expliqué en logique. Nous appellerons *catégories*, d'après Aristote, les concepts intellectuels purs. Tous les concepts *a priori* résultent de l'usage formel de l'entendement.

Tous les jugements peuvent être divisés :
1° Quant à la *quantité;*
2° Quant à la *qualité;*
3° Quant à la *relation;*
4° Quant à la *modalité.*

Les jugements sont, quant à la quantité, *universels*, *particuliers*, et *singuliers*.

Ils sont, quant à la qualité, *affirmatifs*, *négatifs*, et *indéfinis*. Ces derniers sont identiques pour le fond avec les jugements négatifs; mais ils en diffèrent quant à la forme logique.

Les jugements sont, quant à la relation, *catégoriques*, *hypothétiques*, *disjonctifs*.

Quant à la modalité, ils sont *problématiques*, *assertoriques*, et *apodictiques*.

Les concepts intellectuels *correspondent* à ces jugements :

1° Aux jugements de quantité, les concepts d'unité, de multiplicité, et de totalité;

2° Aux jugements de qualité, les concepts de réalité, de négation, et de limitation : la limitation est le défaut de réalité, c'est la réalité limitée;

3° Aux jugements de relation, les concepts de substance et d'accident (jugements catégoriques), de cause et d'effet (jugements hypothétiques), de composé et de parties (jugements disjonctifs); on peut les appeler d'un seul nom : l'inhérence, la causalité, la mutualité;

4° Aux jugements de modalité correspondent les concepts de *possibilité*, de *réalité* (ou d'actualité), et de *nécessité*. Il n'y a pas de concepts intellectuels purs qui ne soient compris sous ceux-là.

La modalité a un caractère tout particulier; on n'y fait attention qu'à la manière dont le jugement a lieu, soit *problématiquement* ou comme *possible*, *assertoriquement* ou *réellement* (*actuellement*), et *apodictiquement* ou *nécessairement*. Une représentation qui n'est pas rapportée à un objet, mais uniquement au sujet, s'appelle *sensation*.

Nous ne pouvons absolument rien connaître par des sensations.

Des intuitions sans concepts, et réciproquement des concepts sans intuitions, ne donnent aucune connaissance. Il faut avoir en même temps des intuitions et des concepts *a priori*, sans quoi les concepts ne sont pas possibles. La sensation rend l'intuition empirique. Nous pouvons appeler intuitions *a priori* des intuitions pures, c'est-à-dire des intuitions dans lesquelles ne se rencontre aucune sensation. Des intuitions *a posteriori* ou empiriques sont celles qui sont unies à des sensations. Nous appelons *déduction* l'explication de la possibilité des concepts intellectuels purs. La déduction est proprement la réponse à la question *Quid juris?* La déduction des concepts intellectuels purs est une preuve de leur légitimité.

Du Principe (*vom Grunde*).

Le concept de principe et de conséquence appartient à la logique, et par conséquent pas à la métaphysique; mais il est admis comme supposé. Le *principe logique* est *le rapport* de la connaissance concernant la manière dont une chose est dérivée d'une autre. En métaphysique, le principe rentre sous le concept de la causalité. Le mot catégorie a été adopté par *Aristote* pour désigner les concepts intellectuels. Ce philosophe comptait les dix catégories suivantes : 1° la *substance* et l'*accident*; 2° la *qualité*; 3° la *quantité*; 4° la *relation*; 5° l'*action*; 6° la *passion*; 7° le *quand* (*quando*); 8° l'*où* (*ubi*); 9° la *situation* (*situs*); 10° *la manière d'être corporelle* (*habitus*). L'action et la passion ne sont pas proprement des catégories, mais des prédicables : elles appartiennent à la relation. Les concepts *quando, ubi* et *situs*, font partie des concepts d'espace et de temps. Mais l'espace et le temps ne sont pas des catégories. L'*habitus* appartient à la possibilité; mais on ne trouve pas dans les catégories d'Aristote la possibilité, l'actualité réelle et la nécessité. On voit donc facilement que les catégories d'Aristote ne sont ni suffisantes, ni distinctes.

Nous essaierons de donner une juste définition du principe, parce qu'elle est tout-à-fait indispensable. Le *principe* est ce par quoi quelque autre chose est posé. Le concept du principe est le concept de la relation : *Rationatum est quod non ponitur nisi posito alio*. Le principe est ce qui est nécessairement suivi de quelque chose, ou ce que suit quelque chose d'après des règles générales : toutes ces idées sont au fond la même chose. Si la conséquence est posée, un principe doit aussi être conclu; toutefois le principe n'est pas déterminé par là. Mais si je pose le principe, je dois nécessairement poser une conséquence : *Ratio est id quo posito determinate ponitur aliud*. Mais il est des cas où quelque chose est posé, et où quelque autre chose suit, sans cependant que l'un soit le principe de l'autre; par exemple lorsqu'une cigogne passe, et que le beau temps vient ensuite. *Ponere* ne signifie pas ce qui suit autre chose d'une manière fortuite : car la cigogne pourrait aussi être amenée en poste.

Ce qui est considéré comme conséquence s'appelle *dépendant*. Le dépendant est ce qui contient en soi des conséquences d'autre chose : par exemple, un homme peut être dépendant d'un autre. L'indépendant est ce qui ne contient rien en soi comme conséquence (*rationatum*) d'autre chose. Dieu seul peut être indépendant. Le *nexus* ou le lien entre le principe et la conséquence est de deux sortes : celui de la subordination et celui de la coordination. Tout *nexus* est rapport (*respectus*). Mais le rapport est double, suivant qu'il y a *nexus* ou *oppositio*. L'un et l'autre ont un principe, par conséquent *ratio ponendi* et *ratio tollendi; respectus ponens* et *tollens*. Un principe peut être exigé pour tous deux. Tout principe est double : il est logique ou réel. Le principe logique est ce par quoi quelque chose est posé ou supprimé suivant la loi de l'identité. Le principe réel est ce par quoi quelque chose est posé ou supprimé suivant la loi de la contradiction. Le premier est analytique, et le second synthétique. L'accord (*consensus*) n'est qu'un *nexus* négatif. Le *nexus logicus* peut, à la vérité, être aussi conçu suivant le principe de contradiction, mais beaucoup plus clairement et plus facilement suivant le principe de l'identité : *Ratio logica est quo posito ponitur aliud secundum principium identitatis*. Je dérive un concept d'un autre par une opération analytique. La conséquence est donc dans le principe; elle forme avec lui une seule et même chose implicitement, mais non pas *explicitement*. Il n'y a donc entre un principe et sa conséquence aucune différence réelle, mais seulement une différence quant à la forme. Un principe réel est ce dont la conséquence est une conséquence réelle : par exemple, ma volonté est un principe réel du mouvement de mon pied.

Entre deux choses *opposées logiquement*, il n'y a pas d'intermédiaire (*tertium non datur*) : entre deux choses *opposées réellement*, il y a, au contraire, un milieu (*tertium datur*). Le concept du principe réel est un concept synthétique. Ce qui contient le principe réel de quelque chose, s'appelle *cause*. Je ne puis apercevoir le concept d'un principe réel par expérience : car il renferme une nécessité.

On peut donc très-bien répondre ici à la question de la possibilité des *jugements synthétiques* a priori. Toute connaissance se compose de jugements : c'est-à-dire que je dois rapporter à un sujet une représentation comme prédicat. Les jugements formés de concepts qui proviennent des sens, ont une forme identique. Mais si les représentations doivent se rapporter à un objet, la forme des jugements n'est plus identique, parce qu'elles sont déterminées en soi par l'objet. Les représentations, en tant qu'elles ne sont pas rapportées à un objet, ne sont que des prédicats de jugements possibles; mais si elles se rapportent à un objet, le jugement doit avoir une forme dans laquelle on les rapporte à un objet. Une connaissance est donc empirique, ou le rapport des représentations à un objet. Elle n'est donc possible que par des jugements, et sa forme doit être déterminée. Les concepts qui déterminent la forme des jugements par rapport à chaque objet, sont les concepts intellectuels purs ou catégoriques : les *catégories* sont donc les *principes de la possibilité de toute expérience*. Elles sont ce qui détermine *a priori*, pour tous les objets, la forme des jugements. Toutes les représentations des sens ont un rapport à un objet. La liaison du principe à la conséquence est la représentation de la liaison de deux phénomènes, en tant qu'elle est conçue suivant des règles générales. Tout mouvement doit avoir une cause. L'expérience n'est autre chose qu'une connaissance d'un objet par des représentations sensibles. La forme des jugements fait voir comment plusieurs représentations peuvent être liées en une seule conscience. Nous ne pouvons connaître par les sens que les propriétés ou prédicats de l'objet. L'objet même est intellectuel.

Quelque chose peut être considéré comme *possible intrinsèquement* et *extrinsèquement*. Le possible intrinsèquement est dit *absolument* possible; le possible extrinsèquement est dit *hypothétiquement* possible. Cette expression est très ambiguë. Toute condition est limitative, et ne vaut pas universellement; mais ici la possibilité n'est pas considérée comme limitée; elle est au contraire envisagée comme étendue. Ce qui n'est pas simplement possible *in thesi*, mais aussi *in hypothesi*, est ce qui non-seulement est possible intrinsèquement, mais aussi extrinsèquement. La possibilité conditionnée est donc un degré moindre de la possibilité; mais elle doit être extensible. Est absolument possible, ce qui est possible sous tous les rapports; est possible hypothétiquement, ce qui ne l'est que sous certaines conditions (*sub conditione restrictivá*). Ce qui est impossible en soi, n'est possible sous aucune condition (*sub nullá hypothesi*).

Du Principe de la Raison suffisante.

Dans les manuels de métaphysique, le *principium rationis sufficientis* est énoncé ainsi : *Nihil est sine ratione*. *Leibnitz* pensait que si l'on pouvait mettre sous un meilleur jour ce principe, on pourrait en faire un meilleur usage. Mais *Wolff* l'a employé sans aucune restriction : tout ce qui est a sa raison ; par conséquent tout ce qui est doit être une conséquence. Pour apercevoir la fausseté de ce principe universel, il suffit de l'énoncer en d'autres termes : *Quidquid est, est rationatum*. On voit alors sur-le-champ qu'il n'en est rien. Donc toutes les choses seraient des conséquences? Mais alors de quoi seraient-elles les conséquences? L'impossibilité de cette proposition est donc frappante. Veut-on la démontrer plus clairement, on n'a qu'à l'énoncer encore ainsi : Si quelque chose est, et qu'il n'ait pas de principe, il n'est rien ; on confond alors le rien logique avec le rien transcendental. Je ne puis donc pas dire de toutes choses qu'elles sont des conséquences, mais j'emploierai le principe suivant une certaine restriction. Le rapport de la conséquence au principe est un rapport de subordination, et les choses qui sont soumises à ce rapport forment une *série*. Le rapport du principe à la conséquence est donc *un principe de la série*, et vaut uniquement *pour le contingent*. Tout contingent a un principe; est contingent, ce dont le contraire est possible. Le *principium rationis sufficientis* est donc celui-ci : Tout ce qui arrive a un principe. Le *principium rationis sufficientis* ne concerne pas les idées en général, mais les sens. Nul philosophe encore n'a démontré le principe de la raison suffisante : on peut donc dire que cette preuve est la *crux philosophorum*. On ne peut le démontrer analytiquement; car la proposition : Si quelque chose arrive, il doit y avoir une raison *pourquoi* il arrive, est une proposition synthétique. On ne peut le dériver de simples concepts; il est possible *a priori* par le rapport des concepts à une expérience possible. Le principe de la raison suffisante est une proposition qui sert de fondement à l'expérience possible. Le principe est ce qui, une fois posé, est suivi de quelque autre chose en conséquence de règles générales. L'expérience n'est possible que par des concepts intellectuels *a priori*. Les jugements synthétiques ne valent jamais touchant des choses en soi, mais uniquement par le moyen de l'expérience. Toute expérience est synthèse ou connaissance synthétique des choses qui ont une valeur objective. Le principe de la nécessité empirique de la liaison de toutes les représentations de l'expérience est une connaissance synthétique *a priori*.

La différence entre le principe suffisant et le principe insuffisant est celle-ci : le principe qui contient tout ce qui se trouve dans la conséquence s'appelle principe *suffisant;* mais le principe qui ne contient qu'*une seule partie* de ce qui se trouve dans la conséquence est le principe *insuffisant*. Les principes sont divisés en *médiats* et *immédiats*. Le principe médiat est le principe d'un principe; mais le principe immédiat est le principe *absque ratione intermediá*. Quelque chose peut être appelé principe suprême (*ratio prima*); et ce principe est ou *secundum quid*, ou *simpliciter*. Le principe indépendant est celui qui ne relève d'aucun autre. Des principes peuvent aussi être considérés comme coordonnés. — Si le principe est posé, la conséquence l'est aussi ; mais pas réciproquement.

Aliquid in logico sensu est l'objet de la pensée, et ce quelque chose est le concept suprême. Deux opposés ne peuvent pas être conçus dans un concept unique. *Déterminer* n'est autre chose que de poser l'un de deux opposés. Des objets que nous avons par concepts ne sont pas déterminés. Est déterminable tout concept en tant qu'il est général. Il est impossible de déterminer chaque chose de toute manière (*omni modo*) : car il faudrait connaître les prédicats de toutes les choses, ce qui n'est possible qu'à celui qui sait tout. Ce qui détermine (*determinans*) est le principe. Nous appelons détermination, non pas les *prédicats analytiques*, mais bien les prédicats synthétiques. La différence entre les déterminations tient à ce qu'elles sont ou affirmatives ou négatives, ce qui constitue la qualité des jugements. Il est indifférent en logique qu'on se serve de prédicats affirmatifs ou négatifs, la logique ne considérant que la forme du jugement. La réalité et la négation sont des catégories, c'est-à-dire des concepts intellectuels purs. La différence entre la réalité et la négation tient à ce que la réalité est ce dont le concept contient en soi un être ; la négation, ce dont le concept renferme en soi un non-être. Il est facile de distinguer les choses : si quelquefois on rencontre en cela de la difficulté, c'est qu'il s'agit alors de choses intellectuelles. Erreur n'est pas négation. Il y a encore une troisième chose intermédiaire à celles-là, mais qui ne leur est pas unie : c'est la *limitation*. Toutes les déterminations sont ou détermination interne, ou relation, c'est-à-dire rapport à autre chose.

Du Concept d'Etre (Essence, *vom Wesen*).

Le concept d'être appartient proprement à la logique. L'être est ou logique, ou réel. L'*être logique* est le premier fondement de tous les *prédicats* logiques d'une chose. *Un être réel* est le premier fondement de toutes les *déterminations* d'un être : car *essentia est vel logica, vel realis*. Nous posons un être logique par l'analyse du concept. Le premier principe de tous les prédicats est donc dans le concept ; mais ce n'est pas encore un être réel. C'est ainsi, par exemple, qu'il est de l'essence des choses que des corps s'attirent, quoique le concept de ce fait ne fasse pas partie du concept de corps. L'*essence logique* est donc le premier principe interne de tout ce qui est contenu dans un concept. Mais un être ou une *essence réelle* est le premier principe interne de tout ce qui convient à la chose même. Quand j'ai l'essence logique, je n'ai pas encore l'essence réelle. En métaphysique, une essence logique ne doit jamais être entendue comme un être : car cette essence appartient à la logique. L'essence logique est trouvée par des principes de l'analyse ; et l'essence réelle, par des principes de la synthèse. Les prédicats qui appartiennent à l'essence, mais seulement à titre de conséquence, s'appellent *attributs;* ce qui, au contraire, appartient à l'essence, mais à titre de principe, s'appelle essentiel (*essentiale*). Attributs et essences (*essentialia*) appartiennent donc à l'être. Les modes et les relations sont des *extra-essentialia*, qui ne font point partie de l'être ou de l'essence. Les *modes* sont des *extra-essentialia interna*. Quelques prédicats conviennent au concept de la chose comme un principe interne; d'autres, seulement comme conséquence d'un concept donné. Les premiers sont les *essentialia*, les seconds les *attributa*. Le *complexus* des *essentialium* est essence (*essentia*), ou l'être. L'essence réelle n'est pas l'essence du concept, mais de la chose. C'est ainsi, par exemple, que le prédicat de l'impénétrabilité ne fait pas partie de l'existence du corps. J'observe donc par l'expérience plusieurs choses qui ne font pas partie de l'existence; par exemple, l'étendue dans l'espace, la résistance à l'égard d'autres corps, etc. Le principe interne de tout cela est donc la nature de la chose. Nous pouvons seulement conclure des propriétés à nous connues au principe interne. *Donc l'essence réelle des choses nous est inaccessible,* quoique nous connaissions plusieurs parties essentielles. Nous apprenons à connaître successivement par l'expérience les forces des choses.

Les attributs d'une chose conviennent ou à cette chose seulement, et alors ils sont *propres;* ou bien ils lui sont *communs* avec d'autres. Un *attribut propre* doit découler de tout ce qui constitue l'essence (*essentialibus*). Un *attribut commun* résulte seulement d'une partie de l'essence (*essentiali*).

De l'Existence (*vom Daseyn*).

Ce concept, quoique simple, est cependant très-difficile, parce que nous l'appliquons à des concepts qui dépassent toute expérience et tout exemple. C'est ainsi que nous l'appliquons au concept de Dieu. Il appartient à la catégorie de la modalité, c'est-à-dire aux catégories concernant le jugement quant à la possibilité. La différence entre le jugement problématique et le jugement assertorique consiste en ce que, dans le premier cas, je conçois quelque chose d'un objet, ou que j'attribue dans ma pensée un prédicat à un sujet; dans le second cas, en ce que j'attribue un prédicat à un objet hors de moi et non dans ma pensée. Les catégories de la possibilité et de la réalité diffèrent par ce caractère même. On n'attribue pas plus à un sujet par la réalité que par la possibilité; la possibilité n'est posée que d'une manière absolue avec tous les prédicats; dans la possibilité, ces prédicats ne sont respectivement posés qu'en pensée. Dans le premier cas, il y a position absolue; dans le second, position relative (*respectiva*). Je reconnais la possibilité logique par le principe de contradiction. Tout ce qui existe est, à la vérité, déterminé universellement; mais, dans l'existence, la chose est posée avec tous ses prédicats, et par conséquent déterminée universellement. Mais l'existence n'est pas le concept de la détermination universelle : car je ne puis connaître celle-ci, la chose n'est possible qu'à la science suprême. L'existence ne doit donc pas dépendre du concept de la détermination universelle, mais bien réciproquement. Si quelque chose n'est que conçu, il n'est que *possible*. Si quelque chose est conçu parce qu'il est déjà posé, alors il est *réel*. Si quelque chose est donné, par cela seul qu'il est conçu il est *nécessaire*. Je ne conçois pas plus dans une chose par l'existence que par la possibilité; seulement, la manière de la poser est différente; c'est-à-dire que sa relation par rapport à moi n'est pas la même. L'existence ne donne donc aucun prédicat de plus à un objet. On dit dans l'école. L'existence est le complément de la possibilité; mais elle n'a lieu que dans ma pensée, et non point dans la chose. La véritable définition de l'existence est celle-ci : *Existentia est positio absoluta.* Elle ne peut donc être un complément, un prédicat de la chose, mais bien *la position de la chose avec tous ses prédicats.* L'existence n'est pas une réalité particulière, quoique tout ce qui existe doive avoir réalité. L'existence, la possibilité, la réalité et la nécessité sont des espèces particulières de catégories qui ne contiennent pas les prédicats des choses, mais seulement des manières de poser ces prédicats. *Ab esse ad posse valet consequentia;* mais non pas réciproquement. On peut conclure de l'existence à la possibilité, mais non de la possibilité à l'existence. *A non posse ad non esse valet consequentia,* mais non réciproquement; c'est-à-dire qu'on peut conclure de l'impossibilité à la non-existence, mais non pas de la non existence à l'impossibilité. D'après nos concepts bornés, suivant lesquels nous ne pouvons pas apercevoir *a priori* la possibilité des choses, nous *sommes obligés* de conclure *ab esse ad posse.*

Etre et Non-Etre (*Ens* et *non ens*).

Quelque chose (aliquid) indique, dans le sens logique, un objet en général; dans le sens métaphysique (*in sensu reali*), il signifie le possible (*ens imaginarium*); on l'appelle ordinairement aussi *ens rationis*. Ce dont le concept est à la vérité possible, mais dont nous ne pouvons dire que la chose soit possible, n'implique pas contradiction. Tous les traités de pneumatologie contiennent quelque chose de semblable : telles sont, par exemple, les idées de *Lavater* sur l'éternité, où il est question de beaucoup de choses sur la communauté des esprits. Tout cela n'est que *entia rationis ratiocinantis*. Telle est encore cette idée, qu'après la mort notre ame passera d'un corps cosmique dans un autre : la raison peut le concevoir, elle n'y trouve aucune contradiction. L'*ens rationis ratiocinantis* est un *idéal*. La raison est forcée d'admettre un semblable idéal de la perfection *comme un maximum* en une matière, d'après lequel tout le reste est jugé ; par exemple, un modèle de l'amitié parfaite. Un semblable idéal est ce qu'il y a de plus grand dans son genre : il est par conséquent unique, car le plus grand n'est qu'un. — Des *entia ficta imaginaria* sont des choses que nous pouvons concevoir, mais ce ne sont pas des idéaux. *Car des idéaux sont des choses de la raison et sans intuition :* ce sont des *substrata* nécessaires de la raison. Des chimères et des idéaux sont aussi différents : un *idéal* résulte d'un usage nécessaire de la raison ; une *chimère*, au contraire, est un prédicat arbitraire de la raison extravaguant.

De l'Unité, de la Vérité, de la Perfection.

C'est une doctrine scholastique ancienne que celle-ci : *Quodlibet ens est unum bonum ceu perfectum.* 1° Toute chose est une; 2° toute chose est vraie. Il est contraire à l'usage du discours d'attribuer la vérité à une chose; mais on dit bien d'une connaissance qu'elle est vraie. La raison de la vérité doit être dans la chose. 3° Toute chose est parfaite, c'est-à-dire que chaque chose contient tout ce qui est indispensable à son existence.

La représentation d'un objet quelconque renferme :

1° L'unité du déterminable;

2° La multiplicité des déterminations et leur accord respectif;

3° La totalité des déterminations, en tant qu'elle consiste en ce que les déterminations nombreuses se rencontrent dans un seul objet.

La vérité transcendentale, différente de la vérité logique, consiste dans l'accord des prédicats qui appartiennent à l'essence d'une chose, avec l'essence même : car comme ils sont les prédicats de la chose, ils doivent aussi s'accorder avec son essence. Toute chose est vraie dans le sens transcendental. La perfection, considérée transcendentalement, est la totalité ou l'intégralité des nombreuses déterminations. Chaque chose est parfaite au point de vue transcendental.

Les *criterium* de chose et de non-chose sont :

1° L'*unité* de l'objet conçu dans mon concept;

2° La *vérité* transcendentale dans la liaison des déterminations diverses;

3° L'*intégralité* ou totalité.

Les choses peuvent être considérées :

1° *Physiquement*, en tant qu'elles sont représentées par l'expérience;

2° *Métaphysiquement*, en tant qu'elles sont représentées par la raison pure;

3° *Transcendentalement*, en tant qu'elles sont représentées par la raison pure quant à ce qui appartient *nécessairement* à leur essence.

La perfection physique consiste dans la suffisance des représentations empiriques. La perfection métaphysique consiste dans les degrés de la réalité. La perfection transcendentale consiste dans l'existence de tout ce qui est nécessaire à une chose. Une chose est métaphysiquement plus parfaite qu'une autre. Une chose a plus de réalité qu'une autre. Mais chaque chose est transcendentalement parfaite.

Du Nécessaire et du Contingent.

L'accord d'un objet avec les conditions de la pensée constitue la possibilité de cet objet. Sa position absolue (*absoluta positio*) en est la réalité; c'est-à-dire que l'objet est posé en soi et non par rapport à la pensée. La réalité, en tant qu'elle peut être connue *a priori*, est nécessité. Cette nécessité peut être *hypothétique*, si l'existence d'une chose est connue *a priori secundum quid*; — ou *absolue*, si l'existence d'une chose est connue *a priori simpliciter*. Il y a connaissance d'une chose *a priori secundum quid*, lorsqu'on la connaît par concept, sans l'expérience, tout en en connaissant la raison par l'expérience. On ne peut jamais connaître l'existence des choses parfaitement *a priori*, par simple concept : car elle ne peut être dérivée de purs concepts; elle doit, au contraire, être connue primitivement par l'expérience. Il doit y avoir une raison qui puisse cependant être connue par l'expérience : car si cette raison était simplement conçue par concept, il y aurait plus dans la conséquence que dans le principe, parce que le concept ne fait voir en général que le rapport de la chose à la pensée. Mais la réalité est une position absolue;

de telle sorte que l'objet est posé en lui-même, et non par rapport à mon entendement. C'est la raison pour laquelle je ne puis jamais conclure de la possibilité à la réalité, mais bien de la réalité à la possibilité. Je ne puis donc pas connaître parfaitement *a priori* l'existence d'une chose.

La nécessité absolue est celle qui doit être connue *a priori simpliciter*. Il faut ajouter encore quelque chose à la pensée; c'est-à-dire qu'il faut y ajouter l'intuition de quelque chose de réel, ou la perception. La perception est la représentation du réel. La connaissance de l'existence d'une chose n'est donc jamais possible sans l'expérience : ou je connais les choses uniquement par l'expérience, ou j'en connais les raisons en partant de l'expérience. La nécessité absolue est donc tout-à-fait impossible à connaître, quoique nous n'en voyions pas l'impossibilité. La connaissance de la nécessité est, par conséquent, une connaissance hypothétique. Toutes les choses ont une nécessité dérivée (*necessitatem derivativam*), que je peux connaître *a priori secundum quid* par des principes de l'expérience. Est nécessaire ce dont l'opposé est impossible; est possible ce qui s'accorde avec les règles de la pensée; est contingent ce dont l'opposé est possible. Ce sont là des définitions nominales, de pures définitions de mots. La possibilité *logique*, la réalité et la nécessité sont connues par le principe de contradiction. La nécessité logique ne prouve pas l'existence d'une chose. Mais la possibilité logique n'est pas, ainsi qu'on l'a fait voir, la possibilité réelle. La possibilité réelle est l'accord avec les conditions d'une expérience possible. La liaison d'une chose avec l'expérience constitue la réalité. Cette liaison, en tant qu'elle peut être connue *a priori*, est la nécessité. Celle-ci, comme on l'a fait voir, est toujours hypothétique. Nous avons un concept logique de la nécessité absolue. La nécessité peut être divisée en réelle et en logique. La nécessité logique absolue des jugements est toujours une nécessité hypothétique des prédicats des jugements, ou une nécessité subordonnée à des conditions antérieures. La nécessité réelle absolue n'est explicable par aucun exemple. La nécessité hypothétique est seule concevable.

Du Muable et de l'Immuable.

On demande dans quelle catégorie doit être rangé le double concept du muable et de l'immuable ? Nous devons d'abord expliquer ce qu'on entend par changement ou mutation : c'est *successio determinationum oppositarum in eodem ente*.

Par exemple, un corps est changé extérieurement lorsqu'il passe du repos au mouvement. Le concept de muable et d'immuable appartient donc à la catégorie de l'existence. Exister *simultanément,* c'est être dans un seul et même temps. Des choses se succèdent ou se suivent, si elles sont dans des temps *différents.* Nous considérons comme phénomènes toutes les choses que nous plaçons dans le temps et dans l'espace. L'*existentia determinationum oppositarum in eodem ente* est un concept intellectuel. Existence, détermination, opposition, chose, sont des concepts intellectuels purs. La possibilité du changement suppose le temps. Les *determinationes oppositæ* qui se suivent, sont *contradictorie oppositæ.* Les *contradictorie oppositæ determinationes* ne se contredisent point. Une chose contingente est celle dont le contraire peut être conçu. La contingence ne peut pas encore être conclue de l'existence des opposés qui se suivent. Mais il semble très-naturel de conclure du changement à la contingence : car l'opposé est par cela même possible. Néanmoins, on ne peut conclure de la sorte, parce que le changement ne prouve pas l'opposé contradictoire. L'opposition logique est une négation qui fait disparaître l'opposition antérieure. Il s'agit ici de savoir comment le changement est possible, c'est-à-dire comment des déterminations contraires peuvent avoir lieu dans une chose. Il ne faut pas croire cependant que l'on aperçoive toujours clairement ce que l'on entend : car apercevoir, c'est connaître quelque chose *a priori* par la raison. Par rapport à l'expérience, nous avons toujours besoin du changement. C'est un principe général en métaphysique, que : *Essentiæ rerum sunt immutabiles;* il a pour fondement cette proposition : *Essentiæ rerum sunt necessariæ;* mais de la nécessité suit l'immutabilité. Donc, *essentiæ rerum sunt immutabiles.* La chose est ausssi contingente dans le même sens dans lequel elle est muable; et elle est nécessaire dans le même sens dans lequel elle est immuable. Mais l'essence *logique* des choses est nécessaire; et nous ne parlons *pas* ici *de l'essence réelle,* mais bien de l'*essence logique.* Au lieu de : *Essentiæ rerum sunt immutabiles,* on devrait dire que l'essence des choses convient nécessairement à chacune d'elles. Nous ne pouvons changer l'essence des choses sans la faire disparaître. Rien n'est susceptible d'être changé, *salva rei essentia,* quant à ce qui fait nécessairement partie de cette essence. Quand donc on dit : *Essentiæ rerum sunt immutabiles,* on n'entend parler que de la mutabilité logique, et non de la mutabilité réelle. On croyait apprendre beaucoup de choses en étudiant la métaphysique; mais on ne prenait jamais que des propositions idéales pour des propositions hypothétiques. Une proposition idéale semble contenir quelque chose de particulier, par la raison que le mot *essence* est pris dans une double acception. Dans la première, il signifie *substance;* c'est ainsi que l'entendait déjà *Aristote* lorsqu'il disait : Les substances sont immuables. Mais en ontologie, le mot essence ne s'entend point ainsi ; il n'indique que le concept premier que je me fais d'une chose.

Du Réel (positif) et du Négatif.

On distingue quelque chose de réel et quelque chose de négatif dans tout ce dont on a conscience. La négation est opposée à la réalité. L'opposition est ou logique, ou réelle. Quand on nie quelque chose, ce quelque chose est l'opposé logique. La réalité et la négation ne peuvent être posées dans une seule et même chose. L'opposition *réelle* consiste dans l'union de deux principes réels, dont l'un fait disparaître la conséquence de l'autre. Il peut y avoir opposition entre des réalités. La négation seule n'est pas opposée à la réalité ; mais encore une autre réalité qui empêche la conséquence d'une autre réalité. L'opposition des principes réels rend tout changement possible. Quand on trouve de la négation dans le monde, c'est qu'alors il y a deux principes, savoir : un principe réel et un principe contraire. Toutes les réalités s'accordent. La réalité est ou *phénomène*, ou *noumène*. Tout ce qui se présente positivement à nos sens s'appelle réalité phénoménale (*realitas phænomenon*); tout ce qui se présente positivement à notre entendement pur, est réalité noumène (*r. noumenon*). La réalité phénomène ou réalité apparaissante est celle qui n'a sa raison subjective que dans nos sens. Les réalités phénoménales constituent la plus grande partie des choses.

Nous pouvons concevoir dans une chose, *réalité*, *négation*, et une troisième chose qui lui convient encore, la *limitation*. La limitation est la négation qui contient réalité. La limitation appartient essentiellement à la quantité. La réalité est ce dont le concept indique déjà par lui-même une existence; l'indication est ce dont le concept en soi est un non-être. Chaque chose est réalité. La qualité d'être chose (*Dingheit*, la choseté) repose simplement sur la réalité. La perfection d'une chose en général n'est que la quantité de sa réalité. Ce qui est absolument parfait est sans négation aucune, c'est la plus grande réalité. Un *ens omnimode reale* est donc, dans le sens métaphysique, l'être le plus parfait.

Du Singulier et de l'Universel.

On ne peut concevoir un être universel, ce n'est que le concept d'être (*conceptus entis*); *Ens omnimode determinatum est ens singulare*. La dispute *scholastique* entre les réalistes et les nominalistes roulait sur la question de savoir si les *universalia* sont de simples choses, ou s'ils ne sont que des noms. Un *individuum* ou un *ens singulare* est ce qui est universellement déterminé en soi. Toute différence est ou *numérique* (soit *eodem numero*, soit *diverso*), ou *générique*, ou *spécifique*.

Du Total et du Partiel.

Le concept de tout fait partie de celui de quantité. Beaucoup, en tant qu'il est un, est totalité : *Id in quo est omnitudo plurium, est totum*. Le *quantum* ainsi que le *compositum* contiennent le concept de multiplicité. Mais le concept de composé est général, car les parties peuvent être ici hétérogènes. Mais dans le concept de *quantum* on suppose toujours que les parties sont homogènes. Donc tout *quantum* est un *compositum*, mais pas tout *compositum* un *quantum*. On demande, et du *quantum* et du *compositum*, s'il existe comme tout, ou seulement comme partie. Toutes les parties qui appartiennent à un *compositum* s'appellent *compartes*. Une chose qui ne peut être conçue que comme partie d'un tout est un *ens incompletum*. Tout *quantum* est *multitudo*; tout *quantum* doit donc aussi résulter de parties homogènes. Mais une multitude infinie est plus grande que tout nombre, et nous n'en pouvons avoir aucun concept clair. Tout *quantum* est ou *continuum*, ou *discretum*. Un *quantum* par la grandeur duquel la multitude des parties est indéterminée, s'appelle *continuum*; il se compose d'autant de parties qu'on le veut, mais pas de parties singulières. Tout *quantum*, au contraire, par la grandeur duquel je veux représenter la multitude de ces parties, est *discretum*. Un *quantum discretum* doit être distingué d'un *quantum continuum* qui est représenté comme *discretum*. Un *quantum* dans lequel je détermine les parties, est *discretum*, mais pas en lui-même (*per se*). Un *quantum continuum per se* est celui dans lequel le nombre des parties est indéterminé; un *quantum discretum per se* est celui dans lequel le nombre des parties est arbitrairement déterminé. Un nombre est par conséquent un *quantum discretum*. Nous nous représentons par le nombre tout *quantum* comme *discretum*. Lorsque je me fais un concept d'un *quantum discretum*, je conçois alors un nombre. Des *partes assignabiles* sont les parties qui, unies entre elles, forment un concept numérique. La *multitude* qui se conçoit dans un *quantum continuum* est toujours *omni assignabili major*. Certaine chose est plus grande qu'une autre, si celle-ci n'est égale qu'à une partie de la première. Changer une chose en une plus grande, c'est l'augmenter; la changer en une plus petite, c'est la diminuer. Tout *quantum* peut être augmenté ou diminué. Un *quantum* qui ne peut absolument pas être diminué s'appelle *minimum*. On ne conçoit pas de *minimum* dans le *quantum continuum :* car toute partie est à son tour un *quantum*, et ne donne par conséquent pas de *minimum*. Il n'y a par conséquent pas d'instant le plus petit possible : car toute petite partie du temps est cependant encore un *quantum continuum* qui se compose de parties. Leibnitz appelle ces concepts, *conceptus deceptores*. L'espace et le temps sont des *quanta continua*. On ne conçoit ni de plus grand ni de plus petit possible dans l'espace et le temps. L'espace dans lequel sont contenues toutes les parties assignables est l'espace *infini* ou absolu. Le temps dans lequel sont contenues toutes les parties assignables est l'*éternité*. Mais ce sont là des *idées* que nous ne pouvons pas saisir.

Des Quantités.

On peut considérer toutes les quantités (*quantitates*) ou extensivement ou intensivement. Il y a des objets dans lesquels nous ne distinguons aucune multiplicité de parties homogènes : alors il y a quantité *intensive*. Cette quantité est le degré. Les objets dans lesquels nous distinguons une multiplicité de parties homogènes ont une quantité *extensive*. La quantité intensive est celle du principe, et la quantité extensive celle de l'agrégat. Tout ce qui est représenté dans l'espace et dans le temps a quantité extensive. Toute réalité dans l'espace et dans le temps a un degré. On peut concevoir quelque chose de simple comme ayant quantité, quoiqu'il ne puisse pas y avoir lieu à multiplicité, par conséquent comme quantité intensive.

Du Degré de la Possibilité.

La possibilité *interne* n'a pas de degré : car nous ne pouvons la reconnaître que par le principe de contradiction. Mais la possibilité *hypothétique* a un degré, parce que toute hypothèse est une raison, un principe, et que tout principe a une quantité. Tout principe a un degré; mais les conséquences peuvent être considérées à leur tour comme extensives et comme intensives. Un principe qui a plusieurs conséquences est un principe *fécond*. Un principe qui a de grandes conséquences est un principe *important*.

La possibilité hypothétique peut être considérée comme s'évanouissant, parce qu'elle peut être diminuée à l'infini. On parle, dans les écoles philosophiques, de la quantité de l'unité, de celle de la vérité, et de celle de la perfection. L'unité transcendentale, la vérité et la perfection, n'ont pas de quantité, et ne peuvent absolument pas se comparer sous ce rapport. Quant à la quantité, les choses ne sont comparables qu'à une troisième, mais non point à leur propre essence, comme dans l'unité, la vérité, la perfection transcendentale. Mais l'accord d'une chose avec un principe peut être plus grand ou plus petit. L'accord avec la raison *suffisante* est la conformité la plus grande.

De la Substance et de l'Accident.

La relation est de trois sortes : celle des jugements du sujet au prédicat, celle d'un principe à sa conséquence, et celle des membres d'une division au concept divisé. Les jugements sont, quant à la relation, catégoriques, hypothétiques et disjonctifs. A ces jugements correspondent les catégories de subsistance, d'inhérence et de *commerce*. La substance est ce qui existe en soi uniquement comme sujet; l'*accident* est ce qui n'existe que comme prédicat ou détermination d'une chose, ou ce dont l'existence est simplement inhérence. Ce dont l'existence n'est que subsistance est substance. Il n'est pas juste de dire, comme le pensent quelques-uns, que des substances puissent aussi exister comme inhérence, mais que seulement cela n'est pas nécessaire.

Les *accidents* sont des manières de concevoir l'existence d'une chose, et non pas des existences distinctes; la substance, comme support des accidents, ainsi que l'appelle Locke, est par conséquent aussi *substratum*. Le rapport des accidents à la substance n'est pas celui de la cause à l'effet. La substance peut bien exister comme *rationatum*, mais non comme prédicat. Ce sont là des concepts entièrement différents. Nous connaissons à la vérité les *accidentia*, mais pas le *substantiale*. Celui-ci est le sujet qui existe *après séparation de tous les accidents*, et qui nous est *inconnu* : car nous ne connaissons les substances que par les accidents. Ce *substantiale* est le quelque chose en général. Je ne puis rien connaître d'une chose que par des jugements, et ces jugements doivent toujours avoir pour fondement des prédicats. Nous ne pouvons connaître les substances que par des accidents. Nous ne pouvons pas apercevoir *a priori* par la raison comment quelque chose ne peut exister qu'à titre de sujet, et quelque autre chose à titre de prédicat. Nous ne pouvons pas apercevoir *a priori* la possibilité ou l'impossibilité de subsister ni la nécessité d'inhérer. Nous ne pouvons pas apercevoir le substantiel, mais simplement les accidents, par la raison que nous sommes trop peu clair-voyants, et parce que l'entendement ne peut concevoir que par des concepts, et que des concepts ne sont autre chose que des prédicats. *Descartes* a dit que la substance est ce qui n'exige pour son existence celle d'aucune autre chose; c'est-à-dire ce qui existe sans être la conséquence d'une autre chose. Mais ce n'est pas là une substance, c'est une indépendance. *Spinosa* suivit aussi le même concept, et ce fut la cause de son erreur. L'existence d'une substance est la subsistance; l'existence d'un accident est l'inhérence. — Nous avons aussi un principe pour les substances et les accidents, c'est le principe de la permanence des substances. Tous les philosophes en ont fait usage; il est de la plus haute importance, car sans lui la physique serait impossible. Le changement est vicissitude, et la permanence *durée* ou *stabilité*. Tous les changements supposent un sujet dans lequel les prédicats se succèdent. Le concept de changement suppose la permanence de la substance. Mais nous ne comprenons pas pourquoi quelque chose dure nécessairement.

De la Force.

Dans le concept de force se trouve celui de cause. La substance est regardée comme sujet, et la force comme cause. L'accident n'est quelque chose de réel qu'en ce qu'il existe *inhærendo* et non en soi. La causalité est la détermination de quelque autre chose qui est posé par elle suivant une règle générale. Le concept du rapport de la substance à l'existence des accidents, en tant qu'elle en contient la raison, est celui de *force*. Toutes les forces sont divisées en primitives ou fondamentales et en dérivées. Nous cherchons à ramener les forces dérivées aux forces primitives. Toute la physique, tant celle des corps que celle des esprits (cette dernière s'appelle psychologie), revient à ramener autant que possible à des forces fondamentales les forces différentes que nous ne connaissons que par l'observation.

On appelle *qualitas occulta* une propriété inconnue des choses : car un très-grand nombre de ces propriétés nous sont inconnues, par exemple la véritable cause de la force magnétique, celle par laquelle le salpètre refroidit l'eau, et beaucoup d'autres.

De l'État.

Le mot état indique la détermination universelle d'une chose dans le temps. Aucun état ne peut être attribué à un être nécessaire : car si l'état extérieur est changé, la chose même est changée. Le mot état ne peut donc pas être employé en parlant de Dieu : Dieu n'a pas d'état. Il est, à la vérité, en rapport avec les choses extérieures; mais elles ne l'affectent pas. Elles ne touchent que le monde, et c'est pour cette raison que Dieu est appelé immuable.

Qu'est-ce que l'Agir?

L'agir ne peut être attribué qu'à des substances. L'action est la détermination de la force d'une substance comme cause d'un certain accident. La *causalité* est la propriété d'une substance en tant qu'elle est considérée comme cause d'un accident. Nous pouvons connaître les forces des choses par les changements. L'action est ou *immanente* ou *passagère :* quand une *action interne* ou une action immanente est exécutée, on dit alors que la substance agit. L'action transitoire est aussi appelée influence. A l'influence correspond évidemment le pâtir, mais non pas à l'action interne. Le pâtir est l'inhérence d'un accident d'une substance par une force qui lui est étrangère : *Commercium est relatio substantiarum mutuo influxu.* La *faculté* et la *force* sont différentes. Dans la faculté, nous ne nous représentons que la possibilité de la force. Entre la faculté et la force se place le concept d'*effort.* Si le principe de détermination n'est qu'intrinsèquement suffisant pour produire un effet, alors c'est une force *morte :* mais s'il est intrinsèquement et extrinsèquement suffisant, alors c'est une force *vive.* Un obstacle est un empêchement à l'action de la force qui ne suffit qu'intrinsèquement, et qui l'empêche de produire son effet : c'est toujours une force contraire ; aussitôt que l'empêchement ou l'obstacle est levé, la force, de morte qu'elle était, devient vive. Une faculté qui suffit pour toute espèce de chose, est *habitus,* habileté ou habitude. Il faut distinguer ici l'*opérer*, l'*agir*, et le *faire*. Agir (*agere*) peut contenir tout ce qui est possible relativement au produit (*rationatum*) de l'action. Il y a action (*actio*) lorsqu'une conséquence réelle résulte de l'agir. Faire (*facere*), c'est agir librement. Un fait (*factum*) n'est jamais attribué qu'à une substance agissante. L'*impedimentum* est ou formel, ou réel. L'*impedimentum* formel ou *négatif* est le défaut, *defectus*. L'*impedimentum réel* ou *positif* consiste dans une cause agissante opposée à une autre.

Du Simple et du Composé.

Le concept d'un composé suppose des parties. Si les parties d'un composé peuvent être données avant la composition, alors le composé est *réel*. Si elles ne peuvent pas être données avant la composition, alors le composé est *idéal*. Il semble, à la vérité, que les parties puissent toujours être conçues antérieures à la composition, et qu'il n'y ait par conséquent pas de composés idéaux, *composita idealia;* cependant le fait est réel, l'*espace* et le *temps* en sont la preuve. On ne peut, en effet, concevoir de parties dans l'espace sans, auparavant, concevoir le tout. Le composé *substantiel* est ce qui est formé de *substances*. La composition est une relation ; il est nécessaire que je conçoive les *corrélatifs* avant la relation : *Compositum substantiale est complexus plurium substantiarum in uno nexu*. Un *complexus* n'est pas toujours un *compositum* ; je ne puis le concevoir que comme un *compositum* : par exemple, l'église invisible ; ceux qui en font partie sont composés dans l'idée. Un *compositum formale* est ce dont les parties ne peuvent être représentées autrement qu'en composition : elles ne peuvent se concevoir isolément. Je puis bien me représenter des parties d'espace ; mais l'idée du tout sert toujours de fondement à cette représentation : c'est un espace unique. *Ortus et interitus* ne sont pas des changements. La création n'est pas un changement. Les déterminations successives dans la chose sont des changements ; ces déterminations dans la chose naissent ou passent : c'est ce qui constitue le changement. Dire que la chose naît, c'est dire que l'existence suit la non-existence. Il y a toujours un temps de supposé. Le naître est l'existence qui est suivie de toute la durée. Le mourir est la non-existence qui suit toute la durée.

La question principale est celle de savoir si un composé substantiel résulte de substances simples. Si je veux concevoir un composé substantiel, je ne puis le faire que par le *commer-*

cium, en tant que les éléments exercent les uns sur les autres une influence réciproque : car le *commercium* consiste dans l'influx mutuel. Il y a, dans tout composé substantiel, matière et forme. La matière est la substance ; la forme est la relation des substances. Je puis donc concevoir des substances simples dans tout composé. La proposition fondamentale est ici : Dans tous les changements du monde, la matière persiste, et la forme change. La substance ne passe pas. Cette loi de la perdurabilité de la substance est comparable à celle de la causalité, que rien n'arrive sans cause, et va de pair avec elle. Tous les changements sont naissance ou mort des accidents, savoir : lorsque nous considérons les choses dans le temps et le changement du temps, nous pouvons dire : L'état de toutes choses est labile, tout est dans le flux du temps. Mais nous ne pourrions jamais le remarquer s'il n'y avait pas quelque chose de permanent ; le temps, la succession des différentes choses, ne pourrait jamais être perçu, si tout changeait, si rien n'était permanent. Tout changement exige en même temps quelque chose de permanent pour que notre expérience en soit possible. La substance reste ; les accidents seuls changent. Ce qui change est toujours uni à ce qui reste, et la détermination de l'existence, soit dans le temps, soit dans l'espace, n'est possible qu'autant que quelque chose est constant. Il n'y a aucune possibilité de l'expérience que des changements passent si quelque chose ne reste pas. Pour nous servir d'une comparaison grossière, le navigateur ne pourrait observer ses mouvements s'il se mouvait avec la mer, dans le cas où rien ne serait fixe, par exemple une île, à l'égard de laquelle il pourrait voir qu'il s'en approche.

De l'Espace et du Temps.

Si je fais abstraction de toute existence des choses, il reste encore cependant la forme de la sensibilité, c'est-à-dire l'*espace* et le *temps :* car ce ne sont pas là des propriétés des choses, mais des propriétés de notre sens ; ce ne sont pas des qualités objectives, mais bien des qualités subjectives. Je ne puis par conséquent pas me représenter *a priori* l'espace et le temps : car ils précèdent toutes choses. L'espace et le temps sont les conditions de l'existence des choses ; ce sont des intuitions particulières, et non des concepts. Ces intuitions ne portent sur aucun objet ; elles sont vides, ce sont de simples formes des intuitions. L'espace et le temps ne sont pas des choses mêmes, ni des propriétés, ni des qualités des choses, mais la forme de la sensibilité. La sensibilité est la réceptivité, la capacité d'être affecté. Les formes de l'intuition n'ont aucune réalité objective, mais une simple réalité subjective. Si l'on admet que l'espace est une substance, le spinosisme est irréfutable, c'est-à-dire que les parties du monde sont des parties de la Divinité. L'espace est (alors) la Divinité; il est un, présent partout; rien ne peut être conçu hors de lui; tout est en lui.—Le temps est ou *protensif,* ou *extensif,* ou *intensif : protensif,* en tant qu'une partie en suit une autre. L'*extensif* est la multiplicité des choses qui existent en même temps; l'*intensif* s'entend de la réalité. L'espace ne se présente dans les choses qu'autant qu'elles sont considérées comme des phénomènes. Les phénomènes ne nous apprennent pas *comment les choses sont,* mais comment elles affectent nos sens. Une substance simple ne peut pas être étendue. — La *division* est ou *logique,* ou *métaphysique,* ou *physique.* La division logique est celle d'un concept pur. Tout concept a une *sphère;* cette sphère peut être partagée. Ainsi le concept d'homme embrasse déjà plus que le concept d'animal. Ce sont là des divisions, et non des partitions. La division métaphysique consiste dans la distinction des parties; la division physique, dans la séparation des parties. L'espace et le temps ne peuvent pas être physiquement divisés ; c'est-à-dire qu'ils ne peuvent pas être réduits en parties, et ces parties séparées l'une de l'autre. La distinction des parties n'est pas une séparation. Le divisible est tout ce qui est étendu. Toute partie de la matière est mobile ; tout mouvement est séparation. La division est ou *quantitative*, ou *qualitative*. La première est la division des substances en tant qu'elles résultent de parties homogènes ; la dernière est la division des substances en tant qu'elle porte sur des parties hétérogènes ; celle-ci s'appelle séparation. Cette séparation doit arriver souvent dans la pensée.

Du Fini et de l'Infini.

Le concept du *très-grand* rentre dans celui de *quantité*, de multiplicité ; mais l'*omnitudo* rentre dans la *totalité*. Le *maximum* est un concept relatif, c'est-à-dire qu'il ne me donne aucun concept déterminé. Je puis donc dire : Cet homme est très-savant entre beaucoup de savants ; mais je ne sais pas encore pour cela *comment* il est savant ; il peut n'être pas très-savant par rapport à d'autres savants. L'*omnitudo* est un concept absolu. Le concept de l'*infini* est très-différent des deux précédents. L'infini est une quantité dont on ne peut donner aucune mesure déterminée.

Toute grandeur ou quantité qu'il est impossible de mesurer ou d'estimer est infinie; mais l'impossibilité est dans le sujet, c'est-à-dire en nous. Pour mesurer une quantité, il faut qu'elle nous soit d'abord donnée; par exemple, une verge, une lieue. Le concept de grandeur exprime toujours un nombre. Je ne puis pas l'apercevoir, il est vrai; mais pour exprimer la grandeur par un concept, il faut que j'aie une unité que je prenne un certain nombre de fois, afin de pouvoir ainsi mesurer la grandeur donnée, et en acquérir un concept déterminé. L'espace entier est un très-grand *quantum* dont je ne puis donner aucun concept déterminé, qui ne peut pas être mesuré.

L'infini peut être pris proprement dans un double sens. Dans le premier, le concept de l'infini est un concept intellectuel pur, et alors il signifie un *infinitum reale*, c'est-à-dire un infini dans lequel ne se trouvent aucunes négations, aucunes limitations. Dans le deuxième sens, le concept d'infini se rapporte à l'espace et au temps, par conséquent aux objets des sens, et c'est l'*infinité mathématique*, qui résulte de l'addition successive de l'unité à elle-même. On dit: L'espace est infini; c'est-à-dire que le concept de la grandeur de l'espace n'est jamais total. Dans l'*infini réel*, je conçois l'*omnitudinem*, et j'ai par conséquent un concept déterminé ; mais dans l'*infini mathématique*, je ne puis jamais concevoir l'*omnitudinem collectivam*. L'infini mathématique est un *quantum in infinitum datum seu dabile; datum* par rapport à l'espace, *dabile* par rapport au temps. A tout nombre je puis encore ajouter un plus grand et le concevoir ; mais l'*infinitum mathematicum datum* surpasse toute connaissance humaine. Ce doit être la *totalité des phénomènes*. La grandeur des phénomènes ne peut pas être donnée ; car le phénomène n'est pas une chose en soi, et n'a pas d'étendue. C'est donc simplement la grandeur de mon *progressus* dans l'espace et dans le temps. On ne peut pas conclure du concept de l'*être réel* et de son infinité réelle à son infinité mathématique. Le mot infinité n'est pas même propre dans ce cas ; mais on appelle infini l'*être réel*, parce que ce mot fait voir en même temps notre impuissance. Mais *nous ne pouvons pas comprendre* quel est le rapport de l'infinité réelle avec l'infinité mathématique ou le nombre. Si l'espace et le temps étaient des propriétés des choses en soi, l'infinité du monde serait à la vérité inconcevable, mais pas impossible pour cela. Si, au contraire, l'espace et le temps ne sont pas des choses en soi, l'impossibilité d'un monde infini donné résulte déjà de l'incompréhensibilité.

De l'Identité et de la Diversité.

Au fond, ces concepts appartiennent à la logique ; mais ils se présentent ici à cause du principe de Leibnitz (*principium identitatis indiscernibilium*). Suivant ce principe, des choses qui s'accordent à tous égards, en tous leurs signes, *sunt numero eadem. Interne totaliter eadem non sunt diversa* [1]. Mais c'est faux. Si nous concevons *par l'entendement* des choses qui soient tout-à-fait semblables, qui s'accordent dans tous leurs signes, elles sont évidemment *numero eadem* comme *noumena*. Mais il en est autrement des objets *des sens :* car toutes les parties de l'espace sont en dehors les unes des autres, sont déjà des déterminations extérieures. Les objets sont déjà *multiples* dans l'espace, *par cela seul* qu'ils sont déjà dans l'espace. Par exemple, si deux gouttes d'eau, ou deux œufs, qui seraient tout-à-fait les mêmes quant à la détermination interne, étaient entièrement semblables en quantité et en qualité, s'accordaient en tout (quoiqu'il ne se rencontre rien de pareil dans la nature),

---

[1] Les déterminations internes d'une chose sont la *qualité* et la *quantité*.

ces deux gouttes d'eau seraient cependant, ainsi que ces œufs, différentes l'une de l'autre (non *numero eadem*), par la raison précisément qu'elles sont en différents lieux ou l'une hors de l'autre, et non *in uno eodemque loco*.

Le *clin d'œil* (Augenblick) est la limite du temps; c'est ce qui détermine le *positum;* il est ce qu'est le *point* dans l'espace, ce qui fait qu'on l'appelle aussi point de temps. Mais le temps ne se compose pas de points : car je ne puis concevoir des points avant d'avoir déjà un temps, les limites de la chose avant la chose même. La détermination de la grandeur d'une chose par la comparaison avec l'unité, s'appelle *mesure*. Le concept de la dimension n'appartient pas non plus à la métaphysique. L'espace a trois dimensions; le temps n'en a qu'une. La dimension est proprement la représentation de la grandeur d'une chose qui, quant à la forme, diffère d'une autre. Le temps qui accompagne la pensée du temps est le présent; celui qui suit les pensées est l'avenir; celui qui les précède est le passé. L'existence qui suit la non-existence est le commencement; la non-existence qui suit l'existence est la fin.

Tout ce qui existe dans le temps existe ou *in instanti* ou *perdurabile*. La durée est la grandeur de l'existence d'une chose. L'existence qui est plus petite que tout temps est le *clin d'œil*, qui est la limite du temps. L'existence qui est plus grande que tout temps, ou le temps sans limite, est l'*éternité.* La *sempiternitas* est la durée future infinie, quoiqu'on n'aperçoive pas le commencement infini. L'éternité, comme concept intellectuel, n'est qu'une durée illimitée; mais l'éternité dans le temps est *sempiternitas*. Le concept des *limites,* qui est un concept mathématique tel que le concept de l'infinité, est parent du concept des bornes, qui est un concept intellectuel pur. La mesure d'une chose en soi est la totalité; c'est la quantité absolue qui est l'unité de mesure des choses, car toutes les choses sont possibles par la limitation de cette totalité. Le concept des limites n'appartient qu'aux *phénomènes*, mais celui des bornes appartient aux *noumènes*. L'espace corporel a pour limites la surface, l'espace surface a pour limites la ligne, et la ligne le point. Le point est la position déterminée de l'espace. Le point est dans l'espace, mais il n'en est pas une partie. La limite est la négation, *ut ens non sit maximum*. Le temps n'a qu'une limite, le clin d'œil.

De la Cause et de l'Effet.

Il ne faut pas confondre la cause et le principe. Ce qui renferme la raison de la possibilité est *ratio* ou *principium essendi*. La *cause* est le principe de la réalité, *principium fiendi*. Ce qui contient le principe de quelque chose s'appelle en général *principium*. La cause est ce qui contient le principe de la réalité de la détermination, ou de la substance. Les trois lignes, dans le triangle, en sont à la vérité le principe, mais non la cause. La cause s'entend aussi de la négation; par exemple, l'inattention est la cause de l'erreur. Toute cause doit être en soi quelque chose de réel; car ce qui est le principe de la réalité est quelque chose de positif. Le *rationatum* de la cause est ce qui est causé (*causatum*). Ce qui est causé est *dépendant*. La cause, en tant qu'elle n'est causée par rien autre, est *indépendante*. *L'être indépendant est l'être par soi*. Il ne s'appelle pas *ens a se* parce qu'il a dû être par lui-même, mais parce qu'il existe sans cause. Il est ce qu'il y a de premier dans la série des effets et des causes. Le *contingent* n'est pas un *ens a se*, mais un être dépendant d'un autre, par conséquent un être *causé*. Il est, dans la série des effets et des causes, un membre subséquent.

Un être contingent est aussi un être nécessaire, mais d'une nécessité hypothétique ou conditionnée; mais des êtres en soi (*entia a se*) sont absolument nécessaires. Tout est donc nécessaire, absolument ou hypothétiquement : car si quelque chose était contingent, ce ne serait que par rapport au sujet, et non par rapport à l'objet. Est contingent, ce dont la non-existence est possible. Je ne peux pas connaître cette non-existence par le principe de contradiction. La contingence absolue, ainsi que la nécessité absolue d'une chose, ne peut être aperçue ni par la raison, ni par l'expérience; on ne peut en apercevoir que la contingence ou la nécessité relative. On ne peut reconnaître *a priori*, par de simples concepts, si quelque chose est en soi contingent : car je puis faire abstraction de tout; le contraire de toutes choses est possible, concevable (est pour ainsi dire un éternel néant); rien ne se contredit en cela dans mon concept. Je ne puis conclure du changement successif de la chose, ou du non-être, à la contingence, pas plus que de l'existence à la nécessité de l'existence : car il s'agit ici de savoir si une chose peut être ou n'être pas dans le même temps, dans le même clin d'œil; mais je puis le voir impossible. Nous admettons, il est vrai, un être absolument nécessaire; mais nous ne pouvons apercevoir comment un être suprême peut exister d'une manière absolument nécessaire : car le contraire, la non-existence, est concevable ; c'est-à-dire qu'il ne répugne pas dans mon entendement. Nous ne pouvons connaître la contingence des choses que par leur naissance et leur mort, et non par le simple concept. Est contingent, ce qui devient, ce qui n'était pas auparavant, et réciproquement. On appelle proprement contingent ce qui arrive; et pareille chose doit avoir une cause. Ce qui arrive est ou naissance, ou mort, ou simple changement d'une chose. Le changement concerne simplement l'état ; et je puis dire : Son état est contingent, mais la chose n'est pas pour cela contingente ; je ne puis conclure la contingence d'une chose que de la naissance et de la mort. Les états doivent donc avoir une cause; mais il n'est jamais question de la cause de la matière. Ce qui renferme la raison de quelque chose s'appelle, ainsi qu'on l'a déjà dit, principe ; ce qui renferme la raison de la réalité s'appelle *cause* ou *principium fiendi ;* ce qui contient la raison de la possibilité s'appelle *principium essendi ;* ce qui contient la raison de la connaissance s'appelle *principium cognoscendi*. Plusieurs causes réunies peuvent être cause de la réalité d'une chose ; elles s'appellent en conséquence *concausæ*. La cause s'appelle *solitaire* si elle est unique. Les *concausæ* sont ou coordonnées ou subordonnées : subordonnées, si une *concausa* est le *causatum* de l'autre; mais elles sont coordonnées si elles sont plusieurs *concausæ* d'un *causati*. Les causes coordonnées sont *concurrentes*, mais non pas les subordonnées. Toute cause est alors *complementum ad sufficientiam*, et doit être regardée comme une partie complémentaire de l'effet (*causati*); elles sont coordonnées entre elles. Dieu seul est *cause solitaire*; toutes les autres causes lui sont subordonnées, mais aucune ne lui est coordonnée.

Causa efficiens. Plusieurs choses contiennent à la vérité le principe d'une chose, mais sans en être la cause réelle. Il y a aussi bien des causes positives que des causes négatives. La cause *efficiente* est une cause *par une force productive*. La condition *sine qua non* est une détermination des choses qui n'est pas négative, il est vrai, mais qui n'est pas non plus *efficiente*, quoiqu'on la regarde comme cause. Ainsi, la poudre est la condition *sine qua non* du mouvement du boulet; et le soldat qui met le feu à la pièce, la *cause efficiente*. On distingue, parmi les causes coordonnées, la *principale* et la *secondaire*. Si l'une est principale et l'autre moins principale, la dernière est *auxiliaire*. Des causes *instrumentales* sont des causes *subordonnées*, en tant qu'elles sont déterminées *quoad causalitatem* par la cause principale, par exemple les soldats. Ce qui est attribué à la cause instrumentale l'est immédiatement à la cause principale, si elle dépend complètement de la cause principale. Si elle n'en dépend pas complètement, l'imputation n'est pas entière, parce qu'alors la cause instrumentale a aussi sa spontanéité; par exemple, ce que fait le serviteur, en tant qu'il a plein pouvoir de son maître, est attribué au maître comme cause principale, mais pas pour les détails, puisque le serviteur ne dépend pas du maître à cet égard.

Une action particulière avec ses effets s'appelle *évènement*. Le rapport dans lequel un évènement arrive, est une *circonstance* (circumstantia). Cet évènement extérieur peut être considéré quant à l'espace ou quant au temps. Les circonstances forment ce rapport d'espace et de temps. L'ensemble de tous les rapports d'espace et de temps qui concourent à produire l'évènement, s'appelle *occasion*. Il y a donc une occasion de lieu et une occasion de temps. La première s'appelle *opportunité*, et la seconde *tempestivité* : on dit de celle-ci qu'elle doit être saisie, parce que le temps passe.

On dit que les *circonstances changent la chose* : *Minima circumstantia variat rem*. Si les circonstances ne concourent pas, elles ne changent pas l'évènement. Le principe *Posita causa ponitur effectus,* découle de ce qui précède. Mais le principe *Sublata causa tollitur effectus* n'est pas moins certain. Au contraire, on ne peut pas dire *Sublato effectu tollitur causa,* mais simplement *tollitur causalitas causæ. Qualis causa talis effectus* ne signifie pas que la cause est semblable à l'effet : car la cause et l'effet ne sont pas un rapport de ressemblance ou une liaison dans les concepts, mais une liaison dans les choses. Cela signifie donc que les effets sont en rapport avec leurs causes, ou que nous ne nommons les causes que d'après les effets. Un effet est-il différent d'un autre, sa cause doit alors avoir un autre nom. Mais il ne faut pas concevoir tautologiquement une cause et un effet : car ce sont des choses tout-à-fait différentes. La proposition : L'effet doit *ressembler* à la cause, et réciproquement, n'est applicable qu'à la physiologie des êtres organisés. *Effectus testatur de causa.* Nous pouvons déjà regarder quelque chose comme effet avant de connaître la cause, par exemple tout ce qui est contingent. Mais il faut entendre par-là seulement qu'*effectus testatur de causa quoad qualitatem causalitatis :* car j'entends par le tout de tous les effets immédiats les *vires efficientes causæ,* mais quant à la causalité seulement. Nous ne pouvons donc pas tout-à-fait connaître Dieu, mais en tant seulement qu'il s'est manifesté par le monde, dans la proportion de la grandeur du monde. La connaissance de Dieu est donc proportionnée à la connaissance des œuvres de Dieu. Reste à savoir maintenant jusqu'à quel point je connais les œuvres de Dieu. Il ne faut donc pas prendre à la rigueur la proposition : *Effectus testatur de causa.*

Ce *nexus* est le *nexus causalis*, particulièrement l'*effectivus*. Ce *nexus effectivus* doit être distingué du *nexu finali*, et même dans la méthode de philosopher, de manière à ne pas substituer le *nexum finalem* à l'*effectivo* : par exemple, pourquoi une plaie dans le corps guérit-elle? Si l'on répondait, C'est parce que la Providence l'a voulu ainsi, ce serait le *nexus finalis*, mais non le *nexus effectivus*. Je veux savoir ici la cause de la manière dont la chose arrive, apercevoir le *nexum effectivum :* c'est le but de la véritable philosophie. Si je n'avance pas dans la recherche des causes, et que je m'en rapporte au *principium* du *nexus finalis*, il y a alors *petitio principii*. Un grand nombre de philosophes ont admis le *principium nexus finalis*, et ont cru par-là trouver beaucoup de choses. C'est ainsi que Leibnitz admet qu'un rayon lumineux va d'un lieu à un autre par le chemin le plus court, et il dérive de là les lois de la dioptrique. Epicure rejetait tout-à-fait le *nexum finalem.* Platon l'admettait, au contraire, partout et toujours. Ils avaient un égal tort : il faut concilier ces deux choses. Je dois chercher à tout dériver de causes, autant que faire se peut, et admettre ensuite aussi une substance qui a tout disposé conformément à une fin. Si je n'admets que le *nexum finalem,* je ne connais cependant pas toutes les fins : je puis même concevoir des fins qui n'ont d'autre fondement que des chimères, et méconnaître la cause véritable. Mais c'est là un grand préjudice pour la science. L'appel à la *cause finale est un coussin de la philosophie paresseuse.* On doit, avant tout, en philosophie, chercher à tout dériver de causes, par conséquent suivant le principe du *nexus effectivi.* Et, quoiqu'on ne réussisse pas très-souvent, la peine n'est cependant pas perdue : car la méthode et la voie pour rechercher quelque chose est conforme à la philosophie et à l'entendement humain. Ce sont beaucoup de suppositions fausses ; mais si l'on continue à y chercher, on découvre quelquefois d'autres vérités contre des conjectures. C'est ainsi que Rousseau supposait que l'homme est naturellement bon, et que tout mal provient de ce qu'on ne l'empêche pas. Il dut soutenir que l'éducation devrait en conséquence être négative, et que les hommes doivent être préservés du mal par l'éducation. Ceci plaît beaucoup, quoique le principe soit faux. Mais si je suppose que l'homme est naturellement méchant, personne ne se donnera la peine d'empêcher le mal, parce qu'il est déjà dans la nature. Alors l'éducation dépendra des vœux adressés à l'Etre suprême pour qu'il mette fin au mal par une force surnaturelle.

On doit donc rester dans le *nexu effectivo*, quand même on voit que l'on n'y avance pas partout.

De la Matière et de la Forme.

La différence de la matière et de la forme est déjà dans la nature de notre raison.

La *matière* est le *datum*, ce qui est donné ; par conséquent l'*étoffe*. — Mais la *forme* est la manière dont ces *data* sont posés, la manière dont le divers est lié. Nous voyons partout matière et forme. Nous trouvons dans nos jugements et dans nos œuvres matière et forme. Les anciens disaient que l'*universel* ou le *genre* était la matière; la *différence spécifique*, la forme : par exemple, l'homme était le genre, par conséquent la matière; mais l'homme savant était la *différence spécifique*, par conséquent la forme. Les anciens tenaient beaucoup à la forme; ils disaient qu'elle est l'essence des choses. C'est très-juste : car nous ne pouvons, dans aucune chose, produire la matière, mais seulement la forme; tel est le cas de tous les artisans et de tous les artistes. Les sensations sont la matière dans notre ame; mais tous nos concepts et tous nos jugements sont la forme.

La matière, dans le sens *physique*, est le substratum des objets étendus, la possibilité des corps. Mais dans le sens *transcendental*, tout *datum* est une matière; et le rapport de ce qui est donné, la forme. La matière transcendentale est le *déterminable;* mais la forme transcendentale est la détermination, ou l'acte de déterminer. La matière transcendentale est la réalité ou le *datum* pour toutes choses. Mais la limitation de la réalité constitue la forme transcendentale. Toutes les réalités des choses sont en quelque sorte dans la matière infinie, où l'on sépare alors pour une chose quelques réalités, ce qui est la forme.

La matière se distingue en matière *ex qua, in qua, et circa quam.* — La matière *ex qua* est le *determinabile* même; une chose est ce qui est déjà déterminé. La matière *circa quam* désigne la matière *in ipso determinationis actu;* par exemple, le texte d'un sermon n'est pas la matière *ex qua,* mais *circa quam aliquis versatur.* — La matière *in qua* indique le sujet d'inhérence. La matière *circa quam* indique proprement les pensées par lesquelles la forme est donnée à une chose : par exemple, le plan d'un édifice est la matière *circa quam* ; mais les pierres, le bois, etc., sont la matière *ex qua*. La différence est subtile.

La Philosophie transcendentale.

La philosophie transcendentale est la philosophie des principes, des éléments des connaissances humaines *a priori*. C'est en même temps la raison de la possibilité *a priori* d'une géométrie. Il est très-nécessaire de savoir comment une science peut être produite par nous, et comment l'esprit humain a pu ainsi créer quelque chose. Cette recherche ne serait pas si nécessaire par rapport à la géométrie, si nous n'avions pas d'autres connaissances *a priori*, qui sont très-importantes et très-intéressantes ; par exemple sur l'origine des choses, sur le nécessaire et le contingent, et sur la question de savoir si le monde est ou n'est pas nécessaire. Ces connaissances n'ont pas la même évidence que la géométrie. Voulons-nous donc savoir comment une connaissance *a priori* est possible pour l'homme, nous devons distinguer et rechercher toutes les connaissances *a priori* : alors nous pourrons *déterminer les limi-*

tes de l'entendement humain, et toutes les chimères, qui sont d'ailleurs possibles en métaphysique, seront ramenées à des principes et à des règles. Or, nous divisons les principes de la connaissance humaine *a priori :*

1° En principes de la sensibilité *a priori :* c'est l'*Esthétique transcendentale*, qui embrasse la connaissance et des concepts *a priori* d'espace et de temps; et

2° En principes de la connaissance intellectuelle humaine *a priori :* c'est la *Logique transcendentale*. Ces principes de la connaissance humaine *a priori* sont les *catégories* de l'entendement, comme nous l'avons déjà fait voir, et ces catégories épuisent tout ce que l'entendement contient d'*a priori*, mais dont peuvent être encore dérivés d'autres concepts ensuite.

Si nous décomposions ces concepts transcendentaux, nous aurions une *grammaire transcendentale*, contenant la raison de la parole humaine; par exemple, comment le *présent*, le *parfait*, le *plus-que-parfait*, est dans notre entendement, ce que c'est que les *adverbes*, etc. Si l'on réfléchit là-dessus, on a une grammaire transcendentale. La logique contient l'usage formel de l'entendement. Ensuite pourrait venir la philosophie transcendentale, la théorie des concepts généraux *a priori*.

De l'Idée et de l'Idéal.

Il y a des connaissances *a priori* par lesquelles les objets sont possibles. Il est étonnant qu'un objet soit simplement possible par une connaissance; mais tout ordre, tout rapport régulier, est possible par une connaissance. Par exemple, une vérité n'est pas possible sans une connaissance qui précède. La connaissance *a priori* par laquelle l'objet est possible, est l'*idée*. Platon disait qu'on doit étudier les idées. Il dit que les idées sont en Dieu des intuitions, dans les hommes des réflexions. Il en parlait, enfin, comme si c'étaient des choses. — L'idée est immuable; elle est l'essentiel, le principe par lequel les objets sont possibles.

Un *prototype* est proprement un objet de l'intuition, en tant qu'il est le principe de l'imitation. *Ainsi, le Christ est le prototype de toute moralité. Mais, pour regarder quelque chose comme un prototype, nous sommes obligés d'avoir auparavant une idée d'après laquelle nous pouvons reconnaître le prototype* pour tel : car autrement nous ne pourrions pas reconnaître le prototype, et nous pourrions par conséquent être trompés. Mais si nous avons une idée de quelque chose, par exemple de la moralité suprême, et qu'un objet de l'intuition nous soit donné, que quelqu'un nous soit représenté comme conforme à l'idée, alors nous pouvons dire : Ceci est le prototype de cela. — Si nous n'avons aucune idée, nous ne pouvons admettre aucun prototype, lors même qu'il viendrait du ciel. Je dois avoir une idée pour chercher le prototype *in concreto*. — Le modèle est un principe de l'imitation. Nous pouvons, il est vrai, exécuter des actions et des choses d'après un modèle et *sans idée;* mais alors, si tout cela est conforme au modèle, ce n'est que par hasard. Il ne faut admettre aucun modèle en morale, mais suivre le prototype, qui est conforme à l'idée de la sainteté.

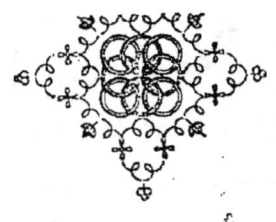

COSMOLOGIE.

Idée du Monde.

La Cosmologie, n'empruntant pas ses principes de l'expérience, mais de la raison pure, peut, par cette raison, s'appeler *Cosmologie rationnelle*. Mais, d'un autre côté, comme elle a aussi un objet, et pas seulement des principes, et que cet objet appartient à la raison pure et non à l'expérience, elle peut s'appeler aussi *Cosmologie transcendentale*. Nous avons déjà parlé, dans l'Ontologie, des concepts de limites qui constituent les bornes de l'esprit humain dans la série des connaissances. — Nous avons trouvé dans la relation ces trois concepts : le rapport de la substance à l'accident, celui de la cause à l'effet, et celui du tout aux parties. — Dans toutes ces connaissances, nous pouvons concevoir un premier et un dernier au moyen duquel une totalité (*completudo*) est constituée dans chaque ordre de connaissances. — Dans le rapport de la substance à l'accident, le *substantiel* est ce qui n'est plus accident de quelque autre chose. — Dans le rapport de la cause à l'effet, la cause première est le concept final qui n'est *causé par rien autre*. — Dans le troisième rapport, celui du tout aux parties, le concept final est celui d'un tout qui n'est lui-même partie de rien autre, le concept du *monde*. Ce concept est intellectuel pur, et n'est point arbitraire : il est, au contraire, nécessaire à la raison humaine. Notre raison n'est, en effet, satisfaite qu'autant qu'elle rencontre dans la série des choses une totalité, ou du moins qu'à la condition de pouvoir la concevoir. — Le monde est un *tout substantiel;* un tout d'accident n'est par conséquent pas un monde. Les accidents ne sont pas non plus considérés comme des parties coordonnées (*compartes*) du tout. C'est ainsi, par exemple, que les pensées et les mouvements ne font pas partie de l'homme : ce sont des parties de l'état, mais non du tout. Le tout cosmique n'est donc pas un tout formé de tous les états, mais bien de toutes les substances.

Dans le tout cosmique il faut faire attention à deux choses :

1° A la *matière* ou aux substances;

2° A la *forme*, c'est-à-dire à la composition (*nexus plurium*).

La liaison peut être de deux sortes : *unilatérale* ou *réciproque*.

Il y a union de la première espèce lorsqu'une chose dépend d'une autre, sans que celle-ci dépende à son tour de celle-là. Il y a union de la seconde espèce lorsqu'une chose quelconque en détermine une autre et en est déterminée. Mais les substances ne constituent pas un tout par des liaisons unilatérales, mais bien, au contraire, par des liaisons et des effets réciproques : alors seulement il y a *commerce* (*commercium*). Un commerce est donc nécessaire dans un *composé substantiel* : il est par conséquent la base de la forme de ce composé. — Dieu et le monde ne forment donc pas un tout, parce qu'entre eux il n'y a aucun commerce, aucune action réciproque, mais seulement une action unilatérale. Au contraire, les membres d'un état forment un tout, parce qu'il y a entre eux une action réciproque; mais les citoyens ne forment pas un tout avec le souverain, parce qu'ici l'action n'est qu'unilatérale. Toutes les substances sont donc en commerce dans le monde, et forment ainsi un tout. Un agrégat n'est pas encore un tout : car il n'y a là que pluralité de choses qui ne sont point entre elles dans une liaison réciproque. La différence qu'il y a entre le monde et tout autre composé, c'est que le monde est un tout *substantiel qui ne fait partie d'aucun autre.* — La pluralité qui n'est subordonnée à aucune plus grande s'appelle totalité (*omnitudo*). Tout composé peut être considéré comme un tout, par exemple une pomme. La terre est un tout, mais en même temps aussi une partie d'un tout plus grand encore. Le monde est un tout absolu. Le tout cosmique est différent du tout des états : car tous les changements que présente le monde sont des états, mais le monde est un *tout substantiel.* Nous ne pouvons pas même nous représenter complètement la série des états, parce qu'ils reculent toujours ; mais nous pouvons concevoir ensemble les substances, et c'est déjà alors un tout. Un composé qui n'est pas lui-même partie d'un autre, est donc le monde. Les substances sont considérées comme faisant partie du monde, en tant qu'elles sont entre elles en connexion réelle, et par conséquent en commerce. L'agrégation des substances dans lesquelles il n'y a aucun commerce, ne forme pas encore un monde. La détermination réciproque, la forme du monde comme composé, reposent sur le commerce. Si donc nous concevons des substances sans connexion réelle, sans commerce, telles que chacune d'elles serait indépendante de toutes les autres, il y aurait là, il est vrai, multitude, mais pas encore monde.

La connexion des substances est donc la condition essentielle du monde.

Il se présente ici deux questions à distinguer : 1° Un autre monde outre celui-ci est-il encore possible? 2° Un autre monde que celui-ci est-il possible? — La question : Si plusieurs mondes sont possibles en même temps, n'implique point contradiction. On ne peut pas démontrer *a priori* par le concept de monde son unicité : car, quoique nous disions que le monde est un composé substantiel dans lequel les substances sont en commerce, il en résulte bien que le monde forme un tout qui ne fait pas partie d'un autre; mais il ne répugne pas qu'il y ait encore plusieurs autres touts dans lesquels se rencontre un semblable commerce. — L'unicité du monde ne résulte donc pas de son concept; mais elle peut être établie par une autre raison. En effet, si toutes les choses existent en dehors d'une autre, de telle sorte qu'elles dépendent toutes d'une seule, il doit en résulter que toutes les substances existantes, hormis une seule, sont unies entre elles, et que toutes forment ensemble une unité, parce qu'elles dépendent d'une seule. — Il *résulterait* donc de la cause commune et *d'une cause suprême qu'il n'y a qu'un seul monde*, ce qui sera démontré par la suite. Le concept du monde n'emporte donc pas l'unité du monde.

De la Progression et de la Regression à l'infini.

La *progression* est la continuation de la série en s'éloignant du point de départ (*termino a priori*). La *regression* a lieu en remontant vers ce même point de départ des phénomènes. Plus j'avance dans la série des choses subordonnées, plus je suis en progression ; plus, au contraire, je recule dans cette série, plus je suis en regression. — Notre raison ne peut se faire aucune représentation de la possibilité des choses, à moins d'admettre une cause *première* qui ne soit l'*effet d'aucune autre*. La cause doit être complète et déterminable. Mais si c'est une cause *subalterne*, elle n'est pas complète. Nous ne pouvons avoir aucune cause première et subalterne. — Sans cause première, la série des causes subalternes n'est pas suffisamment déterminée aux yeux de la raison pour qu'elle puisse en tirer l'effet. Cet effet n'est donc pas alors intelligible pour la raison, c'est-à-dire qu'elle ne peut complètement apercevoir comment l'existence d'une chose est possible si elle n'a son fondement que dans des causes subalternes.—Quoique nous ne puissions comprendre la regression à l'infini sans admettre une cause première, nous ne pouvons cependant pas dire qu'elle soit apodictiquement impossible. Nous pouvons dire seulement qu'il nous est impossible de la comprendre sans admettre une cause première. En général, quand nous demandons si une regression à l'infini est possible, n'est-ce pas comme si nous demandions si cette série n'a aucune cause première? L'*infini* est un concept mathématique indiquant une multitude plus grande que tout nombre, multitude qu'il faudrait par conséquent remonter sans fin. Mais cela ne signifie pas qu'il n'y ait pas de cause : cette série ne peut-elle pas toujours, en effet, dépendre d'une cause? Seulement, comme la série dépasse tout nombre, nous ne pouvons pas, en la remontant, arriver jusqu'à la cause. La difficulté est donc dans la question même. On croit apercevoir la progression dans la série des effets; on se représente la possibilité de la *progression à l'infini;* mais cette possibilité a lieu aussi dans la *regression :* car une multitude qui est plus grande que tout nombre n'est pas impossible. — Mais une multitude *infinie* est impossible. On ne peut pas apercevoir l'infinité par l'infinité *dans la série des causes,* ni en conclure une *cause première;* mais on peut la percevoir par la contingence : car le contingent a une cause qui doit être nécessaire et complète : donc la série des effets a pour raison une cause première. — Quand donc nous demandons si le monde *existe de toute éternité*, ce n'est pas la même question que lorsque nous demandons s'il n'a pas de cause, mais bien s'il ne dépend pas de toute éternité d'une cause. C'est donc comme si nous demandions si la regression du monde est infinie, de telle sorte que si nous la remontons, nous ne parvenions pas à la cause, quoiqu'il existe une cause. — La regression à l'infini dans la série des causes sans la cause première, et l'impossibilité de subordonner successivement dans cette série l'effet à la cause et d'atteindre de cette manière une fin, sont donc confondues.

On a souvent confondu la proposition : que nous ne pouvons parvenir à un terme dans la regression successive, avec cette autre : que la série n'a aucune cause, *deux choses* pourtant fort *différentes*. — Nous ne pouvons pas parvenir à un terme, parce que la série est infinie; mais il ne s'ensuit pas qu'il n'y ait pas de cause. L'homme ne peut pas apercevoir d'un seul coup la multitude la plus petite, pas même cinq traits : il est obligé, pour y parvenir, de répéter certains actes; il est obligé d'ajouter successivement une chose à une autre; mais comme cette série est infinie, il n'arrivera jamais à la fin par voie d'addition. Il ne suit pas de là que cette série est possible en soi sans cause. Je puis apercevoir intellectuellement comment Dieu peut concevoir l'éternité : car la cause suprême est la cause complète de la série; elle doit donc la connaître parfaitement. Mais je ne puis l'apercevoir sensiblement, c'est-à-dire au moyen du temps : car on ne peut apercevoir ici complètement qu'au moyen des nombres; et le nombre n'a pas de fin. — Les évènements ont donc une cause première : c'est ce que dit l'entendement. Le monde a donc une cause; mais cette cause ne fait pas partie de la série : elle ne fait donc pas non plus partie du monde. Ce monde peut maintenant être une série finie ou infinie, subordonnée à cette cause. Toujours est-il que les effets qui la composent ont une cause première. Quand donc on demande si le monde a eu un commencement, la question ne doit pas être conçue comme si l'on demandait si le monde a une cause : car il doit en avoir eu une en tous cas; mais il s'agit alors des limites du monde dans le temps (*a parte ante*). Mais nous ne pouvons pas déterminer les limites du monde, non pas parce que nous ne savons pas le faire, mais parce qu'elles sont indéterminables. Il est difficile de concevoir comment un monde aurait pu être de toute éternité; il est impossible aussi de concevoir comment une série qui a eu un commencement peut être cependant infinie. Mais nous nous trouvons dans le même embarras lorsqu'on demande comment Dieu a pu commencer à agir.

De la Fatalité, du Hasard.

Il y a trois propositions à remarquer ici :
1° *Omnia phænomena in mundo non existunt per fatum ;*
2° *Non fiunt per casum ;*
3° *Non connectuntur per saltum.*

Dans l'enchaînement des choses, il y a deux parties qui sont contraires à la raison :
1° L'aveugle nécessité ;
2° L'aveugle hasard.

On appelle aveugle, non-seulement ce qui ne peut pas voir, mais aussi ce qui peut empêcher de voir. L'aveugle nécessité est donc celle qui empêche notre entendement de rien voir. L'aveugle nécessité est *fatalité* ; l'aveugle hasard est le *sort*, l'*éventualité fortuite*, la pure contingence, deux choses qui n'existent pas, parce qu'elles sont contraires à la raison. Les mots *aveugle nécessité* signifient donc que quelque chose ne se fonde ni sur l'essence de la chose, ni sur une autre cause. L'aveugle hasard est un évènement qui est fortuit, et qui est même pure contingence à tous égards. Mais une chose peut être contingente sous un rapport et nécessaire sous un autre; il n'y a que ce qui est contingent à *tous* égards qui soit aveugle hasard. L'être primitif est opposé à l'aveugle nécessité; la cause à l'aveugle hasard. Cette nécessité et ce hasard sont contraires à la raison, parce qu'alors on conçoit des évènements qui n'arrivent pas suivant des lois de l'entendement et de la raison. — Si j'admets un hasard aveugle, c'est-à-dire absolu et contingent à tous égards, c'en est fait alors de toute loi et de tout principe. Si j'admets une nécessité aveugle sans nécessité primitive et déterminée par une cause, cette hypothèse contredit les lois de l'entendement et de la raison. Il n'y a plus alors de jugement possible. La nécessité et le hasard ne sont donc pas un des principes d'explication des évènements : ils ne sont que comme un mol oreiller de l'ignorance, et rendent impossible tout usage de l'entendement. Ils sont incompatibles avec la *nature* et la *liberté*, deux principes d'explication de l'entendement qui supposent essentiellement des lois, et par conséquent intelligence. La fatalité est une aveugle nécessité : on la contredit en dérivant les évènements de la liberté. Mais il est nécessaire que je les dérive soit de la nécessité absolue de la cause suprême, soit d'une nécessité hypothétique, c'est-à-dire de principes de la nature. — Mais la nécessité de la nature ne peut pas servir d'explication pour toute chose : le premier principe de l'existence doit avoir lieu par liberté, parce que la liberté seule peut donner une raison de l'existence. Il en sera question plus longuement dans la *Théologie rationnelle*. — Celui qui rejette toute liberté, et qui admet la nécessité de la nature, affirme le *fatum strictum*; mais celui qui admet la nécessité absolue, qui soutient que tout est absolument nécessaire, celui-là affirme le *fatum spinosisticum*.

Du Saut et de la Loi de Continuité.

Le saut est le passage d'un principe éloigné dans la liaison de plusieurs choses à l'effet de les déterminer, sans passer par les intermédiaires. Le concept de *saut* ne regarde pas seulement des évènements, mais aussi des choses. Il est opposé à la continuité, dont nous devons par conséquent traiter d'abord.

Toute grandeur, ou chaque tout comme grandeur, peut être considéré comme un *quantum continuum* ou comme un *quantum discretum*. Est continu ce en quoi un infiniment petit est possible, mais où l'on ne peut déterminer en soi combien il y a de parties contenues dans le continu. La continuité est donc l'indéterminabilité absolue du nombre des parties contenues dans un tout. Là donc où une partie n'est jamais la plus petite possible, là est la continuité : c'est ainsi, par exemple, que l'espace et le temps sont des *quanta continua*. Il n'y a pas de ligne qui soit la plus petite possible : car les points sont les limites de la ligne. Mais entre deux limites il doit toujours y avoir une ligne : deux points ne peuvent donc pas être immédiatement contigus l'un à l'autre ; mais il doit toujours y avoir un espace entre eux. Il en est de même du temps. Deux clins d'œil sont séparés par un instant, de la même manière qu'une ligne sépare deux points. Tous les clins d'œil sont des positions dans le temps, de même que des points sont des positions dans l'espace. Toutes les parties intermédiaires entre les points sont l'espace même. Toutes les parties intermédiaires entre les clins d'œil sont les parties mêmes du temps. Donc le passage d'un point à un autre ne peut pas avoir lieu subitement ; mais il doit, au contraire, s'opérer d'une manière continue ; c'est-à-dire que si un corps passe d'un point à un autre, il doit traverser les intervalles infinis qui les séparent ;

il doit parcourir tous les lieux intermédiaires qui sont sur la ligne de son passage entre l'un et l'autre de ces points. Si donc quelque chose pouvait passer d'un lieu dans un autre sans parcourir tous les lieux intermédiaires, il y aurait alors *mutatio loci per saltum*. Mais rien ne passe d'un lieu dans un autre immédiatement : tout passage, au contraire, s'effectue à la condition de traverser les parties en nombre infini de l'espace qui séparent le point de départ du point d'arrivée. De plus, rien ne passe d'un état à un autre immédiatement ou *per saltum*. Mais le passage d'un état à un autre n'a lieu qu'à la condition que les choses subissent tous les états intermédiaires. On peut donc dire en général que tout changement est continu. Tout état a deux termes : l'un qu'on appelle le terme *a quo*, et l'autre le terme *ad quem*. Chacun de ces états a son instant particulier. Dans tout passage, la chose qui passe est dans deux instants différents l'un de l'autre. L'instant dans lequel la chose est dans un état, est distinct de l'instant dans lequel elle parvient à un autre état. Mais entre deux instants il y a un temps, de même qu'entre deux points il y a un espace. Donc le passage s'effectue dans le temps : car dans les instants pendant lesquels il a lieu de A en B, se trouve un temps dans lequel il n'est plus en A et pas encore en B : ce temps est celui du changement, du passage. Une chose ne passe donc jamais immédiatement d'un état à un autre : ce n'est, au contraire, qu'en passant par tous les états intermédiaires que le changement d'état d'une chose est possible. Les différences des états ont toutes une quantité, et la continuité consiste dans cette quantité. La cause de la loi de la continuité est le temps. Cette loi de la continuité n'est pas une rêverie métaphysique, mais une loi qui s'étend à toute la nature. C'est ainsi, par exemple, que l'esprit ne passe pas immédiatement des représentations obscures aux représentations claires, mais par toutes les représentations intermédiaires qui sont plus claires que les premières. Cette loi de la continuité est une proposition que *Leibnitz* mit le premier en avant, mais qui n'a été comprise jusqu'ici que d'un petit nombre. Pour la rendre plus facile à saisir, nous l'envisagerons sous un autre point de vue, et nous en ferons diverses applications. Tout phénomène est, comme représentation dans l'esprit, soumis à la forme du sens interne, c'est-à-dire du temps. Toute représentation est telle, que l'esprit la parcourt dans le temps, ce qui veut dire que l'esprit expose le phénomène : toute représentation est donc exponible; par exemple, quand l'esprit a une représentation de la ligne, il en parcourt toutes les parties, exposant ainsi le phénomène. La représentation d'un corps consiste aussi à parcourir toutes les parties de ce corps : c'est encore là l'exposition du phénomène. Nous ne pouvons donc avoir la conscience de l'objet que par l'exposition de l'objet. La cause en est que toutes nos représentations données ont lieu dans le temps. Tous les objets des sens sont exponibles dans notre faculté représentative, c'est-à-dire que nous pouvons déterminer insensiblement notre esprit dans le temps. On dit aussi que l'on parcourt le phénomène lorsqu'on va successivement d'une partie à une autre. D'où il suit qu'il n'y a pas de phénomène ni de partie d'un phénomène donné qui ne puisse être divisé à l'infini. Il n'y a donc rien de simple dans le phénomène, ni quant à sa succession, ni quant à sa diversité : car ce qui est présent ne peut être posé qu'autant que l'esprit le parcourt, et, par le fait, expose le phénomène.

Il s'agit de faire voir maintenant que, d'après ce principe, Aucun phénomène ne se compose de parties absolument simples, tout phénomène est comme une représentation dans le temps : c'est en cela que consiste son exposition. Une partie du phénomène total est exposée dans une partie du temps total. Toute partie du phénomène est donc dans une partie du temps. Mais aucune partie du temps ne consiste dans un instant infiniment petit : une partie du temps est, au contraire, elle-même un temps; tandis qu'un instant infiniment petit, un clin d'œil, n'est que la limite du temps. Une partie du temps compète donc à chaque partie de phénomène : donc aucune partie du phénomène n'est en dehors du temps. Mais comme le temps est divisible à l'infini, il n'est non plus aucune partie du phénomène qui ne soit divisible elle-même à l'infini : car toute partie du phénomène est entre deux limites du temps, qu'il unit en s'étendant de l'une à l'autre. Une partie du phénomène ne peut donc être parcourue en un instant indivisible : car ce qui est compris entre deux limites a lui-même des parties, puisque entre deux instants infiniment petits il y a toujours un temps. Chaque partie du phénomène peut donc à son tour être exposée; il n'y a donc aucun phénomène simple. S'il y en avait un, il devrait être cependant une partie d'un tout; mais comme cette série de phénomènes a un temps, une durée, chaque partie du phénomène a aussi une partie du temps. Mais comme aucune partie du temps n'est simple, aucune partie du phénomène n'est simple non plus. Le passage d'un lieu à un autre, d'un état à un autre, n'étant cependant possible qu'à travers une infinité d'espaces et d'états intermédiaires qui sont tous plus petits que la différence du premier au dernier, deux lieux ne sont pas immédiatement contigus, mais sont séparés l'un de l'autre par une infinité d'espaces intermédiaires. Nul corps ne peut donc changer immédiatement : il doit, au contraire, parcourir tous les changements intermédiaires, qui sont en nombre infini. Aucun état n'en suit immédiatement un autre : car si un corps passe d'un état à un autre, il faut qu'il y ait un instant dans lequel il sorte de l'état précédent, et un instant dans lequel il entre dans l'état suivant. Entre ces deux instants infiniment petits, se trouve un temps dans lequel il n'est ni dans l'un ni dans l'autre de ces états : il est donc alors dans un état intermédiaire, qui est la raison pour laquelle il entre dans l'état suivant. Ce qu'on a dit des changements, qu'ils sont continus, on peut le dire également de la vitesse : nul corps ne se meut immédiatement d'une vitesse uniforme; il doit, au contraire, passer par une infinité de degrés de vitesse, qui sont toujours plus grands, et qui approchent toujours de plus en plus de la vitesse déterminée.

Telle est la première loi de la nature dont la nécessité peut être aperçue *a priori*. Cette loi est le fondement du principe suivant : Aucun corps ne peut passer immédiatement du repos au mouvement, ni du mouvement au repos, sans passer par les degrés infiniment petits du mouvement et du repos : de plus, nul corps ne change immédiatement sa direction sans un intervalle de repos. Un point ne change pas immédiatement sa direction sans un intervalle de repos. La présence dans un lieu pendant un temps est le repos. Si le mouvement est interrompu, le repos a lieu entre deux parties de ce mouvement : donc un corps ne peut changer immédiatement de direction sans qu'il y ait pour lui intervalle de repos. Mais si la direction doit être changée sans cette condition, sa direction doit changer continuellement, ainsi qu'il arrive dans la description d'une ligne courbe ; mais pas lorsque le changement s'opère d'une manière angulaire. Il passe continuellement par les degrés infiniment petits de déviation de la première direction à la suivante. — On observe de plus, en physique, qu'aucun rayon lumineux ne change subitement sa direction (ce que *Newton* a prouvé); mais que ce changement a lieu, au contraire, d'une manière continue. Le rayon lumineux qui tombe sur une glace, se brise en faisant un angle formé par deux droites ; mais il reste quelque temps dans la glace, et alors a lieu ce qu'on a dit précédemment d'un corps qui se meut d'une manière angulaire. Il reste donc quelque temps en repos dans la glace; mais il y resterait toujours si une nouvelle force ne lui imprimait pas une nouvelle direction. — Tout phénomène a donc une quantité, et n'est par conséquent rien de simple. Aucune partie du phénomène, soit interne soit externe, en série ou en agrégat, n'est simple. Tous les phénomènes sont donc exponibles dans le temps. A chaque partie du phénomène compète, dans l'exposition, une partie du temps, de même qu'une totalité de temps compète à tout le phénomène : car chaque partie du temps est elle-même un temps, et chaque partie de l'espace un espace. Point de parties simples dans le temps et dans l'espace. Il y a bien, à la vérité, quelque chose de simple, savoir, le point dans l'espace, et le clin d'œil ou le point dans le temps; mais ce ne sont pas des parties de l'espace et du temps : car, autrement, on pourrait les concevoir avant l'espace et le temps. Mais je conçois maintenant le point dans le temps et le point dans l'espace : ce ne sont donc que des déterminations, et pas des parties de l'espace et du temps. Comme rien de simple n'existe dans le temps, et qu'un temps convient à chaque phénomène, il n'y a rien de simple non plus dans le phénomène, comme il n'y a rien également de simple dans l'espace. Tout corps et toute matière est divisible à l'infini : car toute partie du corps occupe l'intervalle entre deux limites de l'espace, et par conséquent toujours un espace. Mais ce qui est divisible à l'infini, est un *quantum continuum :* donc tout phénomène est un *quantum continuum.*

Des substances ne sont-elles cependant pas simples? Assurément. Mais quand je vois des corps, je ne vois pas des substances, mais bien des phénomènes. Je ne puis absolument pas percevoir les substances. Dieu seul peut percevoir la substance d'une autre chose. Donc ce qui est dans l'espace et dans le temps est divisible à l'infini, c'est-à-dire qu'il n'y a aucune partie dans l'espace et dans le temps qui soit la plus petite possible. La loi de la continuité repose donc sur la continuité de l'espace et du temps. Mais que l'espace et le temps soient des quantités continues, c'est ce qui est prouvé par le fait que le point dans l'espace, et le clin d'œil dans le temps, ne sont pas des parties de l'espace et du temps, mais bien leurs limites. Quoique toute expérience n'ait lieu que par les sens, nous pouvons néanmoins en anticiper les phénomènes par l'entendement et apercevoir *a priori* les conditions des objets.

La *continuité des formes* consiste en ce que, entre un concept *in genere et specie,* l'espèce, et entre une espèce et une autre, se trouvent une infinité d'espèces intermédiaires dont les différences sont de plus en plus petites. C'est ainsi, par exemple, qu'entre un savant et un homme d'un entendement sain il y a une infinité de degrés de savoir qui approchent toujours de plus en plus du savoir qui caractérise le savant proprement dit. C'est la continuité des espèces dans le sens logique. La continuité des formes dans le sens physique est très-différente de la continuité dans le sens logique. La première brille, à la vérité, d'un grand éclat dans la raison, mais pas dans l'exécution. Je trouve bien un passage du règne minéral au règne végétal, passage qui est déjà un commencement de vie. Je le trouve de même du règne végétal au règne animal dans les êtres où l'on remarque différents petits degrés de la vie; mais l'apogée de la vie est la liberté, que je trouve dans l'homme. Si je vais plus loin encore, je me trouve parmi des êtres pensant dans le monde idéal. Or, il s'agit de savoir si ce monde se détermine, ou si la série continue. Si l'on dit que Dieu termine la série, qu'il la clôt, *Voltaire* répond, avec raison, que Dieu ne fait pas partie de la série, mais qu'il l'a *tient;* qu'il est de sa nature complètement distinct de la série, et que si la série pouvait être continuée à l'infini, on ne pourrait cependant pas arriver à des êtres qui seraient très-rapprochés de Dieu, et de ceux-ci à Dieu lui-même. *Voltaire* dit que les hommes peuvent facilement se représenter une telle série, par exemple celle qui s'étend du pape au capucin. Ce ne serait pas là un *quantum continuum*, mais un *quantum discretum*, dont les parties sont déterminables dans l'espace. Si des créatures existent, il doit donc y avoir un intervalle entre une créature et une autre, dans lequel il n'y a pas de créatures intermédiaires à des degrés infinis. La loi physique de la continuité n'est donc que *comparative*.

Des Parties de l'Univers.

Il est très-bon de porter le dogmatique à croire qu'il n'est pas certain de son fait. Une certaine espèce de méthode sceptique est donc nécessaire pour susciter le doute, afin de mieux apercevoir et de mieux trouver la vérité. Quels sont maintenant ces doutes? La première chose qui est parfaitement certaine, c'est que j'existe : je me sens moi-même, je sais certainement que je suis ; mais je ne sais pas avec une égale certitude que d'autres êtres existent hors de moi. J'aperçois bien, il est vrai, des phénomènes ; mais je ne sais pas s'ils ont la même chose pour fondement (ni même s'ils en ont un): car dans les rêves j'ai aussi des représentations et des phénomènes ; et si les rêves n'étaient que l'état ordinaire, si l'on rêvait sans cesse, on pourrait toujours affirmer qu'on est dans un autre monde. Je ne puis donc pas savoir ici quel est le fondement du phénomène. —Celui qui affirme qu'il n'existe aucun être que lui, est un égoïste métaphysique : on ne peut réfuter par démonstration aucun égoïste de cette espèce, par la raison qu'il ne permet pas de conclure des effets à la cause. Ces phénomènes peuvent même avoir pour fondement plusieurs autres causes qui produisent de semblables effets : la possibilité de deux causes du même effet est donc une raison qui empêche de prouver apodictiquement aux égoïstes métaphysiques qu'il existe quelque autre chose qu'eux.

Il est certain qu'il y a des phénomènes ; mais nous ne pouvons savoir *ce qui* leur sert de fondement, par la raison que nos intuitions ne sont pas intellectuelles, mais sensibles. *Nous ne savons rien des choses, si ce n'est seulement la manière dont nous en sommes affectés ; mais nullement ce qui les constitue.*—Celui qui croit que les corps n'ont aucune réalité, qu'ils ne sont que des phénomènes, qu'il n'y a aucun objet véritable des sens, ayant pour fondement une substance réelle, qui par conséquent n'admet que des esprits et pas de substances corporelles : celui-là est un *idéaliste*.

L'égoïsme et l'idéalisme peuvent être admis en philosophie d'une double manière, *problématiquement* et *dogmatiquement*. Dans le premier sens, ce n'est qu'une tentative sceptique pour apprécier la force de la certitude relativement à l'égoïsme touchant l'existence des autres êtres, et de l'idéalisme concernant l'existence des êtres corporels hors de nous ; c'est une recherche sceptique du témoignage de mes sens. Le témoignage du sens intime est certain : je suis ce que je sens et tel que je me perçois immédiatement [1]. Cette proposition a donc une certitude expérimentale ou physique ; mais les sens ne peuvent me donner quelque certitude que quelque chose soit *en dehors de moi :* car les phénomènes peuvent n'être qu'un jeu de mon imagination. —Les sens ne peuvent non plus me donner aucune assurance contre l'idéalisme : car les corps pourraient n'être que la manière dont nous sommes affectés par le phénomène. L'existence des corps n'est pas encore démontrée par le fait de la perception : car un pareil phénomène peut toujours avoir lieu indépendamment des choses. C'est ainsi, par exemple, que la couleur, la chaleur, l'arc-en-ciel, ne sont pas des propriétés des corps, mais seulement la manière dont nous sommes

---

[1] *Ich bin, das fühle ich und schaue mich unmittelbar an.*

affectés par les objets. Les sens ne prouvent que le *mode d'affection* par les phénomènes en moi. L'égoïsme et l'idéalisme sont donc une tentative sceptique dans laquelle *on ne nie pas les choses, bien qu'on enlève aux sens leur certitude.* De ce que les sens ne peuvent donner aucune preuve (ce qui est fort bon en philosophie), on part de là pour distinguer les différentes espèces de recherches. L'entendement peut ajouter quelque chose à la certitude des sens : car si des choses sont changées, il doit y avoir en elles une raison du changement. L'égoïsme et l'idéalisme restent donc des problèmes en philosophie.

Mais l'*égoïsme dogmatique* est un spinosisme caché : *Spinosa* dit qu'il n'y a qu'un seul être, et que tous les autres en sont des modifications. L'*idéalisme dogmatique* est mystique, et peut s'appeler *idéalisme platonique* : je me perçois moi-même, mais je ne perçois les corps que comme ils m'affectent. Cette dernière manière de percevoir ne me fait pas connaître les propriétés des choses, par exemple comment la cire fond par l'action du feu, et comment au contraire l'argile se dessèche. Cette différence tient donc à la manière dont les corps sont affectés ; mais les corps ne sont que de purs phénomènes qui doivent avoir quelque chose pour fondement. Voilà jusqu'où l'on peut aller en philosophie sur cette voie ; si l'on prétend en connaître davantage, on tombe alors dans l'idéalisme mystique, *comme lorsqu'on affirme l'existence d'êtres pensants dont on croit avoir une intuition intellectuelle.* L'intuition n'est, en effet, que sensible, empirique : car les sens seuls perçoivent; l'entendement ne perçoit pas, il réfléchit. L'égoïsme et l'idéalisme dogmatiques doivent être bannis de la philosophie, parce qu'ils n'ont aucune utilité. *Leibnitz* tomba dans l'idéalisme platonique : il disait que le monde est un agrégat de monades, et que sa faculté essentielle est une vertu représentative (*vis repræsentativa*). « Je ne puis, disait-il, me représenter aucune faculté dans les substances comme essentielle, si ce n'est la faculté de penser : toutes les autres ne sont que des modifications; la représentation est donc la seule chose que je puisse reconnaître comme un accident absolu dans les substances. » Puis il ajoutait : « En conséquence, toutes les substances sont des parties simples ou monades qui sont douées de la vertu représentative, et qui se manifestent dans tous les phénomènes. » Mais on a déjà dit que tout phénomène est continu, et qu'aucune partie n'est simple : les corps ne se composent pas de parties simples ni de monades; mais les *composés substantiels* se forment de parties simples lorsqu'ils sont composés par l'entendement. Mais on ne peut ici décider si tous les composés substantiels ont une vertu représentative : le principe qui conduit à un monde *mystique* et *intelligible* est donc en dehors de la philosophie.

Maintenant, si nous venons aux concepts transcendentaux des corps, nous trouvons que ces concepts sont ceux de l'*impénétrabilité* et de l'*étendue*. L'impénétrabilité est la résistance de ce qui est étendu dans l'espace, en tant qu'il est impossible d'occuper la place de l'objet autrement que par l'anéantissement de cet objet même. La présence de cet objet dans l'espace est donc incompatible avec l'occupation de ce même espace par un autre objet corporel.

Il a déjà été question précédemment du point mathématique. La matière résulte de parties simples, et par conséquent n'est pas formée de points. Des *points physiques* sont une contradiction : ils ne peuvent signifier qu'un phénomène simple et immédiat. Tous les points sont mathématiques : ils ne sont pas des parties, mais des déterminations.

Le lieu de toute chose est un point. Si je veux savoir le lieu d'une chose, par exemple de la lune, je suis obligé de le chercher jusque dans un centre qui ne peut pas même être le lieu d'un grain de sable : car autrement on pourrait demander de quel côté du grain de sable est le lieu;

mais le lieu est un point. Par conséquent, l'espace ne se compose pas de points, et la matière se compose moins encore de parties simples.

De la Genèse des Corps.

La liaison des substances constitue l'élément essentiel du concept du monde. L'action mutuelle est la forme du monde. Tout est en réaction dans le monde, et une substance y devient un agent : en sorte que dans chaque tout la réciprocité de l'action est universelle. Une réaction n'est pas toujours une action contraire ou opposée : une action contraire est proprement une résistance ; mais toute réaction n'est pas résistance. Quoique ce soit là une proposition physique vraie, et qu'il puisse être très-bon de se livrer à des considérations de cette nature, cependant elle n'appartient pas à la cosmologie transcendentale : les parties constitutives de l'univers, comme parties premières absolues, sont des parties simples ou des substances. — Nous pouvons admettre des parties premières absolues, tant dans la matière que dans le monde matériel : un tout matériel n'a pas de parties constitutives absolument premières. Les parties premières simples s'appellent éléments ; la nature n'a donc pas d'éléments. Il est vrai cependant que nous appelons dans la matière quelque chose un élément; mais ce n'est que par rapport à la division ou comparativement : car un élément n'est en lui-même encore qu'une matière réelle : seulement, cette matière réelle ne peut être ultérieurement étendue. Ce sont des éléments physiques qui forment la matière même, tandis que des éléments métaphysiques sont simples. La matière n'est possible que parce qu'elle remplit l'espace; toute partie de la matière doit donc remplir un espace, parce que cette partie est entre deux limites. La matière ne résulte donc pas de parties simples; la matière n'est pas non plus une substance, mais seulement un phénomène de la substance. Nous appelons substance ce qu'il y a de permanent dans le phénomène, ce qui sert de fondement à la diversité dans un corps. Et parce que nous retrouvons dans les corps des substances que nous n'appelons de ce nom que par analogie, nous ne pouvons conclure que la matière se compose de parties simples, sous prétexte qu'elle n'est pas considérée comme substance, mais seulement comme phénomène : je ne reconnais d'autre substance que celle qui m'est fournie par l'intuition, et je n'en ai d'autre concept par conséquent que cette intuition elle-même. Nous ne pouvons donc admettre dans la matière des éléments métaphysiques, mais seulement des éléments physiques, éléments qui ne sont tels alors que par analogie, ou parce qu'ils ne peuvent plus être divisés. Les éléments physiques peuvent se distinguer en deux classes, suivant qu'ils sont éléments quant à l'espèce ou quant à l'unité. C'est ainsi qu'une certaine quantité de bière prise d'une plus grande quantité en est un élément quant à l'espèce; mais l'eau ne peut pas se diviser en différentes matières d'espèces diverses.

L'opération qui consiste à distinguer des espèces entre elles s'appelle *division;* tandis que lorsqu'on sépare les différentes parties d'une chose quant à la matière, l'opération s'appelle *partager*. Un atome est cette partie de la matière qui ne peut être partagée par aucune force de la nature. Nous avons admis beaucoup d'atomes semblables. Descartes, parmi les modernes, a reconnu ces sortes d'atomes : il disait que si ces corps primitifs ou ces parties constitutives de chaque matière pouvaient toujours être divisés ultérieurement, aucune espèce ne serait constante, et qu'alors de la cendre pourrait provenir de l'eau; mais, comme chaque espèce est formée de parties spéciales particulières, il doit y avoir certaines parties primitives. L'explication des corps tient aux propriétés du temps, de l'espace et du mouvement. Les propriétés générales des corps sont l'impénétrabilité, la composition et la forme. Ces propriétés sont le principe de toute explication physique des corps : si cette explication a lieu en partant de ces propriétés générales, elle est alors *mécanique;* si elle a lieu, au contraire, en partant des forces de la nature, forces que nous n'apercevons pas, mais que l'expérience nous enseigne, elle est alors *physique* ou *dynamique*, comme, par exemple, lorsqu'on explique la dissolution de l'œil d'écrevisse par l'acide citrique. Si, au contraire, nous expliquons le même phénomène par des atomes communiqués, l'explication est alors mécanique. *Newton* fut le premier qui rejeta l'explication mécanique, et tenta celle par des forces physiques : il attribua à la matière une force d'*attraction* qui en fait le fondement essentiel et primitif, mais qui ne dépend pas de la forme de la matière; mais le mode d'explication mécanique doit cependant toujours précéder : on doit d'abord l'essayer, et chercher à expliquer la communication du mouvement sans admettre aucune force.

Il ne faut admettre une force principe ou fondamentale qu'à la condition de ne pas pouvoir faire autrement : *l'admission des forces fondamentales particulières des phénomènes est un coup de désespoir en philosophie*. On appelle *qualité occulte* une force primitive admise sans qu'on s'en fasse une idée, par exemple l'*horror vacui* des anciens. Vous attribuez donc à la matière un *désir* et une *aversion*. C'est ainsi que souvent la raison a joué avec un mot quand elle croyait admettre un principe. Il faut, plutôt que de faire ainsi, expliquer les phénomènes mécaniquement. Ceux qui expliquent *physiquement*, admettent des forces fondamentales; ceux qui expliquent *métaphysiquement*, admettent un mouvement primitif et une force fondamentale de la matière première, comme le faisait Epicure : il se représentait ces atomes en mouvement, atomes qui seraient tombés tous d'une chute éternelle si, par suite d'un léger mouvement de déclinaison, ils n'avaient pas fini par se rencontrer. Du reste, Epicure ne dit pas comment il savait que la chose s'était passée ainsi. C'est par suite de cette rencontre qu'il se formait, suivant lui, des agrégats de formes différentes; des animaux, des hommes, etc. Ceux qui expliquaient le phénomène mécaniquement admettaient le mouvement ou les parties des corps comme principes. La meilleure explication de tous les phénomènes des corps est l'explication physico-mécanique. A cette explication est opposée la *pneumatique*, à laquelle on ne doit pas avoir recours sans nécessité dans le monde corporel.

De la Nature des Corps.

Le premier principe interne, ce qui appartient à la réalité de la chose, est ce qu'on appelle sa *nature* ; mais ce qui appartient à la possibilité et au concept de la chose en est l'*essence*. Un triangle n'a pas de nature : car il n'est pas une réalité, mais seulement une forme ; il n'y a donc aucune nature dans toute la géométrie. Ce par quoi Dieu se distingue de tout, par exemple la nécessité de sa nature, l'immuabilité, l'impassibilité, fait partie de son essence divine, ou du concept que nous en avons. L'essence du corps est ce qui appartient à son concept ; mais la nature du corps est ce par quoi tous les phénomènes peuvent être expliqués. Le général de la nature des corps, ce qui contient le principe de tous les phénomènes, se réduit à un très-petit nombre d'attributs : c'est l'impénétrabilité, la composition et la forme. La nature du corps ne contient donc rien que ce qui peut être dérivé du concept même de corps. C'est moins ici le lieu d'en traiter qu'en physique.

De la Perfection du Monde.

Il ne peut pas encore être ici question du meilleur des mondes possibles, par la raison que nous n'avons encore aucun concept des fins : il ne s'agit donc ici que de la perfection métaphysique, perfection qui consiste dans la réalité. Il y a réalité lorsqu'une chose est parfaite comme telle. Une chose réelle est quelque chose de positif, mais aussi avec des négations. La perfection métaphysique consiste donc dans le degré de la réalité. Le monde le plus parfait est donc, dans le sens métaphysique, celui qui a le plus haut degré de la réalité dont un monde soit susceptible, c'est-à-dire le plus haut degré de réalité possible. Si donc nous concevons toutes les réalités qui peuvent compéter au monde, nous avons alors le monde le plus parfait ou le plus réel; mais le monde le plus parfait n'est pas encore l'être le plus réel (*ens realissimum*). Le monde est un tout formé de substances réciproquement unies et formant ainsi une unité, un tout; tout composé de substances contingentes, puisqu'elles se déterminent réciproquement, et que l'une limite l'autre. D'où il suit que le monde le plus parfait de tous n'est encore cependant qu'un tout de substances contingentes, qu'un tout qui a plus de perfection que n'en peut avoir toute autre chose.

Du Commerce des Substances (*vom Commercio der Substanzen*).

La substance primitive (*Urwesen*) du monde est, à la vérité, en liaison avec les choses du monde, mais elle ne leur est point identique; c'est-à-dire qu'elle ne leur est point unie de manière à faire avec elles partie d'un tout : son rapport avec elles n'est que celui de la dérivation. La substance (*Wesen*) du monde n'appartient donc pas au monde comme à un tout, puisqu'il y a dans un tout une détermination réciproque entre les parties, et que la substance primitive est indéterminable. — Dans un tout quelconque il y a liaison et composition des parties. Les substances du monde sont donc dans un *rapport passif réciproque*, c'est-à-dire dans un état de commerce tel que l'état de l'une dépend de l'état de l'autre, tel que l'une détermine l'autre, et en est à son tour déterminée. Mais entre Dieu et le monde, un semblable commerce n'existe pas; car Dieu ne reçoit rien du monde.

Mais comment un commerce est-il possible dans un tout en général? Cette question est la même, en d'autres termes, que la première : car un monde n'est pas seulement un agrégat de substances ; le commerce seul des substances forme un monde. Mais la simple existence des substances ne constitue encore aucun commerce ; il faut, en outre, un principe par lequel le commerce puisse exister. — Si donc toutes les substances existaient nécessairement, elles ne seraient point en commerce entre elles : car chacune existerait en soi et pour elle-même, comme si aucune autre n'existait ; son existence serait absolument indépendante de celle des autres, et par conséquent sans aucun commerce avec elles : donc des substances absolument nécessaires sont sans commerce. A supposer qu'il y eût deux dieux qui eussent créé chacun un monde, le monde de l'un ne pourrait être en commerce avec le monde de l'autre ; mais chacun d'eux devrait subsister pour lui-même. Aucun rapport entre eux ne serait possible ; et c'est par cette raison aussi que deux dieux n'existent pas. Mais on pourrait dire que nous nous représentons toutes les choses dans l'espace, et que, par le fait qu'elles sont dans un espace unique, elles doivent déjà être en commerce entre elles : car exister dans l'espace, ce n'est pas simplement exister ; exister ainsi signifie déjà être en commerce, puisque l'espace est un phénomène de la liaison universelle du monde, liaison qui donne naissance à un véritable principe.

Le *commerce* peut être ou

1° *Originaire*, ou

2° *Dérivé*.

Le commerce est originaire, s'il se fonde déjà sur l'existence des substances. Or, on a déjà vu qu'aucun commerce ne peut résulter de la simple existence. Affirmer cet enchaînement des substances sans aucun principe, mais simplement parce qu'elles existent, c'est ce que la philosophie de Wolff appelait dans un sens grossier *influxum physicum*, qui mériterait plutôt l'épithète de *cœcum*. — L'espace se moquerait de nous si nous l'interrogions sur ce point. Il nous répondrait sans doute : Les choses qui sont déjà de telle manière doivent déjà être ainsi; mais il n'y a là aucune nécessité en soi. Il n'y a donc aucun commerce *originaire*.

Le commerce est dérivé si un troisième principe, outre l'existence des substances, est nécessaire. Un pareil commerce peut être de deux sortes : par *influxum physicum* et par *infl. hyperphysicum*. Mais nous devons distinguer ici l'*influx physique* de l'*influx physique originaire* dans un sens plus grossier. Ce dernier est l'*influx physique dérivé* qui se rapporte aux lois de la nature, quel qu'en soit, du reste, le fondement. Mais l'*influx hyper-*

physique a lieu suivant des lois qui sont posées par un autre être. On pourrait demander ici sous quelles conditions les substances influent originairement. Comme une influence originaire des substances a lieu sans l'entremise d'une troisième, aucune substance ne peut influer originairement sur d'autres que sur celles dont elle-même est une cause : par exemple, l'influence de Dieu sur le monde, l'influence du Créateur sur la créature, n'est donc possible qu'originairement. Mais l'influence des substances dont aucun autre être n'est la cause, ne peut avoir lieu entre elles originairement; donc des substances indépendantes les unes des autres n'exercent point entre elles une influence originelle, mais bien au moyen d'une troisième substance d'où elles procèdent toutes : car alors leurs principes se fondent tous sur un principe unique.

Partout donc où il existe un commerce, là n'est pas seulement une influence, mais bien encore une influence réciproque : alors une substance ne peut pas influer sur l'autre originairement, puisque l'une n'est pas réciproquement cause de l'autre, ce qui serait absurde. En fait maintenant, comme il y a un commerce dans chaque monde, ce commerce doit être dérivé. Le commerce des substances tient donc à ce qu'elles existent toutes par l'efficace d'une seule :

de là l'unité de la diversité des substances, et le tout qu'elles forment ensemble.

Toutes les substances nécessaires sont *isolées* (ne sont pas dans le même espace; chacune d'elles occupe un espace différent : car l'espace unit déjà) : elles ont une existence indépendante, ou qui ne relève que d'elles-mêmes. Le commerce n'est donc pas possible par l'espace, mais par la raison seule que toutes les substances sont l'effet d'une seule, et en dépendent : car autrement, celles qui dépendent d'une autre substance ne seraient pas en commerce entre elles. Tout monde suppose donc un être primitif : car il n'y a de commerce possible qu'à la condition que les substances qui le forment soient l'effet d'une seule. L'espace est, comme phénomène, le lien infini des substances entre elles. Nous n'apercevons par l'entendement que celui de leurs liens en vertu duquel elles sont toutes dans la Divinité. Telle est l'unique raison qui nous fait apercevoir par l'entendement la liaison des substances, en tant que nous percevons les substances comme ayant leur raison dernière et commune dans la Divinité. Si nous nous représentons cette liaison d'une manière *sensible*, nous ne pouvons le faire qu'au moyen de l'espace. L'espace est donc la condition suprême de la *possibilité* de la liaison. Si donc nous nous représentons sensiblement la liaison des substances, liaison qui consiste en ce que Dieu est présent dans toutes les choses, nous pouvons dire alors que *l'espace est le phénomène de la présence* divine. —Maintenant, pour mieux apercevoir les *systèmes d'explication du commerce des choses*, il faut remarquer que le commerce dérivé, qui repose sur un troisième être, a lieu ou par *influence physique*, ou par *influence hyperphysique*. L'influx physique a lieu suivant des lois générales de la nature des choses. L'influx hyperphysique n'a pas lieu suivant des lois générales, mais bien suivant des déterminations générales de l'être para-cosmique. Si tous les membres du corps humain se meuvent suivant des lois générales à la suite de la volonté, il y a influx physique; mais si un troisième être met le pied en mouvement par suite de la volonté que nous avons de le mouvoir, alors l'influx est hyperphysique. Cet influx est de deux sortes : *automatique* ou *occasionel*. Il y a *harmonie automatique* (car alors il n'y a plus commerce, mais harmonie), si la cause suprême a dû préordonner, pour chaque cas particulier, un accord; cet accord ne reposerait par conséquent pas sur des lois générales, mais sur une organisation originelle que Dieu aurait mise dans la machine du monde : par exemple, si une machine qui jouerait de la flûte avait été organisée de telle sorte qu'elle ne pût accompagner que la partie que je joue; mais que si je jouais une nouvelle partie, il lui fallût aussi une nouvelle préordination.

Mais si je dis que la raison ou la cause n'a pas été prédéterminée dès le commencement de manière à ce que Dieu produise continuellement l'effet à chaque évènement du monde, l'influx hyperphysique serait alors *occasionel*. Ces deux influx sont hyperphysiques. On appelle aussi l'harmonie automatique harmonie *préétablie*, et harmonie *occasionelle*. *Leibnitz* était pour le premier principe, *Descartes* pour le second. Les deux commerces, en tant qu'ils sont hyperphysiques, ne donnent qu'un *nexus idéal*, et le commerce serait alors lui-même idéal. Mais le monde est un tout; le commerce doit donc être *réel*. En conséquence, il ne peut y avoir d'autre système d'explication du commerce des substances, que celui par influence, des substances ne pouvant être liées réellement (*in nexu reali*) que par influence; et cette influence est *physique*, mais dérivée. Ce n'est là que la traduction de l'idée juste que les substances, puisqu'elles émanent toutes d'un seul principe, forment une unité de la substance et de la diversité du changement : c'est un rapport suivant des lois universelles nécessaires. Il y a donc deux choses à remarquer dans cet influx : que ce n'est point un *nexus cœcus*, ni un *nexus hyperphysicus;* et que la représentation de la liaison mutuelle des substances consiste en ce qu'elles sont toutes *permanentes*, puisqu'elles sont toutes en vertu d'un seul principe. Le concept de l'unité du monde se fonde donc sur l'unité de l'essence première ; si cette unité est aperçue dans la Théologie naturelle, alors l'unité du monde en découlera nécessairement.

Du Naturel et du Surnaturel.

On entend par nature la raison interne première de ce qui appartient à la réalité de la chose. L'essence est, au contraire, le premier principe de la possibilité de la chose. Toutes les choses, toutes les substances ont une nature. On doit distinguer la nature en nature particulière d'une chose, et en nature universelle. La nature particulière est le premier principe d'où résulte ce qui convient à la chose : par exemple, la nature du corps est ce qui convient au corps comme tel. Autant il y a de choses, autant aussi il y a de natures. Ce qui fait partie de l'accident des substances est attribué à leur nature ; mais l'essence concerne le prédicat logique, qui fait partie du concept de la chose. Les différentes natures constituent la nature totale, la nature universelle, l'unité du monde. La nature universelle est l'unité du monde, que l'on appelle aussi *nature en général*. Mais la somme des natures particulières et la nature de toutes les parties ne forment pas encore la nature universelle, il faut de plus la liaison.

Au naturel est opposé : le *contre nature*, le *surnaturel* et le *non-naturel*. — Est *naturel* ce qui peut être expliqué par la nature particulière de la chose, et par la nature universelle. — Est *contre nature* ce qui ne découle pas de la nature déterminée d'une chose. — Est *non-naturel* ce qui contredit la nature particulière de la chose. — Est *surnaturel* ce qui ne peut pas être expliqué par la nature universelle, mais dont le principe doit être cherché dans un être para-cosmique. La cause du contre-naturel est cherchée dans la nature universelle. Le *cours* de la nature est la série des changements des évènements. L'ordre de la nature est cette même série des changements, mais en tant qu'ils sont soumis à une règle universelle. Le cours de la nature est différent de l'ordre de la nature : *le cours de la nature peut être connu empiriquement ; mais l'ordre de la nature est perçu par l'entendement lorsqu'il conçoit la loi qui régit le monde.* Le cours de la nature est toujours un ordre de la nature : car en tant que les évènements se succèdent naturellement, ils ont dans la nature des choses un principe dont ils résultent. Toute nature a des lois. Les lois sont des formules générales au moyen desquelles le divers est connu par le principe général : car la formule *est la règle de l'ordre*. Nous pouvons concevoir que le cours de la nature peut être interrompu, si quelque chose de surnaturel est interposé parmi les changements divers qui résultent de la nature du monde. Le surnaturel, dans la série de l'ordre, interrompt le cours et l'ordonnance de la nature.

Des évènements s'accomplissent dans le temps; mais le temps est dans le monde. Le commencement de la nature n'est que la condition sous laquelle les évènements peuvent arriver dans le monde. *La création n'est donc pas un évènement, mais seulement ce par quoi les évènements arrivent.* C'est donc une action surnaturelle qui n'appartient pas au cours du monde : elle est de l'ordre du surnaturel qui interrompt le cours de la nature.

Des Miracles.

Un miracle est un évènement dans le monde, qui n'a pas lieu suivant l'ordre de la nature. Le mot *miracle* doit indiquer un évènement qui n'arrive pas conformément à la nature connue, quoiqu'il puisse être conforme à un ordre supérieur. Nous ne nous étonnons de ce qui arrive, qu'autant qu'il n'est pas ordinaire. Si des évènements surnaturels étaient ordinaires, personne n'en serait surpris et ne s'en étonnerait. L'étonnement a donc lieu lorsque quelque chose arrive contrairement à l'ordre connu de la nature. Mais ici nous ne faisons pas attention à l'ordre connu de la nature : nous admettons seulement un évènement qui est en soi miraculeux. — Les miracles sont opposés aux évènements naturels. Nous observons, dans les miracles, qu'ils peuvent arriver *par les forces de la nature*, et c'est ce qu'on appelle la *matière* du miracle. La *forme* du miracle consiste en ce que l'évènement découle de ces forces de la nature *suivant l'ordre des choses*. La cause du miracle n'est donc point simplement dans la matière, mais aussi dans la forme. Les miracles sont donc de deux sortes, les uns *matériels*, les autres *formels*.

Les *matériels* sont ceux dans lesquels la cause de l'évènement n'est pas naturelle ; les *formels*, ceux dans lesquels la détermination de la cause n'a pas lieu suivant l'ordre de la nature, quoique la cause soit dans la nature. Les matériels sont ceux dont on ne trouve pas la force dans la nature ; les formels, ceux dont on trouve bien les forces dans la nature, mais dont la détermination des forces pour l'évènement n'a pas lieu suivant le cours de la nature. Quelque chose peut donc être fondé dans la nature *quoad materiam*, mais non *quoad formam*. L'essentiel du miracle repose donc sur la forme, sur la détermination de l'ordre de la nature. Par-là se trouve rabattue la présomption d'un grand nombre de théologiens qui s'efforcent d'expliquer les miracles en partie naturellement, et d'en rechercher les forces dans la nature, sans pourtant que le miracle en soit plus petit : car si ce doit être un miracle, il n'est pas nécessaire de s'embarrasser des causes médiates. Dieu n'a pas besoin de moyen naturel pour le produire. La *détermination* de ce moyen naturel n'est pas dans la nature, et c'est précisément ce qui caractérise le miracle, par exemple lorsqu'on explique la défaite de Sennachérib par l'ange (on entend par un ange toute action divine, toute exécution des desseins de Dieu) au moyen d'un vent mortel. Le vent est bien un moyen naturel ; mais le miracle consiste en ce que le vent a dû souffler précisément en ce moment sur l'armée de Sennachérib. On cherche à expliquer aussi le passage des enfants d'Israël au travers de la Mer Rouge, en disant que le vent avait découvert une partie du fond de la Mer Rouge, l'avait mis à sec, en sorte que les Israélites purent la traverser. La cause est bien ici dans la nature ; mais il n'est pourtant pas dans l'ordre de la nature qu'un vent doive souffler lorsqu'un peuple est pressé par un roi étranger : il faut donc qu'il soit soumis à une direction particulière. Un miracle formel n'en est pas moins un qu'un miracle matériel.

On divise encore les miracles formels en *préétablis* et en *occasionels*. Un miracle est préétabli si son principe est entré dans l'organisation du monde, de telle sorte que la cause ne produise pas un effet dans des circonstances particulières suivant des lois générales : par exemple, si Dieu avait arrangé les choses dès le commencement du monde de telle manière que le vent ait dû souffler sur la Mer Rouge au moment même du passage des Israélites, ou s'il l'avait créé à l'occasion de ce passage. Les prétextes pour se refuser à regarder les miracles comme formels et comme préétablis ne sont donc qu'illusoires : l'usage de la raison n'est pas plus interverti par-là que par les miracles matériels. Cet usage exige que nous concevions une nature, c'est-à-dire un principe du monde d'où découlent, suivant des règles générales, les déterminations du monde : l'usage de la raison a donc lieu en tant qu'il existe une nature et un ordre de cette nature; l'ordre est donc l'unique condition de l'usage de la raison. L'entendement admet comme une hypothèse nécessaire que tous les phénomènes arrivent suivant des règles. Tout renversement de la nature est donc aussi une sorte de renversement de l'entendement. Mais des miracles ne sont pas impossibles en soi : car l'ordre des choses n'est admis par nous qu'à titre d'hypothèse nécessaire pour la conduite de l'entendement et de la raison. Toutefois, des miracles ne doivent être reconnus que *dans le cas de l'extrême nécessité. Ce cas est celui où il faudrait autrement renoncer à l'usage de notre raison.* On ne doit donc reconnaître des miracles que dans le cas où l'on est autorisé à suspendre l'usage de la raison dans la nature. — La condition sous laquelle il est permis de les admettre est donc celle-ci, que le cours de la nature ne s'accorde pas avec les lois morales. Il y a donc alors imperfection dans le cours de la nature : elle ne s'accorde pas avec les conditions qui devraient concourir comme principe déterminant à l'accomplissement des lois morales. Des miracles sont possibles alors pour suppléer à cette imperfection; mais si nous n'admettons pas des miracles par cette raison, nous ne pouvons pas espérer qu'un jour la nature s'accorde avec la moralité. Mais la moralité suprême est une union avec l'Etre Suprême. Si donc il est un cas tel qu'il ne puisse pas être reconnu par l'ordre naturel, mais qu'il se rapporte au but de la moralité, il est permis alors d'admettre des miracles : si tel est le but de l'Evangile du Christ, l'admission des miracles est alors permise.

Des miracles peuvent être ou *rigoureux* ou *comparatifs*. — *Miraculum rigorosum est eventus supernaturalis quatenus interrumpit ordinem naturæ.* Un miracle comparatif a lieu lorsqu'un évènement est à la vérité naturel par rapport à l'ensemble de la nature, mais sans qu'il puisse être reconnu d'après la nature telle qu'on la connaît. C'est de cette manière qu'on explique tout ce qui concerne l'influence des esprits : ce fait est sans doute possible d'après l'ensemble de la nature, mais il dépasse les limites de notre entendement, puisque nous ne connaissons pas plus la nature des esprits que celle de Dieu. Suivant la maxime de la raison, il est donc indifférent d'admettre que quelque chose arrive par des esprits ou par l'Etre Suprême, puisque nous ne connaissons pas l'essence de ces deux sortes d'êtres. Si cependant nous admettons des miracles, il vaut mieux les considérer comme produits par l'Etre Suprême que par les esprits.

En général, nous n'y sommes point autorisés : c'est une témérité de sortir de la voie que Dieu a tracée à notre entendement; nous devons rechercher les causes secondes, et ne pas tout attribuer à la direction divine. Qui nous a commandé d'attribuer tout immédiatement à Dieu? A la vérité, tout y revient en dernière analyse, mais nous devons rester pourtant dans le cercle où nous avons été placés : il y a peu de sagesse et de piété à vouloir découvrir les secrets de Dieu. —Les miracles doivent être *rares*, c'est ce qu'un grand nombre de théologiens cherchent à établir; mais le mot *rare* est employé ici dans un sens indéterminé : car on ne sait pas par-là si dix miracles par an, par exemple, seraient rares ou nombreux. On ne peut donc démontrer la chose objectivement par l'entendement, mais d'après des principes subjectifs : car l'entendement doit avoir des règles et se conduire en conséquence. Or, des règles et des principes peuvent être trouvés par l'expérience lorsque nous voyons que certains évènements s'accordent généralement entre eux sous quelques rapports; par conséquent toute exception à l'évènement fait disparaître la règle. Si donc il arrive souvent des exceptions aux règles, elles détruisent l'usage des règles, et par conséquent aussi celui de la raison. — Mais des exceptions ne doivent pas être plus nombreuses que les cas de l'accord avec les règles; car autrement elles deviendraient des règles elles-mêmes, et ne seraient plus des exceptions : donc des exceptions ne doivent être que rares. Il n'y a non plus de miracles que parce qu'il y a un ordre de la nature : s'il n'y avait pas un ordre de la nature, il ne pourrait être interverti par les faits que l'on appelle miraculeux. Mais pour qu'un ordre existe, des évènements doivent s'accorder dans un certain rapport suivant des lois générales, et les miracles ne peuvent être considérés que comme une exception à l'ordre et à la règle; la raison d'admettre la rareté des miracles tient donc à l'usage de l'entendement.

Il y a deux sortes de tournures d'esprit par rapport aux miracles : ceux qui, sans nier les miracles, les admettent difficilement; les autres qui sont très-portés à en admettre. La cause de ces dispositions tient à l'usage de la raison. Celui qui a l'habitude de se servir de sa raison, est difficile en fait de miracles; tandis que celui qui n'en fait pas usage, les admet très-volontiers : car alors il n'éprouve pas le besoin de réfléchir, et n'est pas aussi prudent que l'autre. On est plus disposé à croire aux miracles des temps anciens qu'aux miracles contemporains, quoiqu'on ne puisse pas démontrer pourquoi des miracles n'auraient pas aussi bien lieu maintenant qu'autrefois. La cause en est que les miracles des temps passés ne troublent pas l'usage actuel de la raison; mais nous ne devons pas croire non plus des anciens qu'ils aient renversé l'usage de leur entendement en admettant mal à propos des miracles : ils doivent s'en être servis comme nous. Nous ne devons donc pas trouver mauvais que quelqu'un cherche à donner une explication des miracles, à la condition toutefois que la morale n'en souffre pas.

PSYCHOLOGIE.

Notions préliminaires.

Dans les parties précédentes de la Métaphysique, on a traité de la nature en général, et les objets ont été considérés en général encore. Ainsi entendue, la nature comprend l'ensemble de tous les principes internes, et de tout ce qui appartient à l'existence de la chose. Mais quand on parle de la nature d'une manière générale, il n'est question que de la forme; et alors le mot nature ne désigne aucun objet, mais seulement la manière *dont* l'objet existe. — La nature est dans l'existence, ce que la substance est dans le concept. Dans la Cosmologie, il a été question de la nature de chaque chose en général, de la nature du monde, ou de la nature dans le sens général, où ce mot signifie l'ensemble de toutes les natures ; et alors la nature est l'ensemble de tous les objets qui frappent nos sens. Cette connaissance des objets des sens est la *Physiologie*. Tout ce qui n'est pas un objet sensible est donc au-dessus de la nature, hyperphysique. L'ensemble de tous les objets qui frappent les sens constitue donc la nature ; et la connaissance de cette nature est la physiologie. Cette connaissance de la nature ou physiologie peut être de deux sortes : *empirique* et *rationnelle*. Mais cette division de la physiologie ne regarde que la forme. — La physiologie *empirique* est la connaissance des objets sensibles, en tant qu'elle est puisée dans les principes de l'expérience. La physiologie *rationnelle* est la connaissance des objets, en tant qu'elle n'est pas prise de l'expérience, mais d'un concept rationnel. L'*objet* est toujours un objet des sens et de l'expérience ; seulement la *connaissance* ne peut en être obtenue que par des concepts purs de la raison : car c'est par-là que la physiologie se distingue de la philosophie transcendentale, dans laquelle aussi l'objet n'est pas emprunté de l'expérience, mais d'une raison. La divisibilité d'un corps à l'infini, par exemple, appartient à la *physiologie rationnelle :* car le concept d'un tout matériel fait partie de celui de corps. Mais la matière occupe un espace, et l'espace est divisible à l'infini : il en est de même de tout phénomène dans l'espace. La notion de matière suppose, en outre, un certain manque de vie (*vis inertiæ*), qui distingue les choses matérielles des êtres pensants. Un objet matériel ne peut donc se mouvoir qu'autant qu'il est poussé par une force étrangère. Tout cela fait partie de la *physiologie rationnelle*. En général, on peut tirer toute la mécanique du concept de corps. Mais l'attraction mutuelle des corps, leur pesanteur, leur fluidité, ne peuvent être connus que par l'expérience : tout cela fait donc partie de la *physiologie empirique*. Mais la physiologie peut aussi être divisée quant à l'objet ou la matière. Comme la physiologie est une connaissance des objets sensibles, on en saisira facilement la *division*, si on fait attention que l'on a deux sortes de sens, c'est-à-dire un sens *externe*, et un sens *interne*. Il y a donc une physiologie des objets perceptibles aux sens *externes*, et une physiologie des objets du sens *interne*. La physiologie du sens externe est la *Physique*, et la physiologie du sens interne est la *Psychologie*. Ces deux parties, aussi bien la physique que la psychologie, peuvent, d'après la division précédente, être envisagées sous deux points de vue quant à la forme : empiriquement et rationnellement. Il y a donc une physique et une psychologie empiriques et rationnelles. La détermination générale de l'action, ou le caractère général de l'objet du sens interne, est la *pensée ;* le caractère général de l'objet du sens externe est le *mouvement.* Dans la *psychologie générale* on traite donc de la substance pensante en général, et c'est la *Pneumatologie.* Mais dans la *psychologie spéciale* on traite du *sujet* pensant que nous connaissons, et qui est notre *ame.* De même, on traite dans la *physique générale* des objets du sens externe ou des corps en général ; et dans la *physique spéciale,* on traite des corps que nous connaissons. La *psychologie empirique est la connaissance des objets du sens interne, en tant qu'elle résulte de l'expérience.* La *physique empirique* est la connaissance des objets du sens externe, en tant qu'elle dépend de l'expérience. La psychologie rationnelle est *la connaissance des objets du sens interne, en tant qu'elle est empruntée à la pure raison.* — La physique empirique n'appartient *pas plus* à la métaphysique, *que la psychologie empirique n'appartient à la métaphysique :* car la science de l'expérience du sens interne est la connaissance des phénomènes du sens interne, comme les corps sont les phénomènes du sens externe. Ce qui a lieu dans la psychologie empirique se rencontre donc aussi dans la physique empirique ; seulement, dans la psychologie empirique, la matière est donnée par le sens interne, et dans la physique empirique par le sens externe : toutes deux sont donc des sciences d'expérience.

La métaphysique se distingue de la physique et de toutes les sciences expérimentales, en ce qu'elle est une science de la raison pure, tandis qu'au contraire la physique emprunte ses *principes* de l'expérience. Il est très-bon de fixer les limites des sciences, et de reconnaître le fondement des divisions, pour avoir un système : car sans cela on n'est jamais qu'un écolier, et l'on ne sait pas comment la science, la psychologie par exemple, rentre dans la métaphysique, et s'il ne serait pas possible que plusieurs sciences pussent y être rapportées. On voit donc que la psychologie rationnelle et la physique rationnelle appartiennent réellement à la métaphysique, parce que leurs principes sont pris de la pure raison; mais la psychologie empirique et la physique empirique ne lui appartiennent pas.

Si la *psychologie empirique* a été placée dans la métaphysique, c'est qu'on n'a jamais bien su ce que c'était que la métaphysique, quoiqu'elle occupe l'esprit humain depuis si long-temps. On ne savait pas en fixer les limites : c'est pourquoi l'on y a fait entrer bien des choses qui ne lui appartiennent pas : ce qui tenait à la définition de cette science, à laquelle on donnait pour objet

« les premiers principes de la connaissance hu-
» maine, » ce qui ne limite rien : car en toutes
choses il y a toujours un *aliquid primum*. La seconde raison de ce fait, c'est que la science expérimentale des phénomènes de l'ame ne rentre
dans aucun système, de sorte qu'elle aurait dû
constituer une branche d'enseignement académique particulière. Si elle avait été aussi grande
que la physique empirique, alors son étendue
l'aurait fait distinguer de la métaphysique. Mais
comme son domaine est peu considérable, et
qu'on ne voulait pas l'omettre entièrement, on l'a
glissée dans la métaphysique, en la joignant à la
psychologie rationnelle; et l'usage ne se laisse
pas abolir facilement. Mais aujourd'hui, elle
prend déjà beaucoup d'extension; et bientôt elle
parviendra peut-être à un aussi grand développement que la physique empirique. *Elle mérite aussi
d'être enseignée d'une manière non moins spéciale
que la physique empirique :* car la connaissance de
l'homme ne le cède en rien à la connaissance des
corps; elle est de beaucoup préférable à celle-ci
pour sa dignité. Si l'on en fait une science académique, elle pourra prendre toute son extension : car un professeur d'académie a plus de
pratique dans les sciences qu'un savant appartenant à un corps libre. Le premier en aperçoit
plutôt les lacunes et les obscurités par l'expo-

sition publique qu'il en fait, et se trouve appelé dans des leçons ultérieures, à mieux faire que dans les précédentes. *On fera donc, avec le temps, pour connaître les hommes, des voyages semblables à ceux qu'on a faits pour apprendre à connaître les plantes et les animaux.* La psychologie est donc une physiologie du sens interne, ou de la substance pensante ; de même que la physique est une physiologie du sens externe, ou des substances corporelles. Je puis étudier les phénomènes internes sous le point de vue des concepts, et je fais alors de la psychologie rationnelle ; ou sous le point de vue de l'expérience, laquelle est en partie interne ou en moi-même, en partie extérieure ou dans les autres natures, expérience que je reconnais à l'analogie avec celle dont les faits me sont personnels, et je fais alors de la psychologie empirique. La psychologie empirique a donc pour objet la connaissance expérimentale des natures pensantes. Le *substratum* qui réside au fond de ces natures, et qui est révélé par la conscience du sens interne, est le *concept de moi*, qui n'est qu'un concept de la psychologie empirique. Le principe *Je suis* a été posé par Descartes, comme le premier principe d'expérience qui soit évident : car je pourrais avoir l'idée de corps quoique aucun corps n'existât ; mais si je me considère moi-même, je me connais immédiatement. Je n'ai pas ainsi conscience immédiate de l'existence de tous les objets en dehors de moi, je n'ai conscience que de leur représentation. On n'en peut cependant pas conclure que de pareilles représentations doivent avoir des choses pour objets ou pour base ; ce ne sont que des *analogies* de l'expérience : je conclus de l'expérience à l'existence. Ce *moi* peut être pris dans deux sens : moi *comme homme*, et moi *comme intelligence*. Comme homme, je suis un objet du sens *interne* et du sens *externe*; comme *intelligence*, je ne suis qu'un objet *du sens interne*; je ne dis pas : Je suis un corps, mais : Ce qui tient à moi est un corps. Cette intelligence, qui est enchaînée au corps, et qui constitue l'homme, s'appelle *ame*; mais *considérée seule*, abstraction faite du corps, elle s'appelle intelligence. L'ame n'est pas simplement une substance pensante, mais en tant qu'elle forme unité dans sa liaison avec le corps. Les changements du corps sont donc mes changements.

Comme ame, je suis déterminé par le corps, et je suis avec lui *in commercio* ; comme *intelligence*, je ne suis en aucun lieu : car le lieu est une relation de l'intuition extérieure; mais comme intelligence, je ne suis pas un objet extérieur qui puisse être déterminé par rapport à la relation. Mon lieu dans le monde est ainsi déterminé par la place qu'y occupe mon corps : car ce qui doit apparaître et se trouver dans une relation extérieure doit être un corps. Je ne pourrai donc pas déterminer immédiatement ma place ; mais comme *ame*, je détermine ma place dans le monde par le moyen du corps. Cependant je ne puis déterminer ma place dans le corps : car autrement il faudrait que je pusse me percevoir dans une relation extérieure. Le *lieu de l'ame dans le cerveau* que nous nous représentons n'est qu'une conscience de l'étroite dépendance de la partie du corps où l'*ame* agit d'une manière plus particulière; c'est une analogie du lieu de l'ame, mais non sa place. Déjà la simple conscience me donne la distinction de l'ame et du corps : car l'extérieur que je vois uni à moi est évidemment distinct du principe pensant en moi, et ce principe pensant à son tour diffère de tout ce qui ne peut être qu'un objet des sens externes.

Il se peut qu'un homme dont le corps a été subitement ouvert voie ses entrailles et toutes ses parties intérieures : cet *intérieur* n'est donc simplement qu'une substance corporelle et tout-à-fait différente de l'être pensant. Il se peut qu'un homme ait perdu plusieurs membres; mais il n'en existe pas moins pour cela, et peut dire : Je suis. Le pied lui appartient; mais s'il vient à le perdre, il le regarde comme toute autre chose dont il ne peut pas plus se servir que d'une vieille botte mise au rebut. Il reste, quant à lui, toujours sans altération, et son *moi* pensant n'a rien perdu ; chacun reconnaît donc, même avec une très-médiocre intelligence, qu'il a une ame différente du corps.

Le simple concept du moi qui est immuable, mais qu'on ne peut absolument pas décrire, en tant qu'il exprime et distingue l'objet du sens interne, est le fondement de beaucoup d'autres concepts : car ce concept du moi exprime :

1° La *substantialité*. — La substance est le premier sujet de tous les accidents qui s'y rattachent (*aller inhærirenden Accidenzen*) ; mais ce moi est un sujet absolu auquel peuvent appartenir tous les accidents, tous les attributs, et ce qui ne peut être le prédicat d'aucune autre chose. Ainsi, le moi exprime donc le *substantiale :* car ce *substratum* qui est inhérent à tous les accidents est le *substantiale*. C'est le seul cas où nous puissions immédiatement percevoir la substance : nous ne pouvons percevoir le *substratum* et le premier sujet d'aucune chose ; mais je perçois immédiatement en moi la substance. Ainsi, le *moi* n'exprime pas seulement la substance, mais aussi le *substantiale*. Il y a plus encore : c'est que le concept que nous avons en général de toutes les substances, nous l'avons emprunté de ce *moi*. C'est le concept primitif des substances : il exprime du moi les caractères suivants :

2° La *simplicité*. —C'est-à-dire que l'ame qui pense en moi forme une unité absolue, un *singulare in sensu absoluto*, et par conséquent la simplicité : car plusieurs substances ne peuvent pas former ensemble une seule ame. — Plusieurs ne peuvent dire *moi*; c'est donc là le plus strict *singularis*. Enfin, ce concept du moi indique aussi :

3° L'*immatérialité*. — La cause pour laquelle les hommes se conçoivent des êtres spirituels est la décomposition de soi-même (*Zergliederung von sich selbst*). Ce qui a lieu par l'analyse de ce qu'ils pensaient quand ils se concevaient comme des objets du sens intime : car, d'après leur conscience, il devait leur paraître évident que ce n'est pas là un objet du sens externe; mais ce qui n'est pas un objet du sens externe est immatériel. — Mais une chose est *immatérielle* quand elle est présente dans l'espace, sans occuper un lieu et sans être impénétrable.

Comme intelligence, je suis un être qui pense et qui veut. Mais *le penser et le vouloir ne peuvent pas être perçus;* je ne suis donc pas un objet d'intuition externe. Mais ce qui n'est pas un objet d'intuition externe est immatériel. Cette catégorie suprême prouve seulement la conscience d'un sujet différent du corps, par conséquent l'existence d'une ame. Nous pouvons donc déjà parler d'une ame; j'ai donc conscience de deux sortes d'objets:

1° De mon sujet et de mon état;

2° Des choses qui sont hors de moi.

Ma représentation est dirigée ou sur des objets, ou sur moi-même. Dans le premier cas, j'ai conscience de connaissances qui ne se rapportent pas à moi (*anderer Erkentnisse*); dans le second cas, j'ai conscience de mon sujet : par exemple, un homme qui compte a conscience des nombres; mais au moment où il compte, il n'a pas conscience de son sujet. C'est là la *conscience logique,* qui diffère de la *conscience psychologique,* où l'on n'a conscience que de son sujet. La conscience *objective,* ou la connaissance des objets avec conscience, est une condition indispensable pour avoir connaissance de tous les objets. Mais la conscience *subjective* est un état forcé, violent : c'est une observation réfléchie ou de soi-même, un acte intuitif et non discursif. L'état le plus naturel (*gesündeste*) est la conscience des objets extérieurs; cependant l'état de la perception ou de la conscience de soi-même est aussi nécessaire, mais surtout à titre de révision ou de prise de possession de ses connaissances (*révision*). La conscience est la science de tous mes états : c'est une représentation de mes représentations; c'est une observation de moi-même, une perception. Quant à la conscience objective, elle comprend les représentations que nous avons des objets, représentations *claires* quand on en a conscience, *distinctes* quand on a conscience de leurs éléments, *obscures* quand on n'en a pas conscience. Ces distinctions appartiennent proprement à la logique. Il suffit, en psychologie, de remarquer que ce sont des idées obscures. *Leibnitz* a dit: « Le plus grand trésor de l'ame consiste dans des représentations obscures qui ne deviennent claires que par la conscience qu'elle en a. » Si nous pouvions connaître tout-à-coup et d'une manière immédiate par un rapport surnaturel toutes nos représentations obscures et le domaine entier de l'ame, nous serions pour nous-mêmes un sujet d'étonnement : nous admirerions les trésors de notre ame et la richesse des connaissances qu'elle renferme. Quand, à l'aide d'un télescope, nous portons nos regards sur les corps célestes les plus éloignés de nous, le télescope n'a pas ici d'autre usage que d'exciter en nous la conscience des innombrables corps célestes qui ne peuvent être perçus à l'œil nu, conscience, du reste, qui est déjà obscurément dans notre ame. Si l'homme pouvait avoir conscience de tout ce qu'il perçoit dans les corps au moyen du microscope, il aurait alors de tous les corps une grande connaissance qu'il possède déjà réellement, mais dont il n'a pas conscience. Ajoutons que chacun sait déjà tout ce que l'on enseigne en métaphysique et en morale : seulement, il n'en a pas conscience; et celui qui nous explique et nous enseigne de pareilles choses ne nous dit à proprement parler rien de nouveau, rien que nous ne sachions déjà; mais seulement il fait que j'acquiers la conscience de ce qui était déjà en moi. Si Dieu répandait tout-à-coup la lumière dans nos ames, de manière à nous donner conscience de toutes nos représentations, alors nous verrions clairement et distinctement tous les corps du monde, tout comme si nous les avions sous les yeux. Si donc, dans la vie future, notre ame a conscience de toutes ses représentations obscures, le plus savant ne sera pas plus avancé que le plus ignorant : la seule différence, c'est que le savant a déjà conscience ici-bas de quelque chose de plus. Mais si deux ames sont éclairées par la même lumière, alors elles voient toutes deux d'une manière également claire et distincte : il y a donc dans le champ des représentations obscures un trésor qui constitue l'abîme profond des connaissances humaines que nous ne pouvons pas sonder.

De la Division générale des Facultés intellectuelles.

Je me sens soit *passif*, soit *actif*. Ce qui est du ressort de la faculté passive appartient à la faculté inférieure. Ce qui est du ressort de la faculté active appartient à la faculté supérieure.

Trois choses se rattachent à ma faculté :
1° Des *représentations* ;
2° Des *appétits* ; et
3° Le *sentiment du plaisir et du déplaisir*.

La *faculté des représentations* ou la faculté de connaître est ou l'intelligence *inférieure*, ou l'intelligence *supérieure*. L'intelligence inférieure est une faculté d'avoir des représentations en tant que nous sommes affectés par des objets. L'intelligence *supérieure* est la faculté d'avoir des représentations par nous-mêmes.

L'*appétit* est ou *supérieur*, ou *inférieur*. L'appétit inférieur est la faculté de désirer quelque chose en tant que nous sommes affectés par les objets. L'appétit supérieur est la faculté de désirer quelque chose par nous-mêmes indépendamment des objets.

La faculté du *plaisir* et du *déplaisir* est aussi *supérieure* ou *inférieure*. L'inférieure est la faculté d'éprouver un sentiment agréable ou désagréable à l'occasion des objets qui nous affectent. La faculté supérieure du plaisir et du déplaisir est celle d'éprouver en nous-mêmes plaisir ou peine indépendamment des objets. Toutes les facultés inférieures forment la *sensibilité* (*Sinnlichkeit*), et les facultés supérieures l'*intellectualité* (*Intellectualitæt*). La *sensitivité* (*Sensitivitæt*) est la condition objective de la connaissance en tant que nous sommes affectés par les objets, et celle de désirer quelque chose, ou de retirer des objets plaisir ou peine en tant que nous en sommes affectés. — Mais l'*intellectualité* est une faculté de la représentation, des appétits, ou du sentiment de plaisir et de déplaisir, en tant qu'on est tout-à-fait indépendant des objets. Les connaissances sensibles ne sont *pas telles parce qu*'elles sont confuses, mais parce qu'elles ont lieu dans l'esprit par suite de l'action des objets sur nous. De même, les connaissances intellectuelles ne sont *pas telles parce qu*'elles sont claires, mais parce qu'elles émanent de nous-mêmes. Des représentations intellectuelles peuvent donc être confuses, et des représentations sensibles être claires. De ce que quelque chose est intellectuel, il ne s'ensuit pas qu'il soit clair; et de ce que quelque chose est sensible, il n'est pas obscur pour cela. Il y a donc une clarté sensible, et une clarté intellectuelle. La clarté sensible a lieu dans l'intuition, la clarté intellectuelle dans les concepts. La *sensibilité* est la qualité passive de notre intelligence, en tant que nous sommes affectés par les objets. Mais l'*intellectualité* est la spontanéité de notre faculté, en tant que nous nous connaissons nous-mêmes, ou que nous désirons quelque chose, ou que nous sommes affectés agréablement ou désagréablement par quelque objet. — La cause pour laquelle *Volff* et d'autres regardent les connaissances confuses comme sensibles, c'est que la connaissance, avant d'être façonnée par l'entendement, n'a pas de clarté, qu'elle est encore logiquement confuse, c'est-à-dire quand elle ne peut pas être saisie par les concepts. Mais est esthétiquement obscur tout ce qui ne peut pas être perçu clairement par les sens. Si la connaissance est confuse alors, ce n'est pas parce qu'elle est sensible, mais parce qu'elle est logiquement confuse, et que l'entendement ne l'a pas encore travaillée. Toutes les connaissances qui proviennent des sens sont d'abord logiquement confuses, tant qu'elles ne sont pas encore façonnées par l'entendement; mais de ce qu'elles sont encore obscures, elles ne sont pas pour cela sensibles : au contraire, si elles proviennent des sens, elles restent sensibles quant à leur origine, alors même qu'elles sont claires et façonnées par l'entendement : car la clarté et l'obscurité ne sont que des formes qui conviennent tout aussi bien aux représentations sensibles qu'aux représentations intellectuelles. Mais qu'elles soient sensibles ou intellectuelles selon leur origine, elles peuvent être claires ou confuses.

De l'Intelligence sensible en particulier.

L'intelligence sensible comprend ces représentations que nous avons des objets en tant que nous sommes affectés par eux.

Mais nous distinguons l'intelligence sensible en faculté des sens mêmes, et en connaissance imitée des sens. La connaissance sensible provient, ou tout-à-fait de l'impression de l'objet, et alors elle est une représentation des sens mêmes; ou elle provient de l'esprit, mais à la condition qu'il ait été affecté par les objets, et alors c'est une représentation imitée des sens : par exemple, la représentation de ce que je vois, celle de l'amer, du doux, etc., sont aussi des représentations des sens mêmes. Mais si je me représente une maison que j'ai vue autrefois, la représentation émane alors de mon esprit, à la condition pourtant que les sens aient été auparavant affectés par cet objet. De pareilles connaissances sensibles, provenant de la spontanéité de l'esprit, s'appellent *connaissance de la faculté figurative* (*bildenden*); et les connaissances qui résultent de l'impression de l'objet, s'appellent *représentations des sens mêmes.*

On peut encore diviser la sensibilité de la manière suivante : Toutes les connaissances sensibles sont ou *données* ou *produites* (*gemachte*). Au nombre des premières nous pouvons compter le sens en général, ou la représentation des sens mêmes. Aux connaissances produites nous rattachons :

1° *Facultatem fingendi;*
2° *Facultatem componendi;*
3° *Facultatem signandi.*

Mais à la *facultas fingendi* se rattachent :

a) *Facultas formandi;*
b) *Facultas imaginandi;*
c) *Facultas prœvidendi.*

Les représentations de la faculté figurative sont ainsi divisées :

1° La faculté figurative en elle-même, qui est le genre;
2° La faculté formatrice, *facultas formandi;*
3° La faculté imaginative, *facultas imaginandi;*
4° La faculté de prévoir, *facultas prœvidendi.*

Ces facultés appartiennent toutes à la force figurative de la faculté sensible. Cette force ou faculté figurative, qui appartient à la sensibilité, est différente de la faculté pensante, qui rentre dans l'entendement.

Des Représentations des Sens mêmes.

Les représentations des sens mêmes sont possibles en tant que nous sommes affectés par les objets. Mais nous pouvons l'être de différentes manières; c'est-à-dire que les représentations des objets, qui nous viennent d'une impression, sont différentes les unes des autres : par exemple, la saveur diffère de l'odeur. Nous appelons sens spécifiques ceux qui n'ont aucune ressemblance; ils sont au nombre de cinq : la vue, l'ouïe, l'odorat, le goût et le toucher. La raison du nombre de nos sens est celle du nombre de nos organes corporels, au moyen desquels nous recevons l'impression des objets. Nous divisons donc nos sens d'après la division des organes de notre corps. Nous avons encore d'autres sensations affectives pour lesquelles nous ne possédons pas d'organes particuliers, et que nous ne pouvons par conséquent pas non plus distinguer : telles sont les sensations de froid et de chaud, etc., qui peuvent être éprouvées par tout le corps. Ainsi, de ce que nous n'avons que cinq espèces d'organes, nous n'admettons non plus que cinq sens.

Quelques-uns de ces sens sont objectifs, d'autres subjectifs. Les sens objectifs sont en même temps unis aux sens subjectifs : ils ne sont pas seulement objectifs, mais encore subjectifs. Ou l'objectif (*das Objective*) est plus grand que le subjectif; ou le subjectif est plus grand que l'objectif; par exemple, dans la vue, l'objectif est plus grand que le subjectif; et dans un son fort qui déchire l'oreille, c'est le subjectif qui est le plus grand. Mais si nous considérons moins la force que la qualité des sens, alors nous remarquons que la vue, l'ouïe et le toucher sont plus objectifs que subjectifs; l'odorat et le goût plus subjectifs qu'objectifs. Les sens subjectifs sont les sens du sentiment (*Gewissen*); les sens objectifs, au contraire, sont les sens instructifs. Ceux-ci sont fins quand ils agissent sur nous au moyen d'une matière subtile et à distance, et grossiers quand ils agissent sur nous et nous affectent au moyen d'une matière grossière. Ainsi le sens de la vue est le plus subtil, parce que la matière de la lumière au moyen de laquelle les objets nous affectent est la plus subtile. Le sens de l'ouïe est déjà un peu grossier; le toucher l'est bien davantage. La vue et le toucher sont des représentations complètement objectives. Le toucher est le *fondement* (*das Fundamentale*) des représentations objectives : car, au moyen du toucher, je puis percevoir des formes, en les palpant de tous côtés : ainsi, c'est l'art d'expliquer (*Auslegungskunst*) les formes. Je ne connais par la vue que la surface de l'objet.

Il ne faut pas croire que toutes les connaissances des sens viennent des sens : elles proviennent aussi de l'*entendement*, qui réfléchit sur les objets offerts par les sens, et conserve les connaissances sensibles. Si nous croyons le contraire, c'est par suite d'un *vitium subreptionis;* parce que nous avons l'habitude, dès notre enfance, de nous représenter toute chose par les sens, nous ne remarquons pas les réflexions de l'entendement sur nos sens, et nous regardons nos connaissances comme des intuitions immédiates des sens.

Les anciens philosophes, comme Aristote, et après lui les scholastiques, disaient que tous nos concepts viennent des sens, ce qu'ils exprimaient par la proposition : *Nihil est in intellectu, quod non antea fuerit in sensu.* L'entendement ne peut rien connaître que les sens n'aient éprouvé auparavant. Aristote a parlé ici contre *Platon*, qui, en philosophe mystique, affirmait le contraire, et regardait les concepts non-seulement comme innés, mais encore comme des restes de l'intuition passée de Dieu, intuition que le corps obscurcit maintenant. — Epicure, à son tour, alla trop loin, et dit : Tous nos concepts sont des concepts d'expérience par les sens. Pour reconnaître et apercevoir nettement la juste portée de la proposition d'Aristote, il faut la modifier quelque peu, et dire : *Nihil est quoad materiam in intellectu, quod non antea fuerit in sensu.* Les sens doivent nous donner la *matière* et l'étoffe de la connaissance, et cette matière est façonnée par l'entendement. Pour ce qui est de la *forme* des concepts, elle est donc intellectuelle. La première source de connaissances est donc dans la matière que nous fournissent les sens. La seconde source de connaissances consiste dans la spontanéité de l'entendement. Quand une fois l'homme a la matière, il peut toujours se faire de nouvelles représentations; par exemple, lorsqu'il est une fois en possession de la représentation de couleur, il peut se former de nouvelles représentations par le mélange de couleurs, et obtenir ainsi des résultats qui n'existent pas dans la nature. Mais on ne peut pas se représenter de nouveaux sens, parce que la matière nous manque. Les sens sont donc un principe nécessaire de la connaissance.

Mais nous avons aussi un principe de connaissance par des concepts, qui ne retiennent absolument rien des sens; c'est-à-dire que nous avons des connaissances des objets sans être affectés par les sens, et ce sont des concepts *intellectuels.* Il y a donc des concepts sensuels (*Sensuale*) et des concepts intellectuels. Nous pouvons donc dire qu'il n'y a rien dans l'entendement, pour ce qui regarde la matière, qui n'ait été dans les sens; mais quant à la forme, il y a des connaissances, les intellectuelles, qui ne sont pas un objet des sens. Par exemple, en morale, les connaissances sensibles sont la base *a posteriori,* mais l'entendement fournit aussi des concepts fondamentaux. Mais il faut faire voir que les concepts mêmes de l'entendement, quoiqu'ils ne soient pas tirés des sens, apparaissent pourtant à l'occasion de l'expérience : par exemple, personne n'aurait le concept de cause et d'effet, s'il n'avait pas perçu des causes par expérience; nul homme n'aurait le concept de vertu, s'il n'avait jamais vécu qu'avec de vrais fripons. Les sens constituent donc le fond de toute connaissance, quoique toutes les connaissances n'aient pas en eux leur origine. Bien qu'ils ne soient pas un *principium essendi,* ils sont cependant une *conditio sine qua non.* Mais d'où viennent-ils dans l'entendement? On ne doit pas les regarder comme incréés et non produits : car ce serait mettre fin à toutes recherches, et par conséquent très-peu philosophique. S'ils sont innés, alors ils sont autant de révélations.—*Crusius* a eu la tête remplie de pareilles extravagances, et il était aussi heureux qu'il pouvait se l'imaginer. Les concepts sont le produit naturel de l'entendement à l'occasion de l'expérience : car l'entendement forme, à l'occasion de l'expérience et des sens, des concepts qui ne sont pas tirés des sens, mais de la réflexion sur les sens.— Locke s'est ici grandement trompé, lorsqu'il croyait tirer tous les concepts de l'expérience, quand il les tirait de la réflexion appliquée aux objets des sens. Ainsi, quant à la matière, tout provient des sens ; quant à la forme, toutes nos représentations viennent de l'entendement, mais sans être innées à l'entendement : elles apparaissent par la réflexion à l'occasion de l'expérience. Cette action de la réflexion s'exerce aussitôt que nous recevons des impressions des sens : l'habitude nous rend cette réflexion facile, tellement que nous ne remarquons pas que nous réfléchissons, et alors nous croyons que ce fait tient à l'intuition sensible.

Il s'agit de voir maintenant jusqu'à quel point les concepts dépendent de la réflexion. Nous pouvons avoir des connaissances d'objets dont les sens ne nous ont transmis aucune sensation. Ainsi, un aveugle-né peut avoir aussi bien qu'un voyant une connaissance de la lumière que lui offre l'entendement : seulement, il n'a pas la sensation, et nous ne pouvons en parler : car chacun attache sa sensation propre au mot lumière; nous pourrions donc séparer les impressions des jugements. La connaissance des sens par l'entendement est différente de la connaissance par impression : quand donc nous prenons les réflexions sur la sensation pour des impressions, nous commettons une faute de discernement. Les objets des sens nous donnent occasion de juger. Ces jugements sont des expériences en tant qu'ils sont vrais; mais s'ils sont seulement provisoires, ils sont alors une apparence. L'apparence précède l'expérience : car c'est un jugement préalable par l'entendement sur l'objet des sens. L'apparence n'est ni vraie ni fausse : car elle est l'occasion d'un jugement d'expérience. L'apparence doit donc être distinguée du phénomène : le phénomène est dans les sens; mais l'apparence n'est que l'occasion de juger par expérience. La perception s'étend à l'apparence comme aux objets réels de l'expérience. C'est ainsi, par exemple, que le lever et le coucher du soleil ne sont qu'une apparence. De l'apparence des objets résulte une illusion et une erreur des sens; l'illusion n'est pas encore une erreur des sens : c'est un jugement précipité aussitôt démenti par celui qui suit. Il y a telles illusions que nous aimons beaucoup. Par exemple nous ne sommes pas trompés par une chambre optique : car nous savons que rien de semblable n'existe; cependant nous inclinons à porter un jugement qui est aussitôt démenti par l'entendement. Les illusions sont différentes de l'erreur des sens : dans l'illusion je découvre l'erreur, parce que les objets des sens nous donnent lieu de porter des jugements. Les erreurs sont faussement imputées aux sens : elles doivent être proprement attribuées à la réflexion sur les sens ; nous remarquerons donc cette proposition : *Sensus non fallunt.* Ce n'est pas à dire qu'ils jugent exactement : car ils ne jugent pas, mais l'apparence réside dans les sens. Ils portent à juger, quoiqu'ils ne trompent pas : ce principe nous fournit l'occasion d'examiner les raisons des jugements, et de découvrir l'illusion par leur analyse. Ce principe nous donne ainsi l'occasion de pénétrer au fond des erreurs. Les concepts généraux ne proviennent pas des sens, mais de l'entendement.

Il n'y a que des jugements singuliers qui proviennent des sens par l'apparence. Ce n'est point par eux que nous obtenons les concepts de cause et d'effet, non plus que celui de défaut : car la négation peut ne pas affecter les sens, et je ne puis pas dire : J'ai vu que personne n'était dans la chambre, car je ne puis pas voir rien.

Après avoir examiné les représentations des sens mêmes dans la sensibilité, que l'on peut appeler aussi capacité de sentir; après avoir vu que les sens supposent des représentations et des connaissances, lesquelles n'ont lieu qu'autant que nous sommes affectés par les objets (les connaissances ne sont possibles qu'autant que les objets exercent une certaine influence sur nos sens), nous examinerons maintenant *la connaissance imitée des sens*, que l'on attribue avec raison à la *faculté figurative*. Cette faculté consiste à former de nous-mêmes des connaissances qui ont en elles-mêmes la forme suivant laquelle les objets affectent nos sens. Cette faculté appartient réellement à la sensibilité : elle produit des représentations soit du temps *présent*, soit du temps *passé*, soit aussi du temps *à venir*. La faculté figurative se compose donc :

1° De la faculté formatrice, qui produit des représentations du temps *présent : Facultas formandi;*

2° De la faculté imaginative, à laquelle sont dues les représentations du temps *passé : Facultas imaginandi;*

3° De la faculté de la *prévision*, qui fournit les représentations du temps *à venir : Facultas prævidendi.*

Mon esprit est sans cesse occupé de se former

l'image de la diversité pendant qu'il la parcourt : par exemple, quand je vois une ville, mon ame se représente l'image de l'objet qu'elle a devant elle pendant qu'elle en parcourt la variété. Quand donc un homme entre dans une chambre chargée de portraits et d'ornements, il ne peut pas s'en faire une image, tant que son esprit ne peut en parcourir la diversité. Il ne sait pas par quel bout commencer pour se figurer l'objet. Aussi dit-on qu'un étranger, quand il entre dans l'église de Saint-Pierre de Rome, est tout-à-fait troublé par la variété des ornements et de la magnificence. En voici la cause : son ame ne peut saisir toute cette variété pour se la représenter. Cette faculté figurative est la faculté formatrice de l'intuition. L'esprit doit faire un grand nombre d'observations pour se représenter un objet, puisqu'il se le figure différemment à chaque point de vue. C'est ainsi, par exemple, qu'une ville aperçue du côté de l'orient diffère d'elle-même si on la regarde du côté du couchant. Il y a donc plusieurs manières d'apparaître d'une même chose, d'après les aspects et les points de vue divers. L'esprit doit, en rassemblant toutes ces manières d'apparaître, se faire une image.

La *seconde* faculté est celle de l'*imagination*, par laquelle mon esprit se rappelle les représentations sensibles passées, et les rattache aux représentations présentes. Je reproduis les représentations passées par l'association suivant laquelle une idée en attire une autre, parce qu'elle l'accompagnait. C'est la faculté de l'imagination. C'est d'ailleurs à tort qu'on l'appelle faculté imaginative (*Einbildungsvermœgen*), ce qui est tout différent : car autre chose est de se figurer un palais que l'on a déjà vu, autre chose de se faire des images *nouvelles*. Cette dernière opération est la faculté imaginative, dont il sera parlé plus tard.

La *troisième* faculté est celle de la *prévision*. Quoique l'avenir ne fasse en nous aucune impression et par conséquent n'y produise aucune image, on peut néanmoins se figurer l'avenir par anticipation, et s'imaginer quelque chose à l'avance. C'est ainsi, par exemple, qu'on se représente le maintien que l'on aura quand on voudra prononcer un discours. — Mais comment la prévision de l'avenir est-elle possible? Le phénomène actuel a des représentations du temps passé et du temps suivant. Mes représentations forment une série où celles du passé se rattachent au présent, comme celles du présent à l'avenir. De même que je puis retourner du présent au passé, de même je puis aller aussi du présent à l'avenir. De même que l'état présent suit l'état passé, de même l'état à venir suit l'état présent. Tout cela se fait suivant les lois de l'imagination.

Cette distinction de la faculté figurative concerne le temps. Mais il y a de plus une autre différence d'après laquelle nous obtenons encore deux fonctions dans la faculté figurative. Ces facultés sont l'*imaginative* et celle *des contrastes*. La faculté imaginative consiste à pouvoir tirer des images de soi-même, indépendamment de la réalité des objets; ces images ne sont pas empruntées de l'expérience. C'est ainsi qu'un architecte imagine une maison à bâtir qu'il n'a pas encore vue. On appelle cette faculté *fantaisie*; il ne faut pas la confondre avec l'imagination : la fantaisie est une faculté poétique sensible, quoique nous ayons encore une faculté poétique intellectuelle.

La faculté *des contrastes* est celle de la caractéristique. La caractéristique est l'image de l'opposé d'une chose. Le contraste est un moyen de produire l'image de l'autre chose. Ainsi, des mots sont des contrastes des choses, et qui servent à les concevoir. La faculté des contrastes représentant des images appartient à la sensibilité quant à la forme, quoique ces images ne proviennent pas de l'influence des objets, mais bien de nous-mêmes.

Enfin, l'on pourrait encore ajouter une *faculté de complément* (*Ausbildung*) : nous n'avons pas seulement une faculté, mais encore un penchant à tout perfectionner et à tout achever. Si des choses, des histoires, des comédies, ou autres productions semblables, nous paraissent imparfaites, nous n'avons de paix qu'autant qu'elles sont terminées : on se dépite de ce que la chose n'est pas achevée, ce qui suppose une faculté de se faire une idée du tout, et de comparer les objets avec cette idée.

Tous ces actes de la faculté figurative peuvent s'accomplir *volontairement* et *involontairement* : en tant qu'ils se font *involontairement*, ils appartiennent entièrement à la sensibilité; mais s'ils sont *volontaires*, ils appartiennent à la faculté supérieure de connaître. Ainsi, la *mémoire* est une faculté de l'imagination volontaire ou de reproduction (*Nachbildung*). Entre la mémoire et la faculté de reproduction, il n'y a aucune différence essentielle. Il en est de même des autres facultés figuratives. Les personnes hypocondriaques ont des imaginations involontaires. La fantaisie volontaire est la faculté poétique.

Nous devons encore faire remarquer, au sujet de la faculté des contrastes ou *facultate caracteristica*, que la représentation, qui sert comme moyen de reproduction par association, est un *symbole*. La plupart des représentations symboliques se présentent dans la connaissance de

Dieu, qui est toute d'*analogie* ou de convenance de rapports : par exemple, le soleil était chez les anciens peuples un symbole, une représentation de la perfection divine, parce que, présent à la fois dans tous les lieux de l'immense univers, il donne beaucoup (de lumière et de chaleur) sans rien recevoir. On peut prendre pour symbole d'une république le corps humain, dans lequel tous les membres forment un tout unique. Une connaissance de l'entendement, qui est indirecte intellectuellement, et reconnue par l'entendement, mais qui est produite par analogie avec la connaissance sensible, est une connaissance symbolique opposée à la connaissance logique, de même que la connaissance intuitive est opposée à la connaissance discursive. La connaissance de l'entendement est logique quand elle est intellectuellement indirecte, et produite par un analogue (*Analogon*) de la connaissance sensible, mais à la condition d'être reconnue par l'entendement. Le symbole n'est qu'un moyen d'aider l'intellection : il ne sert que pour les connaissances intellectuelles immédiates, mais il doit tomber avec le temps. Les connaissances de toutes les nations orientales sont symboliques. Quand l'intuition ne nous est pas immédiatement permise, alors nous devons nous aider *per analogiam*, au moyen de la connaissance symbolique.

Nous pourrions dire aussi que la connaissance est symbolique lorsque l'objet se reconnaît dans le signe; mais dans les connaissances discursives, les signes ne sont pas des *symboles*, puisque je ne reconnais pas l'objet dans le signe, mais que le signe excite seulement en moi la représentation de l'objet : par exemple, le mot table n'est pas un symbole, ce n'est qu'un moyen d'exciter la représentation de l'entendement par association.

De la Faculté supérieure de connaître.

Après nous être occupé de la faculté inférieure de connaître, ou des représentations que nous avons des objets, en tant que nous en sommes affectés (ils se manifestent en nous affectant), nous passons à la faculté supérieure de connaître, c'est-à-dire aux représentations volontaires ou dont nous sommes les auteurs.

Considérations générales sur ce Sujet.

L'entendement n'est pas seulement une faculté des règles ; mais son principe est aussi que toutes nos connaissances et tous les objets doivent être soumis à une règle. Tous les phénomènes sont soumis à une règle : car tous les objets, en tant qu'ils *apparaissent*, sont en rapport avec le temps et l'espace; mais en tant qu'ils sont pensés ou *conçus*, ils doivent être soumis à une règle : car autrement ils ne pourraient être conçus. Ainsi, ce qui rend une règle impossible est contraire à l'entendement.

La maxime de l'entendement est : Tout ce qui se fait arrive suivant des règles, et toutes nos connaissances sont soumises à une règle. Plus des connaissances peuvent être dérivées d'un principe *a priori*, plus la règle a d'unité. Mais comment les concepts purs de l'entendement viennent-ils dans l'esprit? Nous avons connaissance des objets d'intuition en vertu de la faculté figurative, qui tient le milieu entre l'entendement et la sensibilité. La faculté figurative considérée *in abstracto* constitue l'entendement. Les conditions et les actes de la faculté figurative pris *in abstracto* sont des concepts intellectuels purs et des catégories de l'entendement : par exemple, les concepts intellectuels purs de substance et d'accident sont produits de la manière suivante par la faculté figurative. Quelque chose de stable doit servir de base à la faculté figurative, au lieu que la diversité change : car s'il n'y avait rien qui servît de fondement à cette faculté, rien non plus ne changerait pour elle. Le stable est le pur concept de substance, et le variable le concept d'accident. Tous les principes suprêmes *a priori* de l'entendement sont des règles générales qui expriment les conditions de la faculté figurative dans tous les phénomènes, conditions sous lesquelles nous pouvons déterminer comment les phénomènes doivent être enchaînés les uns aux autres : car ce qui rend la connaissance possible, ce qui en est la condition, est aussi la condition des choses. Nous avons des principes *a priori* qui se fondent sur la condition de l'intuition, par exemple toutes les propositions de géométrie. De même, nous avons aussi des principes *a priori* fixes de la pensée.

Ce qui est la condition nécessaire de la pensée appartient à l'objectif, et ce qui est une condition nécessaire de l'intuition appartient aux choses. Les objets doivent être conformes aux conditions sous lesquelles ils peuvent être connus, c'est-à-dire à la nature de l'entendement humain : l'entendement est donc *a priori* la faculté de réfléchir sur des objets. L'entendement ne va pas au-delà des limites des objets des sens, mais pourtant *jusqu'à ces limites,* qui sont Dieu et la vie future. La faculté supérieure de connaître s'appelle ainsi, parce qu'on trouve en elle la spontanéité, de même que dans la faculté inférieure de connaître, la passivité. La faculté supérieure de connaître est aussi appelée entendement dans le sens général. Ainsi conçu, l'entendement est la faculté des concepts, ou bien encore la faculté des jugements, mais aussi la faculté des règles. Ces trois définitions sont identiques : car un concept est une connaissance qui peut servir de prédicat dans un jugement possible ; mais un concept est une représentation de la comparaison avec le caractère général, et un caractère général est un concept. De même, un jugement est toujours une règle ; car une règle donne le rapport du particulier au général : par exemple, Cicéron est savant ; le prédicat *savant* sert à juger les actes de Cicéron. Il sert donc de règle ; les trois définitions reviennent donc à une seule. Nous pouvons dire encore que *l'entendement est la faculté des connaissances générales*. Les connaissances générales, comme représentations, sont des concepts ; et les connaissances générales, comme comparaison des représentations, sont des jugements : tout jugement général est par-là même une règle. — La *sensibilité* est une faculté de l'intuition. L'entendement, comme faculté des concepts, est parallèle à la sensibilité. La sensibilité a des formes primitives ; mais l'entendement est une faculté de règle : c'est en quoi il se distingue de la sensibilité, qui ne consiste que dans les formes. Les sens sont une faculté de la perception, l'entendement une faculté de la réflexion. Quand on dit : L'entendement est une faculté de connaissances claires, c'est mal le définir; car enfin la sensibilité repose sur la conscience, et la conscience est nécessaire à toutes les connaissances et à toutes les représentations : des connaissances sensibles peuvent donc aussi être des connaissances claires. Mais de ce que la conscience est une condition *sine qua non* des connaissances, elle est par-là même mise au nombre des facultés supérieures de connaître; mais la clarté n'est pas une condition nécessaire des connaissances de l'entendement, puisqu'il peut y avoir aussi une clarté d'intuition. La clarté des concepts est la clarté de l'entendement. — Cependant, si nous définissons l'entendement d'une manière négative par opposition à la sensibilité, nous dirons alors que c'est une faculté de connaître les choses indépendamment de la manière dont elles nous apparaissent; mais l'entendement est la faculté de connaître les choses comme elles sont. Il semble à la vérité que, quand je définis l'entendement une faculté de connaître les choses comme elles sont, cette définition n'est pas négative; mais si je le considère par opposition avec la sensibilité, je ne sais pourtant pas (si la sensibilité connaît les choses comme elles apparaissent, et l'entendement comme elles sont) *comment* l'entendement les connaît : seulement, je sais *qu'il ne les connaît pas comme elles apparaissent.* Cette définition a l'avantage d'être générale, et de ne pas convenir seulement à l'entendement humain, mais encore à l'entendement en général.—Mais comment puis-je connaître les choses telles qu'elles sont? C'est par intuition ou par concepts : l'entendement humain n'est qu'une faculté de connaître les choses comme elles sont par concepts et réflexion, par conséquent d'une manière purement discursive. Toutes nos connaissances sont purement logiques et discursives, mais pas ostensives ni intuitives. Cependant nous pouvons nous figurer un entendement qui connaisse les choses comme elles sont, mais par intuition ; un pareil entendement est intuitif. *Il en peut exister un semblable : seulement ce n'est pas celui de l'homme.* Cette définition a donné naissance à *la représentation mystique de l'entendement.* Si, en effet, nous nous figurons l'entendement humain comme une faculté de connaître les choses comme elles sont par intuition, *alors c'est un entendement mystique :* si, par exemple, nous croyons qu'il y ait dans l'ame une faculté d'intuitions intellectuelles, c'est alors un entendement mystique. Nous avons une faculté de connaître les choses comme elles sont, non pas par intuition, mais par concepts. Si ces concepts sont de purs concepts intellectuels, ils sont alors transcendentaux; mais s'ils s'appliquent aux phénomènes, ce sont des concepts empiriques, et l'usage de l'entendement est un usage empirique.

Tel qu'il a été examiné jusqu'ici, l'entendement est opposé à la sensibilité, et s'appelle la faculté supérieure de connaître. Cet entendement pris en général, ou la faculté supérieure de connaître, est de trois sortes : l'*entendement*, le *jugement* et la *raison*. Ici l'entendement est pris dans un sens strict; c'est une espèce du genre entendement, et qui signifie la faculté supérieure de connaître. Cette faculté supérieure consiste donc :

1° Dans un jugement général;

2° Dans une subsomption à ce jugement;

3° Et dans une conclusion.

Le principe du jugement général ou de la règle est l'*entendement* pris dans le sens strict. Le principe de la subsomption à cette règle est le *jugement*, et le principe *a priori* de la règle est la *raison*. — Ce qui ne peut être subsumé à aucun jugement empirique est un jugement *a priori*. La faculté des jugements qui ne peuvent être subsumés à aucun jugement empirique est la raison. On peut dire aussi que la raison est la faculté de la règle *a priori*, ou des concepts *a priori*.

Dans toutes espèces de connaissances, même

dans les connaissances empiriques, je me sers de mon entendement, et ici c'est l'usage empirique. Mais nous pouvons aussi avoir un usage *a priori de l'entendement, et c'est la raison :* par exemple, tout évènement a une cause; ici l'usage de l'entendement est *a priori :* car aucune expérience ne m'apprend cela; l'entendement et la raison ne diffèrent donc que *par rapport à l'usage empirique et à l'usage pur.* Mais nous avons aussi une faculté moyenne entre ces deux-là, c'est-à-dire la faculté de subsumer à un jugement général et à une règle générale; et c'est là le jugement. Je me demande d'abord si la règle générale est *a priori* ou *a posteriori,* et ensuite si le cas appartient à la règle : par exemple, tout ce qui est simple pense, est une règle *a priori.* Maintenant, je vois si l'ame de l'homme appartient à cette règle, et si elle peut lui être subsumée. Cette faculté de subsumer à des règles est si distincte des autres facultés, que des hommes peuvent bien avoir à la vérité une faculté des règles générales, sans avoir cette faculté de subsumer à des règles, et de les appliquer *in concreto.*

L'entendement est la faculté de connaître le particulier par le général; — le jugement, la faculté de connaître le général par le particulier; —et la raison, celle de connaître le général *a priori,* et de former des règles de phénomènes divers. Le particulier avec lequel on doit faire une règle générale est ici donné; c'est le contraire dans le jugement, puisqu'une règle générale qui doit servir à déterminer le particulier est donnée. Ainsi, le jugement est nécessaire pour savoir si le singulier appartient à la règle générale. Le jugement a cela de particulier, *qu'il ne peut être appris par enseignement:* c'est par l'exercice qu'on acquiert une certaine habileté à juger. L'entendement s'apprend; mais il n'en est pas de même du jugement. La raison est la faculté de connaître les règles générales *a priori*, indépendamment de l'expérience : par exemple, tout évènement doit avoir une cause première ; c'est ce que l'expérience n'apprend pas.

La grandeur (*die Grœsse*) de l'entendement dépend de deux choses : de la faculté des concepts, et du rapport des concepts généraux à des cas particuliers. Plus les jugements ont de rapport avec des cas particuliers, plus l'entendement a d'étendue et de clarté extensive; plus l'entendement est lié aux intuitions, plus il est étendu et lumineux. Celui donc qui peut bien appliquer les règles générales dans des exemples, des comparaisons et des cas particuliers de la vie commune, celui-là a un entendement étendu. Ainsi, l'entendement est instruit de deux manières, suivant *a*) Qu'on l'accoutume à des règles générales, ou qu'on l'emploie *in abstracto*, et

b) Qu'on applique ces règles générales dans l'expérience, ou qu'on l'emploie *in concreto*.

Mais il ne faut pas croire que cela soit identique avec le jugement : car le jugement n'est qu'une faculté de savoir si un cas donné appartient à la règle, ce qui est différent de l'entendement *in concreto*, lequel est appliqué aux cas d'expérience de la vie. L'entendement *in concreto* n'est que la faculté de se souvenir des règles générales; mais on ne peut pas encore distinguer par-là si le cas donné appartient à la règle, tandis que le jugement est une faculté de distinguer.

L'usage de la raison est aussi de deux sortes :

a) Un usage pur, et

b) Un usage empirique.

L'usage pur de la raison est celui que l'on en fait sur des objets qui ne sont pas des objets des sens. L'usage empirique a lieu lorsque je connais quelque chose *a priori* qui est confirmé *a posteriori*, par exemple dans la physique expérimentale. Un usage pur de la raison est celui où la règle n'est pas confirmée par l'expérience; mais quand la règle elle-même est prise de l'expérience, alors il n'y a plus aucun usage de la raison.

Ces trois facultés qui constituent la faculté supérieure de connaître, peuvent encore se distinguer en faculté *saine* (*gesunde*), et en faculté *savante* (*gelehrte*) : car nous avons un entendement et un jugement sains, et une raison saine; mais nous avons aussi un entendement et un jugement spéculatifs, et une raison spéculative. Le sain usage de ces facultés se montre *in concreto*, dans les cas où l'expérience peut faire la preuve de la justesse de leur usage : quand j'emploie mon entendement, mon jugement et ma raison de telle manière qu'il puisse être décidé par l'expérience que c'est bien, alors j'ai un entendement sain, un jugement sain, et une raison saine. Quand je ne dépasse pas avec mes facultés de connaître ce que l'expérience peut confirmer, je fais alors un usage sain de ces facultés. L'usage de l'entendement et de la raison est spéculatif, en tant qu'on peut faire usage de la règle sans le secours de l'expérience. Le jugement est spéculatif lorsque le fondement de son usage légitime n'est pas dans l'expérience, mais dans des principes (*Gründen*) généraux.

On distingue, par rapport aux connaissances, le *naturel* et le *génie*. — Le naturel est un penchant à apprendre des connaissances, et le génie un penchant à trouver des connaissances qui ne peuvent être enseignées. La *bonne tête* (*Kopf*) est le talent des connaissances. On distingue les têtes, par rapport à l'habileté, en fines et en grossières (*feine und stumpfe*); par rapport aux objets, elles sont mathématiques ou philosophiques. Cette matière a été traitée avec plus de détail dans l'*Anthropologie*.

Avant de passer à la faculté du plaisir et du déplaisir, nous devons encore (par forme de transition de la faculté supérieure de connaître à la faculté de distinguer les objets d'après le sentiment, c'est-à-dire d'après le plaisir et le déplaisir), traiter de la *faculté* de *comparer* et de connaître les objets par la comparaison. Les facultés figuratives ou la faculté de connaître sont des facultés de produire des représentations. Mais nous avons encore une faculté de comparer les représentations : c'est l'*esprit* et la *sagacité* (*Scharfsinn*). L'esprit (*ingenium*) est la faculté de comparer les objets d'après leurs différences. La faculté de la convenance ou de l'uniformité se trouve au fond de nos concepts généraux. Dans tout jugement, je reconnais que quelque chose appartient ou n'appartient pas au concept général, c'est l'*ingenium* : par exemple, si les renards appartiennent au concept général de chien. Ainsi, l'on peut chercher dans toute la nature des comparaisons et des convenances. Mais si j'ai un jugement négatif, je trouve qu'il n'appartient pas au concept général, qu'au contraire il en diffère : alors c'est de la pénétration (*Scharfsinn, acumen*). Les résultats dus à la pénétration (*Æusserungen*) sont de préserver nos connaissances de l'erreur, et de servir à les purifier quand nous disons ce que les choses ne sont pas. Mais par l'esprit nous agrandissons nos connaissances; l'esprit est donc le plus important : je fais d'abord des comparaisons de toutes sortes; vient ensuite la finesse ou la pénétration qui distingue une chose d'une autre. C'est ainsi que les hommes auront d'abord pris dans leur esprit tout ce qui est dur pour des pierres; mais ensuite ils ont distingué successivement différentes sortes de pierres. On ne sait pas bien quel rang il conviendrait d'assigner à cette faculté (de l'esprit et de la pénétration), s'il faut la mettre au nombre des facultés inférieures, ou parmi les facultés supérieures de connaître; en général, c'est la faculté supérieure de connaître appliquée à l'inférieure. Elle appartient donc bien aux facultés supérieures.

De la Faculté du Plaisir et du Déplaisir.

La seconde faculté de l'ame est la faculté de distinguer les choses d'après le sentiment de plaisir et de peine, de bien-être et de mal-être.

La faculté du plaisir et de la peine n'est pas une faculté cognitive : elle s'en distingue totalement. Les déterminations des choses par rapport auxquelles nous témoignons plaisir et déplaisir ne sont pas des déterminations qui appartiennent simplement aux objets : elles se rapportent à l'état du sujet. Par la faculté de connaître, je ne puis avoir de représentations des choses que d'après la détermination occasionée par elles, quand bien même elles ne seraient pas présentes : par exemple, je reconnaîtrais la figure ronde dans un cercle, sans que le cercle fût représenté. Mais les déterminations du bien et du mal, du beau et du laid, de l'agréable et du désagréable, sont des déterminations qui ne pourraient pas être perçues dans les choses si elles n'étaient pas connues par la représentation : par conséquent, des déterminations qui ne peuvent être reconnues dans les choses sans représentation, n'appartiennent pas à la faculté de connaître, parce que cette faculté, même sans la représentation des choses, peut connaître les déterminations qui leur appartiennent ; mais il faut qu'il y ait en nous une faculté *spéciale* pour les percevoir : ce ne sont donc pas des déterminations qui se fondent sur notre faculté de connaître, mais sur une tout autre faculté. Cependant la faculté de connaître en est bien à la vérité la condition : car sans cela je ne puis éprouver à l'occasion d'un objet ni plaisir ni peine; mais c'est une faculté particulière qui est distincte de la faculté de connaître. Quand je parle d'un objet en tant qu'il est beau ou laid, agréable ou désagréable, je ne connais pas cet objet en lui-même comme il est, mais comme il m'affecte. Quand *Euclide* parle du cercle, il ne le décrit pas comme beau, mais comme il est en lui-même. Pour connaître quelque chose comme beau, etc., il faut qu'il y ait en nous, et non dans les objets, une faculté particulière. Si nous ôtions à tous les êtres raisonnables la faculté du plaisir et du déplaisir, et si nous agrandissions encore beaucoup leur faculté de connaître, alors ils connaîtraient tous les objets sans en être affectés; tout leur serait égal : car il leur manquerait la faculté d'être affectés par les objets. Tout plaisir et toute peine suppose connaissance d'un objet, une connaissance soit de la sensation, soit de l'intuition, soit des concepts ; et de même qu'on dit : *Ignoti nulla cupido*, de même on pourrait dire aussi : *Ignoti nulla complacentia*. Mais ce n'est pas dans la connaissance que l'on trouve le *plaisir*, c'est dans le *sentiment* dont la connaissance est la condition. — Tous les prédicats des choses qui expriment du plaisir et du déplaisir ne sont pas des prédicats qui appartiennent à l'objet en lui et pour lui, ou des prédicats qui soient en rapport avec notre faculté cognitive : ce sont des prédicats de notre faculté d'être affectés par les choses. On a dit que cette faculté était une connaissance de la perfection et de l'imperfection des objets; mais la perfection n'est pas le sentiment du beau et de l'agréable : c'est l'intégralité de l'objet. Il est bien vrai cependant que toute perfection plaît, et que nous avons une faculté d'appliquer à tout l'idée de perfection, et de nous figurer tout comme parfait; mais l'intégralité, c'est-à-dire la perfection de l'objet à connaître, n'est pas une connaissance du plaisir; cependant on demande encore si elle n'est pas liée dans certains cas avec le plaisir et le déplaisir. En supposant que l'objet soit un objet de plaisir, alors la perfection plaît; mais l'intégralité n'est pas toujours nécessaire pour qu'il y ait plaisir : dans le plaisir et le déplaisir il ne s'agit pas de l'objet, mais de la *manière* dont l'objet affecte l'esprit. Le plaisir et le déplaisir sont une faculté par laquelle les objets se distinguent, non d'après ce qui se trouve en eux-mêmes, mais dans la manière dont leur représentation fait impression sur notre sujet, et dont notre sentiment en est impressionné.

Mais qu'est-ce qu'un sentiment? C'est une chose difficile à définir : nous nous sentons nous-mêmes. Les représentations peuvent être de deux sortes : les représentations de l'objet et celles du sujet. Nos représentations peuvent être comparées soit avec les objets, soit avec toute la vie du sujet. La représentation subjective de toute la force vitale à l'effet d'accepter ou de rejeter les objets, est le rapport du bien-être ou du mal-être. Ainsi, le sentiment est le rapport des objets, non pas à la représentation, mais à toute la force de l'ame, soit pour les recevoir intimement, soit pour les rejeter. Le fait de recevoir (*das Recipiren*) est le sentiment du *plaisir*, et celui de rejeter, le sentiment du *déplaisir*. *Le beau n'est donc pas le rapport de la connaissance à l'objet, mais celui de la connaissance au sujet.* Il n'y a plus rien à dire là-dessus. Nous avons donc deux perfections : l'une *logique*, et l'autre *esthétique*. La première a lieu quand ma connaissance s'accorde avec l'objet; la seconde, quand ma connaissance s'accorde avec le sujet.

Nous avons un principe intime qui nous fait agir d'après nos représentations, c'est la vie. Quand donc une représentation s'accorde avec l'ensemble des facultés de l'ame, avec le principe de la vie, alors c'est du *plaisir;* mais si la représentation est de telle sorte qu'elle soit contraire au principe de la vie, alors ce rapport de dissonance en nous est de la *peine.* Les objets sont donc beaux, laids, etc., non pas en eux-mêmes et pour eux-mêmes, mais dans leur rapport avec les êtres vivants. *Mais ce qui ne se trouve en rapport qu'avec les êtres vivants doit avoir sa raison dans l'être vivant :* il doit donc y avoir dans l'être vivant *une faculté* de percevoir de semblables propriétés dans les objets. Le plaisir et la peine sont donc une faculté d'accord ou de désaccord du principe de la vie avec certaines représentations ou impressions des objets.

La vie est le principe interne de l'activité spontanée. Les êtres vivants qui agissent suivant ce principe, doivent agir d'après des représentations. Maintenant, la vie peut être favorisée ou contrariée. Le sentiment de la vie favorisée est le plaisir; le sentiment de l'obstacle à la vie est la peine. Le plaisir est donc un principe pour l'activité, et la peine un obstacle. Le plaisir consiste donc dans le désir, et la peine, au contraire, dans l'aversion. — Voyons, maintenant, quel est le rapport du plaisir et de la peine avec l'être pensant. Il n'y a que des êtres actifs qui puissent avoir plaisir et peine. Des sujets qui agissent par des représentations, sont susceptibles de plaisir et de peine. Une créature qui n'est pas active par représentations, n'est susceptible ni de plaisir ni de peine.

Il y a trois sortes de vies :

1° La vie *animale*;

2° La vie *humaine*, et

3° La vie *spirituelle*.

Il y a donc trois sortes de plaisirs. Le *plaisir animal* consiste dans le sentiment du sens privé. Le *plaisir humain* est le sentiment d'après le sens général, au moyen du jugement sensible : c'est un milieu que l'on connaît par l'idée dérivée de la sensibilité. Le *plaisir spirituel* est idéal, et se connaît par les concepts purs de l'entendement. Le plaisir ou la peine, le bien-être ou le mal-être, est objectif ou subjectif. Quand le principe de l'agrément ou du désagrément attaché à l'objet s'accorde avec le sujet déterminé, alors le bien-être ou le mal-être est subjectif. Il provient des sens. Chaque sens particulier est une raison du bien-être subjectif. Ce qui plaît ou déplaît d'après des raisons particulières du sens d'un sujet, c'est le bien-être ou le mal-être subjectif. Le bien-être par des raisons particulières du sens d'un sujet est la *satisfaction*, et l'objet est agréable. Le mal-être provenant de raisons particulières du sens du sujet est le *mécontentement* ou la *douleur*, et alors l'objet est désagréable. Mais quand je dis : quelque chose est agréable ou désagréable, cela n'indique qu'un bien-être ou un mal-être subjectif provenant des raisons d'une valeur toute particulière. De ce qu'un certain objet paraît toujours agréable ou désagréable, il ne s'ensuit pas encore que chacun doive le trouver ainsi. On ne saurait donc disputer là-dessus. Le bien-être ou le mal-être *objectif* consiste dans le plaisir et le déplaisir occasioné par l'objet en rapport (non pas avec conditions particulières du sujet, mais indépendamment de ces conditions) avec le jugement général, qui a une validité générale, et qui vaut ainsi pour chacun. Ce qui est un principe universel du bien-être ou du mal-être universellement valable est donc un bien-être ou un mal-être *objectif,* lequel est de *deux sortes* : quelque chose plaît ou déplaît *soit* d'après la sensibilité générale, *soit* d'après la faculté de connaître générale. Ce qui plaît par son accord avec le sens général est *beau;* ce qui déplaît par la raison contraire, est *laid.* Ce qui plaît par son accord avec l'intelligence générale est *bon;* ce qui déplaît par la raison contraire est *mauvais.*

Ce en quoi le sens des hommes s'accorde est le sens *universel.* Mais comment un homme peut-il porter un jugement d'après le sens universel, puisqu'il n'envisage l'objet que d'après son sens privé? La communauté entre les hommes constitue un sens commun. Du commerce des hommes entre eux naît un sens commun qui est valable pour chacun d'eux en particulier. Celui donc qui n'entre dans aucune communauté, n'a pas de sens commun. — Le beau et le laid ne peuvent être différents chez les hommes qu'autant que ceux-ci sont en communauté. Quelqu'un donc a du *goût,* si quelque chose lui plaît d'après un sens commun et généralement valable. Le goût est donc une faculté de juger par bien-être ou mal-être d'après le sens commun et généralement valable. Le goût n'est pourtant toujours qu'un jugement par le rapport des sens, ce qui en fait une faculté de plaisir et de peine. Le bien-être ou le mal-être objectif, ou la faculté de juger les objets d'après des principes généralement valables de l'intelligence, est la faculté supérieure du plaisir et de la peine : c'est la faculté de juger l'objet par la connaissance de l'entendement suivant un principe généralement valable, et de savoir s'il plaît ou déplaît. Quand quelque chose est un objet de contentement intellectuel, alors *il est bon;* si c'est un objet de mécontentement intellectuel, alors *il est mauvais.* — Le bon est ce qui plaît nécessairement à chacun. — Le beau plaît, mais non pas nécessairement à chacun : car l'accord du jugement est accidentel. Mais l'accord des jugements sur le bien-être ou le mal-être par l'entendement, en vertu desquels l'objet est bon ou mauvais, est nécessaire. Mais comment le bon peut-il plaire, puisqu'il n'excite aucune satisfaction? Si la vertu était agréable, chacun serait vertueux. Chacun désire n'avoir affaire, autant que possible, qu'à d'honnêtes gens. On voit bien que c'est bon; mais il n'en résulte aucun plaisir. La *liberté* est le plus haut degré de l'activité et de la vie. La vie animale n'a pas de spontanéité. Quand donc je sens que quelque chose s'accorde avec le plus haut degré de la liberté, par conséquent avec la vie spirituelle, j'éprouve alors de l'agrément. Ce plaisir est le plaisir intellectuel, qui donne un bien-être sans qu'il y ait satisfaction. Un *plaisir intellectuel de cette nature n'existe que dans la morale.* Mais d'où ce plaisir vient-il à la morale? Toute moralité est l'accord de la liberté avec elle-même; par exemple, celui qui ment n'est pas d'accord avec sa liberté, parce qu'il est enchaîné par le mensonge. *Mais ce qui s'accorde avec la liberté s'accorde avec toute la vie, et ce qui s'accorde avec toute la vie est agréable.* Ce n'est pourtant là qu'un plaisir réfléchi : nous ne trouvons ici aucune satisfaction; mais nous l'approuvons par la réflexion. La vertu n'a donc aucune satisfaction (*Vergnügen*), mais une simple approbation : car l'homme sent sa vie spirituelle et le plus haut degré de sa liberté.

Nous pouvons faire encore la division suivante : Quelque chose est un objet de plaisir ou dans la sensation, ou dans l'intuition, ou dans le jugement général sensible, c'est-à-dire d'après les concepts de l'entendement. Une chose qui plaît dans la sensation, cause de la *satisfaction*, et l'objet en est agréable. Ce qui est un objet de l'intuition ou du jugement sensible *plaît*, et cet objet est *beau*. Ce qui est un objet de plaisir suivant des concepts de l'entendement, est *approuvé*, et cet objet est bon. Pour distinguer l'agréable et le désagréable, nous avons besoin du sentiment; pour distinguer le beau et le laid, nous nous servons du goût; et pour distinguer le bien du mal, nous employons la raison. Nous manquons de commune mesure pour apprécier l'agréable et le désagréable, parce qu'il s'agit ici du sentiment particulier du sujet. On ne peut donc disputer de l'agréable ni du désagréable: car une discussion a pour but d'amener les autres à son opinion. Mais comme chacun ici a son affection particulière, personne ne peut être forcé d'admettre la sensation d'un autre. Il en est autrement du beau. Le beau n'est pas ce qui plaît à l'un, mais ce qui a l'approbation de tous, quoiqu'il plaise aussi par le sens, quoique par un sens général. Nous avons donc, pour apprécier le beau et le laid, une commune mesure: c'est le sens commun. Ce sens commun résulte de ce que le sentiment privé de chacun n'est pourtant pas une sensation tout-à-fait particulière, mais de ce que la sensation privée de l'un doit s'accorder avec celle de l'autre, accord qui produit une règle générale, laquelle constitue le sens commun ou le *goût*. Ce qui s'accorde alors, est beau. Cela peut bien, à la vérité, ne pas plaire à un sens privé; mais néanmoins il plaît en règle générale. Celui qui n'y trouve point d'agrément, ou dont le sens privé ne s'accorde pas avec la règle générale, n'a pas de goût. Le goût est donc le jugement des sens, par lequel on connaît ce qui s'accorde avec le sens des autres : c'est donc un plaisir et une peine en commun avec les autres. L'accord général de la sensibilité est le principe de l'agrément en matière de goût : par exemple, une maison est belle, non parce qu'elle fait plaisir à voir (car la rencontre d'une gargote serait sans doute plus agréable à un grand nombre), mais parce que c'est un objet d'agrément général. Un seul et même objet peut causer du plaisir à mille personnes. Il en est de même de la musique. La vue et l'ouïe sont donc des sens du goût et de communauté. Mais l'odorat et le goût ne sont que des sens privés de la sensation. Ce qui s'accorde avec le sens privé est agréable; mais ce qui s'accorde avec le sens commun est beau. On peut disputer sur la beauté, parce que l'accord d'un grand nombre d'hommes donne naissance à un jugement qui peut être opposé à un jugement particulier. Le goût a ses règles : car tout accord général sur un caractère est la base d'une règle. Cette règle n'est pas *a priori* en elle-même et pour elle-même ; mais elle est empirique, et la sensibilité doit être connue *a posteriori*. On peut donc bien discuter, mais pas disputer sur les règles *a posteriori :* car disputer, c'est combattre les principes d'un autre par des principes de la raison. Il est faux de dire que l'homme a un goût tout-à-fait particulier : car quand il choisit ce qui déplaît à tout le monde, il n'a pas de goût, parce que le goût doit être jugé d'après le sens commun. Si un homme était seul dans une île, alors il ne choisirait pas d'après son goût, mais d'après ses appétits. Il n'y a donc de goût qu'en société avec les autres. Le goût ne produit rien de nouveau, mais seulement il modifie (*moderirt*) simplement ce qui est produit, de manière à ce qu'il plaise à tout le monde.

On pourrait dire aussi que quelques règles du goût sont *a priori,* pas immédiatement *a priori,* à la vérité, mais comparativement : de telle sorte que ces règles se fondent à leur tour *a priori* sur des règles générales de l'expérience : par exemple l'ordre, la proportion, la symétrie, l'harmonie en musique, sont des règles que je connais *a priori,* et que je sais plaire à tout le monde ; mais elles se *fondent* de nouveau sur des règles générales *a posteriori*. Nous pourrions aussi reconnaître un goût nécessaire : chacun, par exemple, goûte *Homère, Cicéron, Virgile*, etc.

Le bon est un objet de l'entendement, et c'est l'entendement qui en juge. Nous disons qu'un objet est bon *en lui-même*, et non point relativement. Quand je dis qu'une chose est *bonne*, je le dis sans rapport à d'autres objets. Mais quand je dis qu'une chose est *belle*, je dis seulement comme je la sens et comme elle m'apparaît. Le bien doit donc aussi plaire à des êtres qui ne sont pas sensibles comme nous; mais il n'en est pas de même avec l'agréable et le beau. Une chose est bonne *médiatement* ou *immédiatement* : *médiatement*, si elle s'accorde avec quelque autre chose comme moyen pour une fin; *immédiatement*, quand elle plaît généralement et d'une manière nécessaire en elle-même et pour elle-même.

Pour embrasser en peu de mots tout ce qu'il y a à dire du plaisir et de la peine, il faut remarquer que tout plaisir, tout déplaisir, est sensible ou intellectuel. La faculté inférieure, ou le plaisir et le déplaisir sensible, se fonde sur la représentation de l'objet par la sensibilité. La faculté supérieure du plaisir et du déplaisir, ou le plaisir et le déplaisir intellectuel, se fonde sur les représentations de l'objet par l'entendement. Le plaisir et le déplaisir sensible est de deux sortes, suivant qu'il se fonde ou sur le rapport de la sensation sensible, ou sur celui de l'intuition sensible. Le plaisir a lieu par rapport à la sensation sensible, en tant qu'il s'accorde avec l'état du sujet, c'est-à-dire en tant que ce sujet est modifié par l'objet. Il plaît sensiblement, mais subjectivement, et alors l'objet est agréable. — Le plaisir existe par rapport à l'intuition sensible, en tant qu'il s'accorde simplement en général avec la sensibilité, c'est-à-dire en tant qu'il plaît sensiblement et objectivement, et alors l'objet est beau. Telle est la raison de la différence du beau et de l'agréable, du plaisir sensible et du plaisir causé par le goût. Si l'objet ne s'accorde qu'avec l'état du sujet, alors il ne peut pas plaire généralement, mais par suite du bien-être propre du sujet; si, au contraire, il s'accorde avec les lois générales de la sensibilité, alors il doit aussi plaire universellement. Un des caractères des lois générales de la sensibilité, c'est que l'ordre, l'idée du tout, soit perçue dans l'objet. Maintenant, ce qui, par rapport à un jugement universel, vaut pour chacun, plaît objectivement. Mais ce qui vaut par rapport à un jugement privé, plaît subjectivement. Le sentiment est donc moins cultivable que le goût, parce qu'il n'a qu'une valeur individuelle, tandis que le goût a une valeur universelle. Le plaisir intellectuel est ce qui plaît généralement, non suivant les lois générales de la sensibilité, mais suivant des lois universelles de l'entendement. L'objet du plaisir intellectuel est bon. Le beau est encore, à la vérité, un objet qui plaît à tous, mais suivant des lois générales de la sensibilité; tandis que le bon plaît suivant des lois générales de l'entendement. Le bon est indépendant de la manière *dont* l'objet apparaît aux sens : il doit être pris comme il est en lui-même et pour lui-même, par exemple la véracité.

Un objet est indifférent quand il n'est ni un objet de plaisir, ni un objet de déplaisir. Des objets de cette nature sont des *adiaphora*. Les adiaphora peuvent être esthétiques ou logiques, d'après les lois de la sensibilité ou d'après celles de l'entendement. Les *adiaphora œsthetica* sont ceux qui ne sont ni agréables ni désagréables, ni beaux ni laids. Les *adiaphora logica* sont ceux qui ne sont ni bons ni mauvais. Quelques-uns disent qu'il n'y a point d'*adiaphora*. Il n'y a pas, en effet, d'*adiaphora absoluta,* en ce sens qu'une chose ne doive être ni bonne ni mauvaise sous aucun rapport; mais il y en a dans certains cas, par exemple si je dois donner l'aumône à un pauvre de la main droite ou de la main gauche, etc. Mais si l'on voulait compter parmi les *adiaphora* une action qui rentre sous une loi morale, on commettrait alors une très-grande faute. Partout où il existe une loi universellement déterminée, il n'y a point d'*adiaphora*; mais quand il n'y a point de loi semblable, des *adiaphora* sont possibles.

De la Faculté appétitive.

La troisième faculté de l'ame est l'appétitive. La faculté du plaisir et du déplaisir est le rapport de l'objet au sentiment de l'activité, lorsque la vie est favorisée ou empêchée. Mais la faculté du plaisir et du déplaisir, en tant qu'elle est une faculté d'activités et de certaines actions qui lui sont conformes, est un désir : le désir est donc un *plaisir, en tant qu'il est un principe d'action tendant à déterminer certaines représentations de l'objet*. Quand la représentation est pour nous une cause déterminante à un objet, alors nous *désirons* l'objet; le déplaisir résultant d'un objet, en tant qu'il peut être la cause de la représentation, est l'*aversion*. Le plaisir de l'activité dans la production de la représentation est de deux sortes, suivant que nous déterminons cette activité pour ainsi dire problématiquement, sans chercher à savoir si elle est conforme à la production de la représentation; ou que nous déterminons la représentation après en avoir jugé la faculté correspondante relativement à la reproduction de la représentation. Dans le premier cas, il y a désir inactif ou vœu. Mais il y a encore deux sortes d'activités : l'une mécanique et produite par une force étrangère; l'autre animale ou pratique. Ici la force est déterminée par le principe interne. La faculté d'agir d'après le bien-être ou le mal-être est l'appétit pratiquement actif; l'appétit doit donc être actif et consister dans l'action. Mais notre appétit va plus loin encore : nous désirons aussi sans être actifs, sans agir; c'est un désir inactif ou convoitise, où l'on appète quelque chose sans pouvoir l'obtenir. Mais le désir actif ou la faculté de faire et d'omettre d'après le bien-être ou le mal-être résultant d'un objet, en tant qu'il est une cause de la force active et productrice de cet objet, c'est le *libre arbitre* (*arbitrium liberum*). — Ce désir est actif et puissant : il a le pouvoir de procurer la chose appétée. Chaque *arbitre* a *des causes impulsives*. — Les *causes impulsives* sont des représentations de l'objet d'après le bien-être et le mal-être, en tant qu'elles sont la cause de la détermination de notre force. Tout *acte arbitraire* (*actus arbitrii*) a une *cause impulsive*. — Les *causes impulsives* sont ou sensitives ou intellectuelles. Les sensitives sont des aiguillons (*stimuli*) ou des *causes motrices*, des *impulsions*. Les causes intellectuelles sont des *motifs* ou *principes d'action*. Les premières sont pour les sens, les autres pour l'entendement. Si les causes impulsives sont des représentations du bien-être ou du mal-être dépendant de la manière dont les objets nous affectent, alors elles sont des *stimuli*; mais si elles sont des représentations du bien-être ou du mal-être dépendant de la manière dont les objets nous sont connus par les concepts de l'entendement, alors ce sont des *motifs*. Les *stimuli* sont des causes qui sollicitent l'arbitre en tant que l'objet affecte nos sens. Cette force impulsive de l'arbitre peut ou nécessiter ou seulement exciter : les *stimuli* ont donc soit une *vim necessitantem*, soit une *vim impellentem*. Chez tous les animaux irraisonnables les *stimuli* ont une *vim necessitantem*; mais dans l'homme ils n'ont qu'une *vim impellentem*. L'*arbitrium humanum* n'est donc pas *brutum*, mais *liberum* : c'est le *liberum arbitrium*, en tant qu'il est défini psychologiquement ou pratiquement. Cet *arbitrium*, qui n'est contraint ou excité par aucun *stimulus*, mais qui est déterminé par des motifs, par des principes d'action du ressort de l'entendement, est le *liberum arbitrium intellectuale* ou *transcendentale*. L'*arbitrium sensitivum* peut bien être *liberum*, mais pas le *brutum* : l'*arbitrium sensitivum* n'est qu'affecté ou excité par des *stimulis*, mais le *brutum* en est nécessité ou contraint. L'homme a donc un libre arbitre, et tout ce qui sort de son arbitre provient d'un *libre* arbitre. Tous les tourments imaginables ne peuvent contraindre son libre arbitre : il peut les endurer tous, et pourtant demeurer ferme dans sa volonté. Il n'y a que quelques cas où il n'ait pas de libre arbitre : par exemple dans la plus tendre enfance, ou quand il est en démence, et dans la profonde tristesse qui est aussi une sorte de démence. L'homme sent donc en lui la faculté de ne se laisser contraindre à rien par quoi que ce soit au monde. C'est ce qui a lieu plus difficilement et plus rarement par d'autres raisons; mais c'est pourtant possible : l'homme en a la force. Les causes impulsives sont *subjectives* ou *objectives*, c'est-à-dire qu'elles agissent suivant les lois de la sensibilité et suivant les lois de l'entendement. Les causes impulsives *subjectives* sont des *stimuli*, et les *objectives* des *motifs*.— La *necessitatio per motiva* n'est pas contraire à la liberté; il n'en est pas de même de la *necessitatio per stimulos*. Le libre arbitre, en tant qu'il agit suivant des motifs de l'entendement, est la liberté qui est bonne sous tous les points de vue; c'est la *libertas absoluta*, qui est la liberté morale.

L'*arbitrium humanum* est *liberum*. Il peut être *sensitivum* ou *intellectuale*. Ce qui se présente du côté de la sensibilité, c'est que les *stimuli*, en tant qu'ils sont conformes aux représentations obscures, s'appellent *instincts :* par exemple, on a l'instinct de manger. Les instincts sont ou appétitifs ou aversifs : c'est ainsi que les petits oiseaux ont naturellement un instinct d'aversion pour l'autour, qu'ils redoutent toujours aussitôt qu'ils voient quelque chose voler dans l'air.

Quant à ce qui regarde le degré des impulsions sensibles, nous les appelons *émotions* (*Affecten*) et *passions* (*Leidenschaften*). Les émotions aboutissent au sentiment, les passions aux désirs. Les émotions nous affectent, mais les passions nous déchirent. Tout ceci tient au degré de la liberté. Le degré du *stimuli* qui est un obstacle à la liberté, est émotion. Si les *stimuli* n'empêchent pas seulement la liberté, mais encore la contraignent, ils s'appellent alors passions.

Il s'agit maintenant de considérer les *stimuli* en collision avec la liberté, ou la sensualité avec l'intellectualité, les impulsions sensibles avec les motifs.

L'entendement présente des motifs de discontinuer une action; la sensibilité, au contraire, fournit des *stimuli* pour l'achever. Mais cette lutte cesse, soit quand les *stimuli* n'existent plus (alors la faculté supérieure l'emporte, et les motifs ont le dessus), soit quand l'entendement ne présente plus aucun motif; alors la sensibilité triomphe. Mais celui qui a la sensibilité et l'entendement en sa puissance, de telle façon que la sensibilité n'obtienne jamais le dessus, a par-là même l'*imperium in semetipsum*.

La grandeur de la liberté est estimée chez l'homme suivant la mesure du triomphe des obstacles ou des impulsions sensibles. Mais il y a des êtres qui n'ont aucune impulsion sensible, et dont nous ne pouvons estimer la liberté, parce qu'ils n'ont aucune unité à cet effet : car notre mesure pour estimer la liberté est prise des impulsions sensibles. La plus haute liberté serait donc en général celle où la liberté serait tout-à-fait indépendante de tous les *stimulis*.

Les animaux peuvent être absolument contraints *per stimulos;* mais les hommes ne peuvent l'être que comparativement. Cette *coactio* peut être ou *externa* ou *interna*. La *coactio externa* est la *coactio arbitrii liberi intellectualis*. La sensualité peut forcer à agir contrairement à l'intellectualité; mais l'intellectualité peut aussi forcer à agir contrairement à la sensualité. Plus l'homme a de force pour soumettre l'arbitre inférieur au moyen de l'arbitre supérieur, plus il est libre; moins, au contraire, il peut comprimer la sensualité par l'intellectualité, moins il est libre. Quand on se contraint soi-même à suivre les règles de la moralité, et que l'on soumet l'arbitre

inférieur à l'arbitre supérieur, alors il y a *vertu*.
—La *liberté pratique*, ou la liberté de la personne, doit être distinguée de la liberté physique ou de la liberté de l'état. La liberté personnelle peut subsister quand même la liberté physique vient à manquer, comme, par exemple, dans *Epictète*. Cette liberté pratique se fonde sur l'*independentia arbitrii à necessitatione per stimulos*. La liberté qui est tout-à-fait indépendante de tous les *stimulis* est la liberté transcendentale, dont il est parlé dans la *Psychologie rationnelle*. Tout ce qui arrive dans la nature entière se fait, soit d'après des lois physico-mécaniques, soit d'après les lois du libre arbitre. Dans la nature inanimée, tout se fait suivant des lois mécaniques ; mais dans la nature animée tout s'accomplit d'après les lois du libre arbitre. Ce qui se fait par les lois de l'arbitre a lieu ou *pathologiquement* ou *pratiquement :* il y a donc quelque chose de nécessaire ou de possible pathologiquement d'après des lois de l'arbitre sensible. —Quelque chose est pratiquement nécessaire ou possible suivant des lois du libre arbitre. La *necessitatio* est donc ou pathologique ou pratique.

La *necessitatio practica* peut être de plusieurs sortes :

1° La *necessitatio problematica*, dans laquelle l'entendement reconnaît la nécessité de l'emploi du moyen sous la condition d'une fin voulue : par exemple dans la géométrie;

2° La *necessitatio pragmatica,* où l'entendement reconnaît la nécessité de l'emploi du moyen par rapport à la fin générale de chaque être pensant;

3° La *necessitatio moralis,* ou la nécessité de l'usage du libre arbitre, non comme moyen pour une fin, mais parce qu'il est nécessaire en lui-même.

On exprime toutes les positions de la contrainte pratique par les impératifs suivants : l'action *doit* se faire, c'est-à-dire il est bon qu'elle se fasse. Il n'y a donc alors aucun *stimulus,* et cette contrainte pratique est objective. Une contrainte objective peut aussi être subjective (la contrainte pathologique est toujours subjective), à savoir lorsque la simple connaissance *que* l'action est bonne excite mon sujet à la faire : alors c'est un motif. Quand la connaissance de l'entendement a la force de porter le sujet à une action *par la seule raison* que l'action est bonne *en elle-même,* alors cette force excitante est un mobile que nous appelons aussi le *sentiment moral :* le sentiment moral doit donc se rencontrer partout où les motifs de l'entendement produisent une force motrice; mais ce mobile du cœur ne doit pas contraindre pathologiquement, et il ne nous nécessite pas non plus de la sorte, puisque nous apercevons le bien par l'entendement, et non comme s'il affectait nos sens. Nous devons donc concevoir un sentiment, mais qui ne contraint point pathologiquement, et ce doit être le sentiment moral. On doit connaître le bien par l'entendement, et pourtant en avoir un sentiment. C'est là sans doute quelque chose qu'on ne peut pas bien comprendre, mais dont on ne doit pas non plus disputer : je dois avoir un sentiment de ce qui n'est pas un objet du sentiment, mais que je connais objectivement par l'entendement. Il reste donc toujours ici une contradiction : car si nous devons faire le bien par sentiment, alors nous le faisons parce qu'il est agréable; mais cela ne peut pas être, puisque le bien ne peut absolument pas affecter nos sens. Nous appelons donc le plaisir que nous cause le bien un sentiment, parce que nous ne pouvons pas exprimer autrement la force subjectivement excitante de la contrainte objectivement pratique. C'est un malheur pour le genre humain que les lois morales qui contraignent objectivement ne contraignent pas aussi subjectivement : si nous étions aussi contraints subjectivement, nous n'en serions pas moins libres, parce que cette contrainte subjective provient de l'objective. Nous sommes contraints subjectivement par la condition, parce que l'action est objectivement bonne. La contrainte morale est toujours pratique; mais toute contrainte pratique n'est pas morale. Si les motifs énoncent le *bonum absolutum,* alors ce sont des *motiva moralia;* mais en tant que les *motiva* énoncent le *bonum comparativum,* alors ils disent seulement ce qui est bon d'une manière conditionnelle, ce ne sont que des *motiva pragmatica.* Il faut donc bien se garder de confondre les *motiva moralia* avec les *motiva pragmatica.*

La proportion des principes et des sources de nos désirs s'appelle le *naturel (indoles)* ou le *caractère (Gemüthsart).* Un *indoles erecta* est le noble caractère, où la faculté appétitive supérieure prédomine. Un *indoles abjecta* est un caractère ignoble, dans lequel la faculté appétitive inférieure, la sensibilité, commande.

Les *artes ingenuæ et liberales* sont ceux qui nous portent des appétits de la jouissance aux appétits de l'intuition, qui délivrent l'homme de l'esclavage des sens : car celui qui, par exemple, trouve du plaisir dans la poésie, est déjà délivré de la sensibilité grossière. La proportion entre les impulsions sensibles constitue le *tempérament.*

Du Commerce (*Commercio*) de l'Ame avec le Corps.

Quand nous considérons l'ame de l'homme, nous ne l'examinons pas seulement comme intelligence, mais comme ame humaine, c'est-à-dire *unie au corps*. Mais elle n'est pas seulement en union, elle est encore en *communauté* : car nous pouvons aussi être unis à d'autres corps, par exemple à nos enfants ; mais ce n'est pas là une communauté. *La communauté est l'union dans laquelle l'ame forme une unité avec le corps ; dans laquelle les changements du corps sont aussi les changements de l'ame, et les changements de l'ame ceux du corps.* Il ne se fait pas de changements dans l'esprit qui ne correspondent aux changements du corps. En outre, ce ne sont pas seulement les changements qui se correspondent de la sorte, mais l'*état* de l'esprit répond aussi à l'état du corps. Quant à la correspondance des changements, rien n'a lieu dans l'ame sans que le corps intervienne.

Cela se fait :

1° Par la *pensée*. L'ame ne pense rien sans que le corps ne doive être affecté aussi par la pensée. Le corps est souvent attaqué et tourmenté par la réflexion. Plus l'ame est active, plus le corps est ruiné. Les idées de l'ame correspondent à quelque chose de corporel. Ces conditions corporelles, sous lesquelles seules les pensées peuvent avoir lieu, on les nomme *ideas materiales,* ou antitypes matériels des *idées.* De même que nous ne pouvons pas faire de suite de grands calculs de tête (ce qui pourrait se faire pour un petit), et que nous sommes obligés d'employer des nombres qui correspondent à nos pensées, de même il doit y avoir dans notre corps des impressions qui correspondent aux pensées et qui accompagnent les idées : car autrement nous ne pourrions pas penser. Il faut donc qu'il y ait dans le cerveau des empreintes de ce qu'on a pensé; il faut qu'il y ait quelque chose de corporel dans la pensée. Ainsi l'ame affecte beaucoup le cerveau par la pensée. A la vérité, le cerveau ne travaille pas les pensées : il n'est que la table où l'ame les enregistre. Le cerveau est donc la condition de la pensée : car toutes nos pensées se rapportent à des objets. Or, les objets sont ce qui m'affecte. La pensée s'applique donc à des choses qui affectent mon corps; ainsi ma pensée est réglée sur les impressions du cerveau que mon corps reçoit : ces empreintes corporelles sont les *ideæ materiales.* D'où il suit que le corps est aussi affecté dans la pensée. Nous ne pouvons aller plus loin dans cette recherche.

2° Le *vouloir* affecte encore plus notre corps que la pensée. Le libre arbitre meut notre corps suivant son bon plaisir; l'influence arbitraire des appétits sur notre corps est très-claire : l'influence résolue ne l'est pas moins. Mais quand nos appétits produisent, contre notre intention, dans notre corps des mouvements qui ont pourtant leur origine naturelle, par exemple quand on s'effraie de quelque chose, et que, voulant s'enfuir, on ne le peut, ou que l'on tombe de crainte : alors notre intention a été pourtant de courir, mais la chute devait naturellement résulter de la crainte. C'est ainsi que le corps est très-affecté quand l'homme se laisse entraîner par ses émotions et ses passions. La colère, par exemple, peut souvent rendre une personne malade. Ce sentiment affecte aussi beaucoup le corps : c'est ainsi, par exemple, qu'on peut pâlir à la lecture d'une lettre dans laquelle on apprend une funeste nouvelle.

3° Les *objets extérieurs* affectent aussi mes sens. C'est par-là que les nerfs sont excités, et cette excitation des nerfs produit dans l'ame le jeu de la sensation, au moyen de la faculté du plaisir et du déplaisir; ce qui met ensuite tout le corps en mouvement.

D'un autre côté, le corps, par sa constitution, affecte l'esprit. Cette constitution corporelle est la cause de l'*indoles* et du tempérament de l'esprit. Le tempérament, la capacité et les facultés intellectuelles dépendent aussi beaucoup du corps. On aperçoit déjà dans les yeux de celui-ci la vivacité de son entendement et de son esprit; sur le front de celui-là rayonne la sottise. Le corps est donc aussi la base de la plupart des choses relatives à nos appétits, et à la faculté du plaisir et de la peine.

D'un autre côté encore, l'état et la disposition de l'esprit se fonde sur l'état et la disposition du corps. On peut, par exemple, stimuler l'esprit par le mouvement corporel, et réciproquement exciter le corps par les mouvements de l'esprit (par exemple dans la société). Nous pouvons donc arriver au corps par l'esprit, et à l'esprit par le corps.

Il s'agit de savoir de quel côté est la *principale* influence, du côté du corps, ou du côté de l'ame; en outre, si l'ame, passant dans un autre corps, serait la même, ou si elle aurait un autre état, une autre condition? Nous ne pouvons *rien* dire là-dessus : car nous considérons ici l'ame en communauté avec son corps, et nous ne pouvons par conséquent rien savoir de ce que l'ame serait *sans* ce corps, et le corps *sans* cette ame. Beaucoup prétendent que toutes les ames sont les mêmes, et que la raison de leur différence ne provient que du corps. C'est là marcher au *matérialisme*. Mais, d'un autre côté, si nous mettons toute notre puissance dans l'ame, nous arrivons alors au *stahlianisme*. *Stahl* était un médecin qui soutenait cette opinion. On ne peut pas, à la vérité, contredire absolument cette manière de voir : car toutes les qualités de l'ame se lisent déjà dans les airs du corps et sur les traits du visage : l'ame doit donc avoir déposé ses qualités dans le corps; quelques-uns ont cru qu'elle *se fait* elle-même son corps.

Nous terminerons la psychologie expérimentale en nous demandant si toutes les facultés de l'*ame* peuvent être réunies et *être dérivées d'une seule faculté fondamentale*, ou s'il faut admettre des facultés fondamentales différentes pour expliquer toutes les opérations de l'ame? *Wolff* n'admet qu'une seule faculté primitive, et dit : L'ame même est une faculté fondamentale qui se représente l'univers. Il est déjà faux de dire que l'ame est une faculté fondamentale; et cela tient à ce que l'ame est mal définie comme l'ontologie enseigne à le faire. Une force ou faculté n'est pas ce qui renferme en soi la raison de la représentation réelle; mais c'est le *respectus* de la substance à l'accident, en tant qu'elle contient la raison ou le principe des représentations réelles. *La force* n'est donc pas un principe particulier, mais un respectus. Celui donc qui dit : *Anima est vis*, affirme que l'ame n'est pas une substance particulière, mais seulement une force, et par conséquent un phénomène et un accident. Maintenant, pour répondre à la question : si toutes les facultés de l'ame peuvent être dérivées d'une faculté fondamentale unique, ou s'il faut en admettre plusieurs, nous devons dire : Puisque l'ame est une unité, ce qui est démontré dans la suite, et ce que prouve déjà le *moi*, il est clair qu'il n'y a dans l'ame qu'une seule faculté fondamentale, d'où proviennent tous les changements et toutes les déterminations. Mais *voici une question tout autre : Pouvons-nous dériver d'une seule faculté fondamentale toutes les opérations de l'ame, les différentes forces et facultés ?* Nous ne le pouvons point : car nous ne pouvons pas déduire d'une faculté fondamentale unique des opérations qui diffèrent réellement les unes des autres : par exemple, il est impossible de déduire d'une seule force la force motrice, l'activité et la faculté de connaître (l'intelligence) : car la cause de l'une est différente de celle de l'autre. Mais comme nous trouvons dans l'ame humaine des déterminations ou des accidents d'espèce entièrement différente, chaque philosophe travaille, du reste, à les expliquer par une seule faculté fondamentale.

La principale règle du philosophe, est de tâcher, autant que possible, de tout ramener à un principe unique, afin que les principes des sources de connaissances ne soient pas trop multipliés. Mais il ne suit pas de là que nous trouvions dans l'esprit humain des raisons de réduire les différentes facultés à une faculté fondamentale. Par exemple, la mémoire n'est que l'imagination du passé; elle n'est donc pas une faculté primitive spéciale. Mais nous ne pouvons pas en déduire à son tour l'imagination. La faculté figurative est donc déjà une faculté primitive. De plus, la raison n'est que l'entendement *a priori*. Nous trouvons donc que nous devons admettre des facultés fondamentales différentes, et que nous ne pouvons pas expliquer par une seule tous les phénomènes de l'ame : car, qui voudrait essayer d'expliquer l'entendement par les sens? *La faculté de connaître, la faculté du plaisir et de la peine, la faculté appétitive, sont donc des facultés fondamentales.* En vain l'on s'efforce de déduire d'une seule toutes les facultés de l'ame. C'est encore avec une peine plus inutile que l'on voudrait faire passer pour faculté primitive unique la *vis repræsentativa universi*. Mais ce principe, que toutes les opérations différentes de l'homme doivent être déduites de facultés différentes de l'ame, sert à traiter plus systématiquement la Psychologie empirique.

PSYCHOLOGIE RATIONNELLE;

SON OBJET.

Dans la psychologie rationnelle, l'ame humaine n'est pas connue par l'expérience, comme dans la psychologie empirique, mais par concepts *a priori*. Nous avons à rechercher ici *ce que nous pouvons connaître de l'ame humaine par la raison*. Le plus grand désir de l'homme n'est pas de savoir les actions de l'ame telles qu'il les connaît par l'expérience, mais son état futur. Les propositions particulières de la psychologie rationnelle sont moins importantes ici que *l'étude générale de l'ame quant à son origine, à son état futur et à sa durée*. Il s'agit donc de savoir ici ce que la raison peut nous apprendre sur tous ces points.

Le concept de l'ame en elle-même est un concept expérimental. Mais, dans la psychologie rationnelle, nous n'empruntons à l'expérience que le simple concept de l'ame, c'est-à-dire rien autre chose *que* le fait de l'existence de l'ame. Tout le reste doit être connu par la raison pure. Cette connaissance, où nous lâchons le fil de l'expérience, est la *connaissance métaphysique* de l'ame.

L'ame est donc considérée d'un triple point de vue :

1° *Absolument*, en elle-même et pour elle-même, quant à son sujet, par concepts rationnels complètement purs. Cette première partie comprend donc l'étude absolue de l'ame. C'est la partie *transcendentale* de la psychologie rationnelle;

2° *Par comparaison avec d'autres choses en général*, soit avec des corps, soit avec d'autres natures pensantes en dehors d'elle, c'est-à-dire en tant qu'elle se distingue des êtres corporels, et qu'elle s'accorde avec les êtres pensants. Dans le premier cas, nous cherchons si l'ame est matérielle ou immatérielle; dans le second, quel est son rapport avec les ames des animaux, ou avec d'autres esprits supérieurs;

3° Par rapport à l'*union de l'ame avec d'autres choses*, et même (par la raison que la notion d'ame implique l'union à un corps) à l'union de l'ame avec le corps ou au *commercio* entre ces deux choses. On traite ici :

a) De la *possibilité* de ce commerce;

b) Du *commencement* de l'union de l'ame avec le corps, ou de notre naissance;

c) De la *fin* de cette union, ou de l'état de l'ame

à la mort. A propos du commencement de l'union de l'ame et du corps, on recherche quel était l'état de l'ame *avant* cette union, ou s'il y a un état de cette espèce. Et enfin, la question de la mort conduit à examiner quel est l'état de l'ame *après* la mort, si elle doit durer encore. Il y a donc là un véritable enchaînement.

Mais plusieurs autres questions se rattachent aux trois précédentes. C'est ainsi qu'à propos de la première, ou de la section qui a pour objet le point de vue *absolu* de l'ame, point de vue qui ne peut être traité que d'après les concepts transcendentaux de l'ontologie, nous examinons, par exemple, si l'ame est une substance ou un accident; si elle est simple ou composée; si elle est unique ou s'il y en a plusieurs dans l'homme (l'unité n'est pas la même chose que la simplicité); si elle est une *substantia spontanea*, ou si elle est nécessitée par quelque chose d'extérieur. La question de la *liberté transcendentale* est donc ici traitée; c'est-à-dire que l'on y examine si l'ame est un être indépendant et qui ne soit nécessité par rien. Tout cela est traité et prouvé dans la première section. A l'occasion de la *comparaison* de l'ame avec d'autres choses, on prouve son immatérialité; c'est-à-dire que l'ame n'est pas seulement une substance simple, mais encore une substance simple distincte de toutes substances simples corporelles. De plus, dans la *comparaison de l'ame avec les êtres pensants*, le degré de sa perfection est établi ; on fait voir combien elle est au-dessus de l'ame des animaux, et combien elle est au-dessous des esprits supérieurs. Mais cette partie ne peut être traitée qu'hypothétiquement, c'est-à-dire en faisant voir ce que la raison permet de concevoir et de connaître à cet égard. — Dans la troisième section, qui traite de l'*union* de l'ame, et même de son *commencement*, on se demande quel est l'état de l'ame *avant* son union; si nous en pouvons savoir quelque chose par les concepts de la raison. Mais nous verrons que nos concepts transcendentaux ne dépassent pas l'expérience, et qu'ils ne dirigent que la connaissance *a posteriori*. Nous pouvons, à la vérité, pénétrer *jusqu'aux limites* de l'expérience, tant *a parte ante* qu'*a parte post*, mais *pas au-delà de ces limites*. En cela, néanmoins, nous philosophons utilement, puisque nous mettons un frein à cette fausse dialectique qui ne fait que saper la véritable connaissance.

Nous ne dirons donc rien ici *dogmatiquement* de l'état de l'ame avant la naissance et après la mort, *quoiqu'on puisse parler beaucoup plus de ce qu'on ignore que de ce dont on sait quelque chose*. Nous reconnaîtrons donc ici les bornes de la raison humaine, afin qu'une fausse dialectique ne puisse pas miner nos vrais principes par rapport à l'ordre pratique, sous l'apparence de la connaissance rationnelle.

SECTION PREMIÈRE.

Quand nous envisageons l'ame d'une manière *absolue*, dans la partie transcendentale de la psychologie rationnelle, nous lui appliquons les concepts transcendentaux de l'ontologie.

Ces concepts sont :

1° Que l'ame est une substance;

2° Qu'elle est simple;

3° Qu'elle est une substance unique ou singulière; et

4° Qu'elle est *simpliciter spontanea agens*. Tels sont les concepts transcendentaux d'après lesquels nous considérons l'ame.

Quand je parle de l'ame, je parle du moi *in sensu stricto*. Nous n'avons la notion de l'ame que par *le moi*, par conséquent au moyen de l'intuition intérieure du sens intime, puisque j'ai conscience de toutes mes pensées, et que je puis en conséquence parler de moi comme d'un état du sens intime. Cet objet du sens intime, *ce sujet, la conscience in sensu stricto*, est l'ame. Je prends le moi-même (*das Selbst*) *in sensu stricto*, lorsque je fais abstraction de tout ce qui lui (à mon Même, *meinem Selbst*) appartient *in sensu latiori*. Mais le moi *in sensu latiori* exprime tout l'homme, ame et corps. Mais le corps est un objet du sens extérieur. Je puis percevoir chaque partie du corps par le sens extérieur, comme tous autres objets. L'ame, au contraire, est un objet du sens intime. Lors donc que je me sens comme un objet, et que j'ai conscience de moi, ce que je sens indique le moi *in sensu stricto* ou seulement l'identité (la mêmeté, *Selbstheit*), l'ame. Nous n'aurions pas ce concept de l'ame, si nous ne pouvions abstraire de l'objet du sens intime toute extériorité ; le moi *in sensu stricto* n'exprime donc pas tout l'homme, mais l'ame seulement.

Quand donc nous parlons de l'ame *a priori*, nous n'en disons que ce que nous pouvons dériver du concept du moi, c'est-à-dire rien qui s'oppose à l'application des concepts transcendentaux à ce moi. *Montrer la source de la connaissance*, telle est la *vraie philosophie :* car autrement on ne pourrait pas savoir comment nous pouvons connaître *a priori* quelque chose de l'ame, ni pourquoi un si petit nombre de concepts transcendentaux lui sont applicables.

Nous n'apprendrons donc rien de l'ame *a priori*,

si ce n'est que le moi nous est connu. Mais je sais de l'ame :

1° Qu'elle est une substance, ou que je suis une substance. Le moi indique le sujet, en tant qu'il n'est prédicat d'aucune autre chose. Ce qui n'est prédicat de rien autre chose est une substance. Le moi est *le sujet universel* de tous les prédicats, de toute pensée, de toute action, de tous les jugements que nous pouvons porter sur nous-mêmes comme êtres pensants. Je puis dire seulement : Je suis, je pense, j'agis. Le moi n'est donc prédicat de rien. Je ne puis être le prédicat d'un autre être ; des prédicats me conviennent, il est vrai, mais je ne puis affirmer le moi d'aucune autre chose ; je ne puis dire : Le moi est un autre être. Le moi, ou l'ame, qui est exprimée par le moi, est une substance.

2° L'ame est *simple*, c'est-à-dire *que le moi indique un concept simple*. Plusieurs êtres pris ensemble ne peuvent composer un moi. Quand je dis : Je pense ; je n'exprime pas des représentations qui soient partagées entre plusieurs êtres, mais bien une représentation qui n'a lieu que dans un sujet unique. Car toutes les pensées ne peuvent être que simples ou composées. Une seule et même pensée simple ne peut avoir lieu que dans un sujet simple. Car si les parties des représentations pouvaient être partagées entre plusieurs sujets, chaque sujet n'aurait qu'une partie de la représentation ; aucun sujet n'aurait donc la représentation entière. Pour que la représentation totale se trouve entièrement dans le sujet, toutes les parties de la représentation doivent donc être dans un sujet unique : car si elles n'y étaient pas, la représentation ne serait pas entière. Si, par exemple, la sentence *Quidquid agis*, etc., devait être partagée entre plusieurs sujets, de telle sorte que chacun en eût une partie ; et qu'il fût dit, par exemple, à l'oreille de l'un, *quidquid*, à celle de l'autre, *agis*, mais sans que la pensée entière fût exprimée à aucun, on ne pourrait pas dire que toute la pensée est dans plusieurs têtes, de façon que chacune d'elles ait une partie de la pensée : au contraire, la pensée n'est absolument pas, puisque chacun des auditeurs n'a que la pensée d'un mot, et non une partie de la représentation totale. A la vérité, plusieurs êtres peuvent ainsi avoir en même temps une seule et même pensée, mais chacun d'eux a la pensée entière. Ce qui est impossible, c'est que plusieurs êtres aient ensemble une représentation unique et complète. Tout sujet qui a une représentation totale doit donc être *simple*. L'ame est donc ou une substance simple, ou une composition de substances. Dans le dernier cas, elle ne peut pas penser. Car, alors même que chaque partie penserait, toutes les parties ne pourraient cependant pas avoir ensemble une pensée unique : un *compositum* de substances, une pluralité de substances, ne peut donc absolument pas penser; l'ame doit donc être une substance simple.

3° L'ame est une *ame individuelle* (unité de l'ame), c'est-à-dire que *ma conscience est la conscience d'une substance unique*. Je n'ai pas conscience de plusieurs substances. Car s'il y avait plusieurs substances pensantes dans l'homme, on devrait alors avoir conscience de plusieurs êtres pensants. Mais le moi exprime l'unité; j'ai conscience d'un seul sujet.

4° L'ame est un être qui agit *simpliciter* spontanément, c'est-à-dire qu'elle est *libre in sensu transcendentali*. La liberté pratique ou psychologique est l'indépendance de l'arbitre à l'égard de la coaction des *stimulorum*; nous l'avons vu. Cette liberté est examinée dans la psychologie empirique, et ce concept de la liberté s'est trouvé suffisant pour la moralité. Vient maintenant le *concept* transcendental de la liberté, lequel indique la spontanéité absolue, et qui est l'activité par soi-même (*Selbstthætigkeit*), par le *principe interne*, d'après le libre arbitre. La *spontaneitas* est ou *absoluta vel simpliciter talis*, ou *secundum quid talis*. — La *spontaneitas secundum quid* a lieu quand quelque chose agit spontanément *sous une condition*. C'est ainsi, par exemple, qu'un corps qui est tiré se meut spontanément, mais *secundum quid*. On nomme aussi cette spontanéité *spontaneitas automatica*, lorsqu'une machine se meut d'elle-même en vertu du principe interne, par exemple une horloge, un tourne-broche. Mais la spontanéité n'est pas *simpliciter talis*, parce que le principe interne est déterminé par un *principium externum*. Le principe *internum* dans l'horloge est le ressort, dans le tourne-broche le poids ; mais le *principium externum* est l'artiste qui détermine le *principium internum*. La *spontaneitas simpliciter talis* est une spontanéité absolue.

Mais on demande si les actions de l'ame, ses pensées, proviennent du principe interne qui n'est déterminé par aucune cause, ou si ses actions sont déterminées par un *principium externum*? Dans le dernier cas, elle n'aurait qu'une *spontaneitatem secundum quid*, mais pas *simpliciter talem*, et par conséquent pas de liberté dans le sens transcendental. Si l'on suppose (ce qui n'a lieu que dans la théologie rationnelle) que l'ame a une cause, qu'elle est un *ens dependens*, un *causatum alterius*, il s'agit alors de savoir si l'ame, en sa qualité d'être qui a une cause, a pu recevoir la *spontanéité absolue*. Cette difficulté doit être examinée ici. Si l'ame était un *ens indepen-dens*, nous pourrions, en tout cas, concevoir en elle une *spontaneitatem absolutam*. Mais si j'admets qu'elle est un *ens ab alio*, il me paraît alors vraisemblable qu'elle est aussi déterminée à toutes ses pensées, à toutes ses actions, par cette cause; elle n'a donc qu'une *spontaneitatem secundum quid*; elle agit, à la vérité, librement, d'après le principe interne, mais elle est déterminée par une cause. Il s'agit donc de savoir si, comme ame, je puis penser; si j'ai une *spontaneitatem transcendentalem*, ou *libertatem absolutam*.

Le moi doit encore ici nous tirer d'embarras. Il est vrai que la *spontaneitas absoluta* ne peut se concevoir dans un *ente dependente*; l'activité spontanée pure, dans un être qui est un *causatum*, ne peut être aperçue. *Mais quoique la* spontaneitas absoluta *ne puisse être conçue, elle ne peut cependant pas non plus être rejetée*. Nous n'aurons donc qu'à voir si l'activité spontanée peut être attribuée au moi, si je puis agir librement par moi-même sans être déterminé par aucune cause; si, quand je fais quelque chose, je le fais moi-même, ou si un autre le fait en moi? Dans le dernier cas, je ne suis pas libre, mais déterminé par une cause qui m'est étrangère. Si, au contraire, j'agis en vertu d'un principe interne qui n'est déterminé par rien d'extérieur, alors il y a en moi *spontaneitas absoluta* dans le sens transcendental. Or, le moi prouve que j'agis moi-même; je suis un principe, et non un *principiatum;* j'ai conscience des déterminations et des actions, et un sujet qui a cette conscience a *libertatem absolutam;* ayant conscience de lui-même, c'est une preuve qu'il n'est pas *subjectum patiens*, mais *subjectum agens*. Si j'ai conscience d'une action active, c'est que j'agis par un principe interne de l'activité d'après le libre arbitre, sans une détermination extérieure; ce n'est qu'à cette condition que j'ai *spontaneïtatem absolutam*. Quand je dis : Je pense, j'agis, etc., ou le mot *Je* est employé faussement, ou je suis libre. Si je n'étais pas libre, je ne pourrais pas dire : Je fais cela; mais il faudrait dire : Je sens un plaisir excité en moi par quelqu'un, et qui me porte à agir. Mais quand je dis : Je fais cela, je désigne par-là une spontanéité *in sensu transcendentali*. Or, j'ai conscience que je puis dire : Je fais quelque chose; j'ai donc conscience que je ne suis mu par aucune détermination, et par conséquent que j'agis d'une manière *absolument libre*. Si je n'étais pas libre, si je n'étais qu'un moyen par lequel un autre ferait en moi quelque chose que je fais, je ne pourrais pas dire : Je fais. Je fais, comme *actio*, ne peut être employé que d'une manière absolument libre. Toutes les propositions pratiques objectives manqueraient de sens si l'homme n'était pas libre. Tous les prescrits pratiques seraient inutiles, car on ne pourrait pas dire : Tu dois faire ceci ou cela. Or il y a de ces impératifs suivant lesquels je dois faire quelque chose ; toutes les propositions pratiques, qu'elles soient problématiques, pragmatiques ou morales, supposent donc en moi une liberté ; je dois donc être la *cause première* de toutes mes actions. Mais comme la liberté pratique a été démontrée dans la psychologie empirique, liberté suivant laquelle nous sommes affranchis de la *necessitatione a stimulis*, les propositions pratiques peuvent déjà être établies en conséquence ; *la morale est donc établie sûrement sous ce rapport ; ce qui est aussi notre principal but.* Mais il ne faut pas oublier que nous faisons de la psychologie rationnelle ; nous n'y devons faire appel à aucune expérience, mais établir la *spontaneitatem absolutam* par des principes de la raison pure ; *je m'y élève donc au-dessus du point de vue pratique*, et je demande : Comment est possible une liberté pratique, d'après laquelle j'agis par le principe interne, sans être déterminé par aucune cause extérieure ? Il ne s'agit donc pas ici du vouloir ; ceci peut par conséquent bien s'appliquer à la volonté libre ; mais je mets en principe le moi ou le *substratum* de toute expérience, et j'en affirme des prédicats purement transcendentaux. Je suis alors dans la psychologie rationnelle. Le moi ou l'ame a une *spontaneitatem absolutam actionum*. Ce sont là des concepts purement transcendentaux. Mais pour mieux examiner encore cette proposition, nous devons nous élever jusqu'au point de vue de la *liberté divine*, dans la théologie naturelle. Il est encore difficile à la spéculation d'apercevoir par l'entendement comment un *ens derivativum* peut faire des *actus originarios*. Mais la raison qui fait que nous ne pouvons pas l'apercevoir est dans notre entendement : *car nous ne pouvons jamais comprendre le commencement*, mais seulement ce qui arrive dans la série des causes et des effets. Le commencement est la limite de la série, et la liberté forme un point de départ entièrement nouveau (*lauter neue Abschnitte*) pour un nouveau commencement : telle est la raison pour laquelle il est difficile de voir bien clair dans cette matière. Mais de ce que la possibilité de la liberté ne saurait être aperçue, ce n'est pas une raison pour nier toute liberté. *La liberté est, au contraire, une condition de toutes nos actions pratiques.* Comme il y a aussi d'autres positions (*Sætze*) que nous n'apercevons pas, mais qui supposent une condition nécessaire, de même nous sommes indépendants par le concept de la liberté transcendentale.

Mais on demande : s'il peut y avoir un *fatum stoicum* suivant lequel nos actions, que nous appelons libres, seraient nécessaires, par suite du rapport à une cause suprême, en tant que chaque partie de l'ensemble universel est déjà déterminé dans l'ordre général? Si cela était, aucune imputation ne serait possible. C'est ainsi, par exemple, qu'un stoïcien disait qu'il serait forcé, par la fatalité, à voler son maître; mais le destin força son maître à le pendre. — Ce n'est là qu'un vain sophisme; et, quoique nous ne puissions pas réfuter le fatalisme, un autre ne peut cependant pas le prouver. En tous cas, il n'y a là aucune issue, et nous faisons bien *de nous arrêter, lorsque nous ne pouvons raisonnablement aller plus loin.* Mais par rapport à la pratique, nous ne pouvons admettre le fatalisme, puisque nous trouvons en nous que nous ne sommes déterminés à nos actions par aucune cause.

La religion et la morale sont donc en sûreté.—Le concept de la liberté est pratiquement, mais pas spéculativement suffisant. Si nous pouvions expliquer par la raison les actions originelles libres, le concept serait alors spéculativement suffisant. Mais nous ne le pouvons pas, par la raison que des actions libres sont celles qui résultent du principe interne de toutes les actions, sans aucune détermination de la part d'une cause étrangère. Or nous ne pouvons apercevoir comment l'ame peut exercer de telles actions. Cette difficulté n'est pas une objection, mais une difficulté subjective de notre raison. Une objection est une difficulté objective ; ici la raison est empêchée de voir la chose. Mais la chose en soi n'en souffre pas, *si la difficulté est en nous.* Les conditions sous lesquelles la raison peut apercevoir quelque chose n'existent pas ici : ce sont les raisons déterminantes. Mais nos actions libres n'ont pas de raisons déterminantes ; nous ne pouvons donc pas en apercevoir. C'est là un motif de reconnaître les bornes de *l'entendement*, mais pas de nier la chose. La difficulté subjective est, par rapport à nous, comme si elle était objective, *quoique les obstacles subjectifs à la compréhensibilité soient essentiellement différents des obstacles objectifs à la possibilité.*

SECTION DEUXIÈME.

Dans la deuxième section de la psychologie rationnelle, l'ame humaine est envisagée par *comparaison avec d'autres choses.*

Nous comparons ici l'ame :

1° Avec les êtres corporels, et

2° Avec d'autres êtres pensants.

Quand nous comparons l'ame, comme objet du sens intime, avec les objets du sens extérieur, elle se montre ou matérielle ou immatérielle. Est-elle un objet du sens externe, ou du sens intime? Le moi fait voir que je ne conçois l'ame que comme un objet du sens intime. Tous les objets du sens externe sont matériels, et j'acquiers la certitude de leur existence, s'ils sont présents dans l'espace par l'impénétrabilité. Mais j'ai conscience de l'ame par le sens interne, et non par le sens externe. J'aperçois donc que l'ame m'est donnée comme un objet du sens intime. Nous voyons de plus que toutes les actions de l'ame, le penser, le vouloir, etc., ne sont pas des objets du sens externe. Un être pensant, comme tel, ne peut absolument pas être un objet du sens externe; nous ne pouvons percevoir par ce sens ni le penser, ni le vouloir, ni la faculté du plaisir et du déplaisir ; et nous ne pouvons nous représenter la manière dont l'ame, comme substance pensante, devrait être un objet du sens extérieur; mais comme elle ne l'est pas, elle n'est pas non plus matérielle. Si l'ame était un objet du sens extérieur, elle devrait être telle par son impénétrabilité dans l'espace : car ce n'est qu'à cette condition que nous sommes certains, par le sens extérieur, de l'existence des objets. Mais comme les actions de l'ame ne nous sont connues d'aucune manière qui tombe sous le sens extérieur, l'ame elle-même ne peut être un objet de ce sens; elle doit au contraire être immatérielle. Toutefois, nous ne pouvons l'affirmer que dans la mesure de notre connaissance de l'ame.

Mais nous avons déjà fait voir que l'ame est une substance, et qu'elle est une substance simple. *Wolff* croyait déjà prouver par-là l'immatérialité; mais c'était à tort : l'immatérialité ne dérive pas encore de la simplicité; car la plus petite partie d'un corps n'en est pas moins réellement quelque chose de matériel et un objet du sens externe. Quoiqu'elle ne soit pas un objet du sens externe, elle peut cependant le devenir en s'ajoutant à une certaine quantité de particules semblables. Quand donc l'ame serait simple, elle pourrait encore être matérielle; et si elle était unie à un grand nombre d'autres parties simples de même nature, elle pourrait devenir un objet du sens externe. Représentons-nous, par exemple, un pouce cube rempli de matière, et demandons-nous si, dans l'hypothèse de la non-composition pure et simple de l'ame, il n'y aurait là place pour elle qu'autant qu'une partie simple toute semblable devrait disparaître à son profit, ou bien si elle y trouverait place encore sans cette suppression. — Si l'on répondait de la première manière, il s'ensuivrait que si je continue cette opération avec une deuxième, une troisième, une quatrième, etc., ame, je fais à la fin disparaître toute la matière du pouce cube, et que je remplis d'ames tout cet espace, lesquelles seraient dès-lors présentes dans l'espace en vertu de l'impénétrabilité, sans cependant occuper un espace. L'ame peut donc toujours être simple sans cesser d'être matérielle. Mais ce qui n'est pas un objet du sens extérieur, ne peut être, à quelque faible degré que ce soit, quelque chose de corporel; et quand même il y aurait un grand nombre de parties semblables en composition, aucun objet de ce genre ne deviendrait cependant percevable au sens extérieur, car c'est immatériel.

Quelle est donc la source de cette connaissance? (car le philosophe doit toujours remonter à la source de cette connaissance; cela vaut mieux que de connaître toutes les preuves extrinsèques.) *D'où* peut partir un philosophe pour prouver l'immatérialité de l'ame, et *jusqu'où* peut-il aller? Il ne peut tirer ses pensées que de l'expression Moi, qui rend l'objet du sens intime. Le concept de Moi contient donc celui de l'immatérialité. — Nous ne pouvons *pas prouver a priori* l'immatérialité de l'ame; mais nous pouvons *seulement* établir *que tous les attributs, toutes les actions de l'ame, ne peuvent être connus en partant de la matérialité.* Mais ces attributs ne prouvent pas encore que notre ame ne doive rien avoir d'extérieur; il en résulte seulement que je ne puis admettre la matérialité comme un principe d'explication des opérations dites de l'esprit. J'exclus donc purement et simplement la matérialité. Car si je devais l'admettre, je ne connaîtrais rien de plus de l'ame. On ne peut donc pas admettre arbitrairement la matérialité, *mais j'ai une raison en faveur de l'immatérialité.* On pourrait déjà induire ici quelqu'un en erreur, et partir de là pour prouver la matérialité de l'ame, quoiqu'elle n'en dérive pas. Mais on a cependant une raison pour l'immatérialité; la voici : Tout ce qui compose une partie dans le tout de l'espace, est entre deux limites. Les limites de l'espace sont les points; ce qui est entre deux points est dans l'espace; ce qui est dans l'espace est divisible. La matière n'a donc aucune partie simple; toute matière est au contraire dans l'espace, et par conséquent divisible à l'infini. Si donc l'ame était matérielle, elle n'en devrait pas moins être une partie simple de la matière (puisqu'on a déjà prouvé que l'ame est simple). Or aucune partie de la matière n'est simple, car il y a là contradiction : l'ame n'est donc pas matérielle, mais immatérielle.

Maintenant, considérons l'ame *en comparaison avec des natures pensantes*, et même son rapport de ressemblance avec les ames des animaux et avec d'autres esprits. Du concept de l'immatérialité de l'ame, on est arrivé à celui des esprits. Un être immatériel, qui est considéré abstraitement de toute matière, et qui peut penser par soi-même, est un *esprit*. C'est ainsi que le concept et la doctrine des esprits ont pénétré dans la psychologie. Le chemin que nous avons pris pour étudier l'ame, est celui-ci : nous avons fait voir que l'ame est une substance, une substance simple et libre, une substance immatérielle. Il s'agit de savoir maintenant *si elle est aussi un esprit*. Pour être esprit, il faut non-seulement être immatériel, mais encore penser tout en étant séparé de toute matière. — Si j'appelle mon être immatériel du nom d'ame, il suit de la signification même du mot, que c'est un être qui est non-seulement en union, mais encore *in commercio* avec un corps. *Quand donc cet être est séparé du corps, le nom d'ame ne convient plus*. Il s'agit maintenant de savoir si l'ame est un être purement matériel, que l'on puisse concevoir seulement en commerce avec le corps, *ou si elle est un esprit*, qui puisse aussi penser quoique séparé du corps. Il n'est pas ici question de savoir si elle est réellement telle maintenant, mais si elle a une faculté (bien qu'elle soit actuellement en commerce avec le corps) de penser sans être unie au corps; c'est-à-dire si, séparée du corps, elle peut durer et vivre à la manière des esprits. Nous comparerons donc l'ame humaine, qui est unie à un corps, avec des substances qui ne sont point unies à des corps, c'est-à-dire avec des *esprits ;* nous la comparerons encore avec des substances unies à des corps, formant avec eux une communauté analogue à celle qui résulte de l'union de l'ame et du corps de l'homme, substances douées seulement de la sensibilité et de la perception, c'est-à-dire enfin avec les *ames des bêtes.* Nous parlerons donc :

1° *De anima bruti,* dont le commerce dépend des corps ;

2° *De spiritu,* qui n'est point en commerce avec le corps ; et

3° *De anima humana,* dont il a été surtout question jusqu'ici, qui est à la vérité en commerce avec le corps, mais qui en est indépendante, puisqu'elle peut vivre et penser sans corps comme un esprit.

Mais si nous comparons l'ame de l'homme avec celle de l'animal et avec d'autres esprits, il ne faut cependant pas espérer que nous dévoilerons de grands mystères, ou que nous ferons beaucoup de découvertes. Il en est une cependant qu'on est en droit d'attendre : elle a coûté beaucoup de peine, et elle n'est encore à la connaissance que d'un petit nombre d'hommes ; elle consiste à *reconnaître les bornes de la raison et de la philosophie*, d'après le chemin qu'il est donné à la raison même de faire en semblable matière. Nous apprendrons donc ici à connaître *notre ignorance*, et *sa raison ;* nous verrons pourquoi il est impossible qu'aucun philosophe aille plus loin : en *sachant cela, nous savons déjà beaucoup.*

Les animaux ne sont pas de simples machines, ou de la matière seulement ; ils ont des ames : car tout dans la nature entière est inanimé ou animé. Toute matière, comme matière (*materia, qua talis*), est inanimée. D'où le savons-nous ? Le concept que nous avons de la matière est celui-ci : *materia est extensum impenetrabile iners*. Quand nous observons, par exemple, un grain de poussière sur du papier, nous voyons s'il se meut. S'il ne se meut pas de lui-même, nous le regardons comme de la matière privée de vie, qui est *iners*, et qui pourrait rester là pendant toute l'éternité, si elle n'était pas déplacée par quelque autre chose. Mais aussitôt que de la matière se meut, nous regardons si ce mouvement est arbitraire et part d'elle. Si nous sommes certains qu'il en est ainsi, nous disons qu'elle est *animée*, que c'est *un animal*. Un animal est donc une matière animée : car la vie est la faculté de se déterminer soi-même arbitrairement en vertu d'un principe interne. La matière, comme matière, n'a aucun principe interne d'activité, aucune spontanéité ou faculté de se mouvoir elle-même; au contraire, toute matière animée possède un principe interne, distinct de l'objet du sens externe, et qui est un objet du sens intime; c'est en elle un principe particulier du sens interne. Un principe interne de l'activité spontanée n'est que penser et vouloir ; ce n'est qu'à cette condition que quelque chose peut être mu par le sens intime; ce n'est qu'un principe d'action se déterminant d'après le bon plaisir et l'arbitre. Quand donc une matière se meut, on peut en conclure qu'il y a en elle un semblable principe particulier d'activité spontanée. Mais ce principe, capable de penser et de vouloir, n'est qu'un être qui a connaissance. La matière ne peut se mouvoir que par le moyen d'un semblable principe. Mais ce principe de la matière est l'ame même de la matière. Toute matière vivante ne vit donc pas comme matière, mais elle possède un principe de vie, et est animée. La matière vivante est donc *animée*. Il y a donc chez les animaux un principe de vie pour fondement; et ce principe, c'est l'ame.

C'est avec ces ames des animaux et notre ame propre que nous devons établir une comparaison *a priori*, sans recourir à l'expérience, et voir en quoi consiste la différence. Mais si nous devons reconnaître, même *a priori*, des êtres doués de la faculté représentative, d'où tirons-nous des différences qui ne nous sont absolument pas données ? Devons-nous reconnaître des ames hors de nous, et dont nous n'avons aucune donnée ? — Nous tirons cette différence, et les données qui l'établissent, de nous-mêmes, et du concept Moi. Nous ne connaissons notre ame que par le sens intime ; mais nous avons aussi un sens extérieur ; toute différence repose donc sur le sens extérieur et sur l'intérieur. Quand nous nous représentons des êtres *a priori*, nous ne notons pas les différences quant au degré, mais, au contraire, quant à l'espèce. La différence et la comparaison doivent donc reposer sur notre sens tant externe qu'interne. Nous pouvons concevoir des êtres qui soient doués du sens externe, mais privés du sens interne ; ce sont les animaux.

Les animaux auront donc toutes les représentations des sens externes ; ils ne seront privés que de celles du sens interne, qui ont leur fondement dans la conscience de soi-même, en un mot dans le concept du Moi. Ils n'auront donc ni entendement ni raison : car toutes les opérations de l'entendement et de la raison ne sont possibles qu'à la condition de la conscience de soi-même. Ils n'auront aucune connaissance générale par réflexion; ils manqueront de l'identité des représentations, de leurs liaisons quant au sujet et aux prédicats, quant au principe et à la conséquence, quant au tout et aux parties : car ce sont là autant de conséquences de la conscience, de laquelle les animaux sont privés.

Nous pouvons attribuer aux animaux un *analogon rationis*, qui consiste dans des liaisons des représentations suivant les lois de la sensibilité; liaisons qui sont le principe des mêmes actions que celles qui résulteraient d'une liaison suivant des concepts. Ce n'est donc pas quant au degré, mais quant à l'espèce, que les animaux diffèrent de l'ame humaine : car si les ames des animaux gagnent si fort en sensibilité, cependant la conscience d'eux-mêmes, le sens intime, n'est pas encore atteint par-là. Quoique leur sensibilité soit le principe de phénomènes supérieurs à ceux de même nature en nous, le sens intime ne leur manque pas moins.

Ayant conclu de la nature de l'esprit que tout ce qui est un principe de vie doit aussi vivre, nous devons le reconnaître également des ames des animaux. De même donc que notre intellectualité dans l'autre monde doit être admise, de même il faut reconnaître aussi la sensibilité dans les animaux; mais ils ne seront jamais nos égaux. Nous pouvons maintenant concevoir problématiquement qu'il existe des êtres qui n'ont pas de sens intime : car il n'y a là aucune contradiction. Combien n'y a-t-il pas de phénomènes chez ces êtres dépourvus de sens intime, qui s'expliquent par la sensibilité extérieure, sans admettre un sens intime ? La conscience de soi-même, le concept du moi, n'a pas lieu chez les êtres qui n'ont pas de sens intime : nul animal dépourvu de raison ne peut donc penser. Je suis ; de là découle la différence en vertu de laquelle des êtres qui ont ce concept de Moi, possèdent aussi une *personnalité*.

Il y a personnalité physique, s'ils peuvent dire : Je suis. La *liberté* et l'*imputabilité* en sont aussi la conséquence : c'est la *personnalité pratique*, qui a ses conséquences en morale. Mais si l'on voulait alléguer des phénomènes qui ne s'expliquent que par la sensibilité extérieure, on pourrait très-bien expliquer ici toute la psychologie des animaux. Mais comme ceci fait partie de la physique, nous sortirions alors de la psychologie rationnelle. Nous voyons cependant des animaux entreprendre des actions que nous ne pourrions réaliser que par l'entendement et la raison. La sensibilité est donc en nous un état comme dans les animaux, à part cette différence que la leur est bien préférable à la nôtre. Mais nous sommes dédommagés de cette perte par la conscience de nous-mêmes, et par l'entendement qui en est la conséquence. Aussi ne sommes-nous pas absolument obligés d'admettre de la réflexion chez les animaux; mais nous pouvons dériver tout cela de la faculté figurative. Nous reconnaissons donc à ces êtres une faculté de sentir, de l'imagination, etc.; mais le tout d'une manière sensible comme notre faculté inférieure, et sans qu'il y ait conscience. Nous pouvons expliquer tous les phénomènes animaux par cette sensibilité extérieure, et par des principes mécaniques de leur corps, sans recourir à la conscience ou au sens intime. Le philosophe ne doit pas, sans cause, multiplier les principes.

Après avoir comparé notre ame avec des êtres qui lui sont *inférieurs*, nous allons maintenant la comparer avec des êtres qui sont *au-dessus d'elle*. Comme nous avons un sens extérieur et un sens intérieur, et que nous pouvons concevoir des êtres qui n'aient que le sens extérieur, nous pouvons aussi, d'un autre côté, en concevoir qui n'aient absolument pas de sens extérieur, qui ne tombent point sous les sens, et qui soient par conséquent immatériels. Nous pouvons donc nous représenter des êtres immatériels, qui soient doués de la conscience d'eux-mêmes. Un être pensant immatériel, qui est doué de conscience (il suit déjà que c'est aussi un être raisonnable), est un esprit. Il faut distinguer de l'esprit ce qui est *spirituel*. Des *êtres spirituels* sont ceux qui, quoique unis à un corps, peuvent cependant continuer d'avoir des représentations, des pensées, des volitions, après avoir été séparés de leur corps. Or, il s'agit de savoir si l'ame de l'homme est un être spirituel? — Si elle peut continuer de vivre une fois séparée du corps, elle est spirituelle; et si les ames des bêtes sont dans le même cas, elles sont également spirituelles. Est esprit l'ame réellement séparée du corps, et qui peut cependant penser et vouloir sans être un objet du sens extérieur. Mais que pouvons-nous savoir *a priori* des esprits? *Nous ne pouvons les concevoir que problématiquement, c'est-à-dire qu'on ne peut alléguer aucune raison* a priori *pour les rejeter*. L'expérience nous apprend que, quand nous pensons, notre corps se met en jeu; mais nous n'en voyons pas la nécessité. Nous pouvons très-bien nous représenter des êtres qui n'aient pas de corps, et qui cependant soient capables de penser et de vouloir. Nous pouvons admettre problématiquement des êtres pensants raisonnables, doués de conscience, qui soient immatériels. Quelque chose peut être admis problématiquement, s'il est absolument clair qu'il est *possible*. Nous ne pouvons pas le prouver apodictiquement; mais on ne peut pas non plus établir que de semblables esprits ne doivent pas exister. L'existence de Dieu même, nous ne pouvons pas la démontrer apodictiquement; mais personne n'est capable de me prouver le contraire : car d'où tirerait-on une pareille preuve ? — Nous ne pouvons dire de ces esprits qu'une chose : ce qu'ils peuvent faire quand ils sont séparés du corps. Ils ne sont pas un objet du sens externe; ils ne sont donc pas dans l'espace. *Nous ne pouvons rien dire de plus ici, sans tomber dans des subtilités.* La notion d'ames animales et celle d'esprits supérieurs ne sont qu'un jeu de nos concepts. — En résumé, nous savons par expérience que nous sommes un objet du sens externe et du sens interne. Nous pouvons donc nous représenter des êtres qui n'aient que le sens extérieur, ce sont les animaux; nous pouvons aussi nous en représenter qui n'aient que le sens intérieur, ce sont des esprits. Si nous nous en représentons qui soient doués de cette double manière de sentir, nous aurons alors des *ames humaines*.

Nous ne pouvons rien prouver de tout cela, mais simplement l'admettre à titre problématique, puisque l'impossibilité n'en peut pas être prouvée. L'expérience nous enseigne encore d'une manière plus heureuse qu'il y a réellement des êtres (dont nous parlons en psychologie rationnelle) qui ne sont doués que du sens extérieur; mais qu'il y en ait qui ne possèdent que le sens intime, c'est ce que l'expérience ne peut nous apprendre.

SECTION TROISIÈME.

La troisième section de la psychologie rationnelle est relative à l'*union de l'ame avec d'autres choses.*

Nous traiterons d'abord de l'*union de l'ame avec le corps*, ou du commerce de ces deux choses.

Un *commercium* est une détermination réciproque. La dépendance d'une détermination qui n'est pas réciproque, n'est pas un *commercium*, mais une *union*. Cette union unilatérale est celle de Dieu avec le monde. Mais le *commercium* entre l'ame et le corps, est une dépendance réciproque de la détermination. Il s'agit donc de savoir d'abord comment un tel *commercium* entre un principe pensant et un corps est possible? (Je ne puis pas dire entre l'*ame* et le corps : car la notion d'ame suppose déjà un commerce.) La raison de la difficulté d'apercevoir ce commerce tient à ce que l'ame est un objet du sens intime, et que le corps est un objet du sens externe. Je n'aperçois rien d'interne dans le corps, et rien d'externe dans l'ame. Aucune raison ne peut comprendre maintenant comment ce qui est un objet du sens intime, doit être un principe de ce qui est un objet du sens externe. Penser et vouloir sont simplement des objets du sens intime. Si penser et vouloir était une force motrice, ce serait un objet du sens externe. Mais comme c'est un objet du sens intime (par conséquent une raison de la détermination intérieure), il est difficile d'apercevoir comment ce peut être un principe de la détermination extérieure. Et comme, d'un autre côté, le mouvement, en tant qu'objet du sens externe, est un principe de la détermination extérieure, il est difficile de dire comment ce peut être un principe des déterminations et des représentations internes. La détermination réciproque entre penser, vouloir et mouvoir, ne peut être aperçue de la raison. Mais cette *impossibilité ne prouve pas du tout l'impossibilité interne de la chose même.* Nous pouvons, au contraire, apercevoir par l'expérience la détermination réciproque entre la pensée, la volonté et le mouvement; et c'est non-seulement ce qui a lieu, mais toutes les facultés fondamentales nous sont encore données par l'expérience, aucune n'est aperçue par la raison. Nous ne connaissons donc dans un corps que les forces, dont les effets sont des phénomènes du sens externe; et dans l'ame, nous ne connaissons que les facultés, dont les opérations sont des phénomènes du sens intime. Nul donc ne saurait dire comment les forces du sens externe du corps peuvent être des raisons des phénomènes de l'ame, ni comment les facultés de l'ame peuvent être des principes des phénomènes du corps. Non-seulement le *commercium* entre l'ame et le corps est difficile à apercevoir, mais aussi le *commercium* entre les corps eux-mêmes. Il est vrai que nous l'apercevons, mais à la condition d'admettre déjà des forces du *commercii*. Quand, par exemple, j'admets l'impénétrabilité, c'est déjà une force fondamentale du *commercii*. Nul être, dont la raison n'est pas intuitive, mais discursive, ne saurait apercevoir cette force fondamentale du *commercii*. Car tous les *systemata explicandi commercium animæ cum corpore* sont encore impuissants et vains. Aucun système ne peut expliquer, en effet, comment la pensée donne naissance au mouvement, et le mouvement à la pensée, par la raison qu'on ne peut apercevoir aucune force fondamentale. C'est avoir suffisamment philosophé déjà, que d'être *parvenu jusqu'à la force primitive*. Tous les *systemata explicandi commercium* aboutissent là, parce qu'ils se figurent que l'influence naturelle est impossible. Mais par rapport à l'ame, les phénomènes font voir que la volonté a une influence sur le corps; et, réciproquement, que l'ame a la force de mouvoir le corps[1]. Nous n'en pouvons donner aucune raison : car c'est une force primitive, une faculté fondamentale. Le *commercium*, ayant lieu suivant des lois déterminées, est une influence naturelle, et la société est naturelle. Comme on a cru que le *commercium* peut être naturellement impossible, on a mis en jeu un troisième être, et l'on a dit ou comme Leibnitz : Dieu, au commencement, a déjà réglé de telle sorte les actions de l'ame et du corps, qu'elles s'accordent maintenant; — ou comme Descartes : Dieu, en toute occasion, fait en sorte que l'accord existe entre les deux sortes d'opérations. Mais nous ne savons du *commercium*, soit entre les corps, soit entre l'ame et le corps, qu'une chose, c'est qu'il est possible, parce que toutes les substances n'existent que par une seule : toutes sont donc

---

[1] Il n'y a pas là de réciprocité; mais c'est ainsi qu'il y a dans le texte. *(Note du Tr.)*

en société; mais on n'aperçoit pas *comment* la chose est possible entre l'ame et le corps.

L'ame étant *in commercio* avec le corps, on peut se demander maintenant quel est le *siége* de l'ame dans le corps? Le lieu de l'ame dans le monde est déterminé par le lieu du corps : *mon ame est où est mon corps.* Mais où l'ame a-t-elle son siége dans le corps? Le lieu du corps dans le monde n'est déterminé que par le sens *extérieur*. Or, l'ame est un objet du sens *intime*; et, aucun lieu ne pouvant être déterminé par le sens intime, *le lieu de l'ame dans le corps ne peut pas non plus être déterminé :* car aucun rapport extérieur ne peut être déterminé par les actions intérieures. L'ame, ne se percevant que par le sens interne, ne peut pas se percevoir en un lieu, et avoir conscience d'un lieu. Je ne puis pas sentir dans le corps la place où est l'ame : car autrement, il faudrait que je me perçusse par un sens externe, quand cependant je me perçois par un sens interne. L'ame ne peut pas plus se percevoir extérieurement, qu'un œil ne peut se percevoir lui-même. Mais elle peut avoir conscience des parties extérieures du corps, surtout de celles qui contiennent la plupart des causes de ses sensations. Mais la cause de toutes les sensations est le système nerveux. Sans les nerfs, nous ne pourrions rien sentir d'extérieur. Or le cerveau est la racine de tous les nerfs; dans toute sensation le cerveau est donc excité, parce que tous les nerfs se concentrent dans le cerveau; toutes les sensations se concentrent donc aussi dans le cerveau. L'ame doit donc mettre le siége de *ses sensations* dans le cerveau, comme étant le *lieu de toute condition* des sensations. *Toutefois, ce n'est pas le lieu de l'ame elle-même,* mais le lieu d'où partent tous les nerfs, par conséquent aussi toutes les sensations. Nous trouvons que le cerveau est en harmonie avec tous les actes de l'arbitre de l'ame. Je sens chaque partie en particulier. Quand, par exemple, je tiens le doigt au feu, j'y éprouve de la douleur; mais à la fin, toutes les sensations se concentrent de chaque partie du corps dans le cerveau, souche de tous les nerfs : car si les nerfs d'une partie du corps sont coupés, nous n'y sentons plus rien. Le principe de toute sensation doit donc être dans le cerveau. On se figure donc que l'ame a son siége dans le cerveau, afin qu'elle puisse mouvoir tous les nerfs, et en être affectée. Mais nous sentons cependant que le siége de l'ame n'est pas dans le cerveau, et que le cerveau, avec tous ses changements, est en harmonie avec l'ame. C'est ainsi que la tête fait mal par suite de la réflexion. Nous n'apercevons pas le lieu, mais nous concluons seulement que le cerveau est le siége de l'ame, parce que c'est là principalement qu'elle agit. Si nous imaginons dans le cerveau une place qui soit comme le premier principe du tronc des nerfs, principe qui est appelé *sensorium commune*, mais que nul médecin n'a jamais vu, on se demande alors si l'ame réside dans ce *sensorio communi* ?

S'y est-elle choisi une toute petite place, d'où elle puisse diriger tout le corps, comme un organiste dirige tout son instrument? ou bien n'a-t-elle pas de lieu spécial dans le corps, de telle sorte que le corps même soit son lieu? En admettant que l'ame ait pris une petite place dans le cerveau, d'où elle joue sur nos nerfs comme sur un orgue, nous pourrions croire que si nous parcourions toutes les parties du corps, nous devrions arriver enfin à celle qui est le siége de l'ame. Si donc on retranchait cette place, l'homme pourrait bien encore exister tout entier, mais il manquerait d'un lieu où l'organiste pût en quelque sorte jouer de son orgue; mais c'est là une manière de concevoir très-matérialiste. Si l'ame n'est pas un objet des sens extérieurs, alors les conditions des intuitions extérieures ne lui conviennent pas. Or, la condition de l'intuition extérieure est l'espace. N'étant pas un objet de l'intuition extérieure, elle n'est *pas* non plus *dans l'espace*; seulement elle agit dans l'espace;

— et quoique nous disions par analogie qu'elle est dans l'espace, cela ne doit cependant pas s'entendre corporellement. C'est dans le même sens que l'on dit de Dieu qu'il est dans une église. Nous disons donc en second lieu que l'ame n'occupe aucun endroit particulier dans le corps, mais que sa place dans le monde est déterminée par le corps, et qu'elle est immédiatement unie au corps. Nous n'apercevons pas la possibilité de ce commerce; nous ne devons pas même poser les conditions de ce commerce telles qu'elles existent pour les corps considérés entre eux, c'est-à-dire par le moyen de l'impénétrabilité : car ce serait faire l'ame matérielle. Assigner à l'ame un lieu et place dans le corps, c'est se contredire, et tomber dans le matérialisme.

Voyons maintenant l'*ame dans son commerce avec le corps* quant au temps, c'est-à-dire l'état de l'ame au *commencement* de ce commerce ou à la *naissance*; dans le commerce même ou pendant la *vie*, et à la fin de ce commerce ou à la *mort*.

La vie consiste dans le commerce de l'ame avec le corps; le commencement et la fin de la vie sont le commencement et la fin de ce commerce : l'un est la naissance, l'autre la mort. L'intervalle, ou la *durée* de ce commerce, est la vie. Le commencement de la vie est la naissance:

ce n'est pas le commencement de la vie de l'ame, mais celui de l'homme. La fin de la vie est la mort : ce n'est pas la fin de la vie de l'ame, mais celle de l'homme. Naissance, vie et mort ne sont donc que des *états* de l'ame : car l'ame est une substance simple. Elle ne peut donc être produite quand le corps est formé, ni être dissoute quand il est dissous : *car le corps n'est que la forme de l'ame*. Le commencement ou la naissance de l'homme, sa fin ou la mort, ne sont donc que le commencement et la fin du commerce, ou le changement d'état de l'ame. Mais le commencement du commerce ou la naissance de l'homme n'est pas le commencement du principe de la vie, pas plus que la fin de ce commerce ou la mort n'est la fin du même principe : car ce principe ne doit pas son origine à la naissance, et ne finit pas à la mort. Le principe de la vie est une substance simple. Mais il ne suit pas de la substantialité ou de la simplicité que la naissance de l'homme soit le commencement de la substance, ni que la mort de l'homme en soit la fin : car une substance simple ne commence pas et ne finit pas suivant des lois naturelles. La substance reste donc, quoique le corps passe; et la substance doit exister déjà pour que le corps soit possible. — La substance reste toujours la même; la naissance, la vie et la mort ne sont donc que différents états de l'ame. *Mais un état suppose déjà une existence :* car le commencement n'est pas un état; or la naissance est un état de l'ame; elle n'est donc pas le commencement de l'ame.

Après avoir considéré l'état de l'ame au commencement du commerce entre l'ame et le corps, nous devons maintenant étudier l'ame *avant* le commencement et *après* la fin de l'union, c'est-à-dire son état avant la naissance et après la mort. Entre l'état de l'ame avant la naissance et son état après la mort, il y a parfait accord : car si l'ame n'avait pas vécu avant son union avec le corps, nous ne pourrions pas dire qu'elle vivra encore après cette union. En effet, si elle naissait avec le corps, elle pourrait aussi finir avec lui: car ce qu'elle doit être après l'union, elle peut, *par les mêmes raisons,* l'avoir été avant cette union. Mais nous pouvons aussi conclure de l'état qui suit la mort, état dont nous prouverons l'existence, à l'état de l'ame avant la naissance : car des preuves que nous donnerons en faveur de la permanence de l'ame après la mort, *semble suivre* que nous avons vécu, *avant* la naissance, d'une vie spirituelle pure, et que l'ame, par la naissance, est pour ainsi dire entrée dans une prison, dans une caverne, qui gêne sa vie spirituelle. Mais il s'agit ici de savoir si l'ame, avant la naissance, a eu un usage parfait de ses forces et de ses facultés ; si elle a eu toutes les connaissances expérimentales que nous possédons sur le monde, ou si elle ne les a acquises que par le moyen du corps. Nous répondons que l'ame, pour avoir vécu, avant la naissance, d'une vie purement spirituelle, n'a pas dû pour cela nécessairement jouir du parfait usage de ses forces et facultés, ni avoir du monde ces connaissances empiriques (qu'elle n'a acquises qu'après la naissance); il s'ensuit bien plutôt que l'ame, ayant vécu d'une vie spirituelle, a possédé une force spirituelle de la vie, a été en possession de toutes ses capacités et facultés ; mais de telle sorte, que toutes ces capacités n'ont dû se développer qu'à l'aide du corps, et qu'elle n'a eu toutes les connaissances qu'elle possède maintenant sur le monde, que par le moyen du corps, et qu'elle a par conséquent dû se préparer, par le moyen du corps encore, à la vie future. *L'état de l'ame avant la naissance était donc sans conscience du monde et d'elle-même.*

De l'Etat de l'Ame après la Mort.

Il s'agit maintenant d'examiner l'état de l'ame après la mort.

Nous avons ici deux questions à traiter :

1° Si l'ame *vivra* et subsistera après la mort; et

2° S'il *est de sa nature* qu'elle vive et subsiste, c'est-à-dire *si elle est immortelle.*

Si l'ame vit, il ne s'ensuit pas qu'elle doive nécessairement vivre quant à sa nature : car elle pourrait très-bien être conservée vivante par la puissance divine, dans des vues de récompense ou d'amendement. Mais alors, si elle ne vivait que d'une vie *contingente,* il pourrait venir un temps où elle cesserait de vivre; tandis que s'il est *de sa nature* d'être immortelle, elle doit *nécessairement* continuer d'exister. Nous n'avons donc pas à prouver ici la vie *contingente* de l'ame (qu'elle vivra purement et simplement : c'est ce qui résulte déjà de sa substantialité, puisque toute substance continue d'exister, même la substance corporelle : car quand le bois est brûlé, les parties en sont seulement dissoutes, la substance reste toujours), mais qu'elle est immortelle : l'*immortalité est la nécessité naturelle de vivre.* Cette preuve va beaucoup plus loin (*hat weit mehr auf sich*) que celle de la simple vie contingente, qui peut se faire par un grand nombre d'arguments tirés de la justice, de la sagesse et de la bonté de Dieu. Mais la preuve qui est tirée de la nature et du concept de la chose même est toujours la seule possible; elle est *transcendentale*. Beaucoup de preuves d'une chose peuvent n'être pas données *a priori*. Les autres arguments allégués d'ailleurs en faveur de l'immortalité de l'ame n'en sont pas des preuves : ils n'établissent que l'*espérance* de la vie future. La preuve de l'immortalité de l'ame, qui est prise de la nature et du concept de l'ame même, se fonde sur ce que la vie n'est autre chose qu'une faculté d'agir en vertu du principe *interne* ou de la spontanéité. Le concept d'ame en général implique déjà qu'elle est un sujet. La spontanéité suppose un principe interne de détermination : elle est la source de la vie qui anime le corps. Et, comme toute matière est sans vie (car c'est là le concept que nous avons de la matière, puisque nous ne la connaissons pas autrement), rien de ce qui appartient à la vie ne peut provenir de la matière. Les actes de la spontanéité ne peuvent pas provenir d'un principe externe, c'est-à-dire qu'il ne peut y avoir de causes extérieures de la vie : car autrement il n'y aurait pas spontanéité dans la vie. C'est ce qu'implique déjà la notion de vie, puisque la vie est une faculté de déterminer les actions en vertu d'un principe *interne*. Aucun corps ne peut donc être cause de la vie : car tout corps étant matière, et la matière étant privée de vie, le corps n'est pas un principe de la vie, mais plutôt un obstacle; la raison de la vie doit bien plutôt résider dans une autre substance, dans l'ame : ce doit être une raison qui ne repose pas sur l'union avec le corps, mais sur le principe interne de sa spontanéité. Ni le commencement de la vie de l'ame, ni la continuation de son existence, n'ont donc leur raison dans le corps : quoique le corps vienne à se dissoudre, le principe de la vie qui a exercé les actes de la vie indépendamment du corps, et qui doit par conséquent les exercer encore librement après sa séparation d'avec le corps, subsiste donc encore.

La vie dans l'homme est *double* : elle est animale et spirituelle. La vie animale est la vie de l'homme comme homme, et le corps est nécessaire à l'existence et à la vie de l'homme; l'autre vie est la vie spirituelle, celle où l'ame doit continuer à exercer les mêmes actes indépendamment du corps. Le corps est indispensable à la vie animale : l'ame y est unie au corps; elle agit dans le corps et l'anime. Quand donc la machine corporelle se détraque et se décompose, quand l'ame ne peut plus y manifester son activité, la vie animale cesse, mais non pas la vie spirituelle. On pourrait dire cependant que toutes les actions de l'ame, par exemple la pensée, le vouloir, etc., s'accomplissent par le moyen du corps, ce que prouve l'expérience: le corps est donc la condition de la vie de l'ame. Tant que l'esprit représente une ame, l'esprit est en commerce avec le corps, et les opérations de l'ame dépendent aussi du corps : car autrement il n'y aurait pas de *commercium*. Tant que l'animal vit, l'ame est le principe de la vie; mais le corps est l'instrument, l'organe au moyen duquel les actes vivants de l'ame sont accomplis dans le monde. Quand donc nous considérons deux substances en commerce mutuel, il est impossible que l'une ne soit pas une condition pour l'autre. C'est ainsi, par exemple, que l'ame ne peut pas penser si le corps est malade. Toutes les connaissances sensibles ont leur raison dans le corps, car c'est l'organe des sens : tant que l'homme vit, l'ame doit pouvoir produire ses représentations sensibles par le moyen du cerveau, comme gravées sur une table.

Il en est d'une ame qui est renfermée dans un corps, comme d'un homme qui est attaché à une charrette : quand cet homme se meut, la charrette elle-même se déplace; mais personne ne peut dire que le mouvement provienne de la charrette; de même les actions ne peuvent pas provenir du corps, mais de l'ame. Tant que l'homme tient à la charrette, son mouvement en devient le mouvement; s'il en est délié, il pourra se mouvoir plus librement; c'était donc un obstacle à son mouvement. Mais tant qu'il y est attaché, le mouvement lui est plus ou moins facile suivant la bonté de l'instrument. Quand une fois l'ame est unie au corps, la diminution des obstacles est favorable à la vie; de même que le mouvement est plus facile quand les roues d'une voiture sont graissées; mais il serait encore plus facile après que l'on aurait été détaché de la voiture. Une bonne constitution physique est donc favorable à la vie, tant que l'ame est unie au corps, quoique l'affranchissement du corps fût encore préférable : car le corps, étant une matière privée de vie, est par-là même un obstacle à la vie; mais tant que l'ame est unie au corps, elle doit endurer cet obstacle, tout en cherchant à l'affaiblir de toutes les manières. Quand le corps s'en va tout-à-fait, l'ame se trouve délivrée de ses liens, et commence alors seulement à vivre d'une vie parfaite. La mort n'est donc pas l'anéantissement absolu de la vie, mais un triomphe sur les obstacles à la vie parfaite. C'est ce qui se rencontre déjà dans l'entendement de chacun et dans la nature des choses. La conscience du simple moi prouve que la vie n'est pas dans le corps, mais dans un principe particulier qui est différent du corps; que par conséquent ce principe peut aussi subsister sans corps, et voir sa vie augmenter par-là, loin d'être amoindrie. *Telle est la seule preuve a priori de l'immortalité de l'ame*; elle est tirée de la connaissance de l'ame, et de sa nature que nous apercevons *a priori.*

Nous pouvons bien encore donner une preuve *a priori*, mais en la dérivant de la connaissance d'un autre être.

Mais quel être connaissons-nous *a priori?* Nous connaissons par expérience, à la vérité, l'existence de notre ame, mais nous en apercevons la nature *a priori*. L'être que nous pouvons connaître *a priori* doit être absolument nécessaire. Je ne puis connaître des êtres contingents que par le moyen de l'expérience : je n'en saurais rien s'ils n'étaient pas donnés; mais j'aperçois *a priori* que ce qui est nécessaire doit l'être absolument. Cet être absolument nécessaire est l'être divin. Quand donc nous voulons conclure de la nécessité de cet être divin à l'immortalité de l'ame, nous ne pouvons avoir une semblable connaissance en partant *a priori* de la nature divine : car autrement l'ame devrait être une partie de cette nature. Si donc je ne puis pas avoir cette connaissance en partant de la nature de l'essence de l'ame, quel moyen me reste-t-il alors? *Réponse :* la *liberté* ; car nature et liberté sont la seule chose qui puisse être connue dans un être. Nous concluons donc de la connaissance de la volonté divine à la permanence nécessaire de l'ame. C'est là une preuve morale, ou (parce que la connaissance de Dieu intervient) une preuve théologico-morale : elle repose sur le fait que toutes nos actions sont soumises aux règles pratiques de l'obligation. Ces règles sont la sainte loi morale. Nous apercevons cette loi *a priori;* il est dans la nature des actions qu'elles doivent être ainsi et non autrement, ce que nous voyons *a priori.* Mais il s'agit ici particulièrement des intentions. Elles doivent être d'accord avec la sainte loi ; dans ce cas le principe de détermination est lui-même moral. Or toute morale consiste dans l'ensemble des *règles* suivant lesquelles *nous méritons d'être heureux* quand nous agissons en conséquence. Elle n'est pas une indication des actions qui nous rendent heureux, mais seulement de celles qui nous rendent dignes du bonheur : elle nous enseigne seulement les *conditions* sous lesquelles la félicité peut être atteinte. Je connais ces conditions, cette loi, par la raison; mais il n'y a dans ce monde aucune voie qui conduise au bonheur par ces actions. Nous voyons que les œuvres qui nous méritent d'être heureux ne peuvent nous procurer le bonheur ici-bas : combien la probité n'est-elle pas obligée de languir! L'honnêteté ne fait pas avancer beaucoup à la cour. Mais cependant, si, tout en apercevant cette loi, je n'ai aucune promesse, et si je ne puis espérer que mes actions (quoique d'accord avec cette loi) soient jamais récompensées; si, voyant qu'en la suivant j'ai mérité d'être heureux, et si je ne puis cependant pas espérer de l'être jamais, c'en est fait de la force de toutes les règles morales : elles sont vicieuses, parce qu'elles ne peuvent tenir ce qu'elles promettent. Il semble qu'il vaut mieux alors ne pas s'efforcer de conformer sa vie à cette loi, mais chercher à se procurer autant que possible son bien-être dans ce monde. De cette manière, le plus rusé fripon est le plus heureux, s'il est assez habile pour n'être pas puni; tandis que celui qui tâcherait de mettre sa vie d'accord avec la loi morale, serait un honnête insensé, s'il dédaignait les avantages du monde pour aspirer à des choses que la loi morale lui promet, mais qu'elle ne saurait lui donner.

La théologie ou la connaissance de Dieu vient donc ici au secours : j'aperçois un être absolument nécessaire qui peut me faire participer à cette félicité dont je me suis rendu digne par l'observation de la loi morale. Mais comme je vois qu'il m'est impossible d'obtenir dans ce monde le bonheur que j'ai mérité, qu'au contraire j'ai souvent dû sacrifier, par ma conduite morale et par ma fidélité à la justice, une grande partie de mon bonheur temporel, il faut donc qu'il y ait *un autre monde*, c'est-à-dire un *état où le bien-être de la créature sera en harmonie avec le bien-faire*. Si donc l'homme admet un autre monde, il doit aussi régler en conséquence ses actions : autrement, il agit comme un scélérat. Mais s'il n'admet *pas* l'autre vie, il agirait comme un insensé en voulant régler ses actions sur la loi qui lui est donnée par la raison : car alors le méchant le plus achevé serait le meilleur et le plus prudent, puisqu'il ne cherche son bonheur qu'ici-bas, par la raison qu'il n'espère point de vie à venir.

Cette preuve morale est pratiquement suffisante pour croire à un état futur. Cependant, pour en être influencé, il faut *avoir déjà* des sentiments moraux ; mais alors on n'a besoin d'aucune preuve, on n'écoute pas même les objections qui sont faites, le sentiment moral suffit. Elle est le mobile de la vertu, et celui qui veut établir le contraire renverse toutes les lois morales et tous les motifs de la vertu : car alors les principes moraux ne sont que des chimères. Toutefois cette preuve n'est *pas suffisante* quant à la spéculation, quant à la justesse logique et à sa mesure : car de ce que nous ne voyons pas le vice puni ni la vertu récompensée en ce monde, *il ne s'ensuit pas du tout qu'il existe une autre vie :* nous ne pouvons pas du tout savoir, en effet, si les vices et les vertus ne sont déjà pas punis et récompensés ici-bas. Il peut se faire que chacun reçoive déjà sa peine sur la terre; et, quoique les vices et les crimes de quelqu'un nous paraissent au-dessus du châtiment qu'il en reçoit, il est possible que ces crimes qui nous semblent si punissables, soient, grace au tempérament, aussi humains, aussi petits que le moindre délit dans un autre homme doué d'un tempérament plus favorable à la vertu. Si, d'un autre côté, nous ne voyons pas l'homme de bien aussi heureux qu'il l'a mérité, c'est que sa vertu était peut-être tellement fortifiée, qu'il n'a pas mérité plus de bonheur. Ne pourrait-on pas nous objecter encore que, tout en admettant une vie future pour que chacun soit récompensé et puni (on pourrait très-bien demander aussi pourquoi nous n'apparaissons pas déjà dès maintenant devant le juge divin, pourquoi d'abord il faut mourir. Mais si l'on voulait se laisser entraîner aussi avant dans de semblables questions, on pourrait aussi demander pourquoi le cheval n'a pas six pieds et deux cornes), on ne doit cependant pas vivre éternellement pour être récompensé ou puni. Quand chacun a reçu sa récompense ou son châtiment, c'en est fait, et la vie est finie: car le rapport de la faute à l'éternité des peines est évidemment trop grand ; c'est la même chose pour les récompenses. La vie peut donc toujours cesser quand tout est récompensé ou puni. De plus, un grand nombre de personnes n'ont pas besoin de paraître au tribunal divin pour être récompensées ou punies, puisqu'elles peuvent n'avoir fait ni bien ni mal, comme, par exemple, des petits enfants qui sont morts de très-bonne heure; des sauvages qui n'ont fait aucun usage de la raison, et qui ne savent rien d'une loi morale. Tous ceux-là ne devraient pas compter pour la vie future d'après la preuve morale; et quoique les autres y fussent réservés, ce ne serait toutefois que pour le temps nécessaire à la récompense et au châtiment.

Il ne suffit donc pas de prouver que l'ame vivra après la mort; mais il faut faire voir encore qu'il est de sa nature de vivre, et qu'elle doit *nécessairement* vivre : car autrement, si je dois mourir un jour, ne fût-ce que dans quelques cents ans, j'aime mieux mourir tout de suite que de vivre encore long-temps dans l'incertitude, et de voir la comédie se prolonger.

Aucune durée nécessaire ne peut donc être prouvée par-là; mais il est prouvé par l'argument précédent, tiré de la nature de l'ame et du concept de l'esprit, que l'ame, en vertu de sa nature spirituelle, doit nécessairement durer éternellement. Si donc l'ame, quant à sa nature, est déjà *immortelle*, cela est vrai de tous, et par conséquent des petits enfants et des sauvages : car la nature de toutes les ames est identique. Mais la preuve morale est une *raison suffisante de la foi*.— Qu'est-ce qui peut maintenant opérer cette foi? La connaissance d'un être qui récompensera et punira toutes les actions d'après cette loi morale pure et sainte. Celui qui croit cela vit moralement. Cependant le simple concept ne peut pas produire un pareil résultat : cette preuve morale est donc pratiquement suffisante pour un homme d'honneur; mais un fripon ne nie pas seulement la loi, il en nie aussi l'auteur.

La troisième preuve est la preuve empirique tirée de la psychologie. *En tant que tirée de l'expérience*, elle est prise de la nature de l'ame. Nous cherchons donc si nous ne pouvons pas tirer de la connaissance expérimentale que nous avons de la nature de l'ame un argument.—Nous remarquons, en fait, que les facultés de l'ame se fortifient ou s'affaiblissent en raison directe de l'accroissement ou de l'affaiblissement des forces corporelles : autant le corps perd, autant perd l'ame. Mais il ne s'ensuit pas encore que si le corps baisse jusqu'à disparaître tout-à-fait, l'ame doive aussi cesser d'être. Le corps est à la vérité la condition de l'ame animale : aussi la vie animale disparait-elle, mais pas toute la vie avec elle. Cette preuve empirique ne peut pas encore établir l'*immortalité* de l'ame. La raison générale pour laquelle nous ne pouvons pas démontrer par les observations et les expériences de l'esprit humain la permanence future de l'ame sans le corps, c'est que toutes ces expériences et observations ont lieu *dans l'état d'union avec le corps:* nous ne pouvons rien observer maintenant en nous que dans cet état d'union. Ces expériences ne prouvent donc pas ce que nous pouvons être *sans* le corps : car elles ont lieu *avec* le corps. Si l'homme pouvait se détacher de son corps, l'expérience pourrait prouver alors ce qu'il serait *sans* corps. Mais comme une semblable expérience n'est pas possible, on ne peut pas non plus faire voir sans elle ce que sera l'ame sans le corps. Cette preuve empirique a cependant une utilité *négative,* puisque nous ne pouvons tirer de l'expérience aucun argument *contre* la vie de l'ame : car de ce que le corps cesse d'être, il ne s'ensuit pas du tout que l'ame aussi doive avoir une fin. — Aucun adversaire ne peut donc tirer de l'*expérience* un argument qui prouve que l'ame soit mortelle. L'immortalité de l'ame est donc au moins à l'abri de toute objection tirée de l'expérience.

La quatrième preuve est empirico-psychologique, mais tirée de principes cosmologiques ; c'est la preuve par analogie. L'immortalité de l'ame est ici conclue par analogie avec la nature entière. — L'analogie est la proportion des concepts dans lesquels, passant du rapport de deux termes que je connais au rapport du troisième que je connais encore, je tire le rapport du quatrième terme que je ne connais pas. Voici cette preuve en elle-même : Nous trouvons dans toute la nature qu'il n'y a pas de forces, pas de facultés, pas d'organes appartenant à des êtres soit inanimés, soit animés, qui n'aient une certaine *utilité*, une certaine *fin*. Or, nous trouvons dans l'ame des forces et des facultés qui n'ont dans cette vie aucune fin déterminée. Ces facultés doivent donc (puisque rien n'est inutile ou sans destination dans la nature) avoir *quelque part* leur utilité, si elles en manquent actuellement : il doit donc y avoir un état où les forces peuvent être employées; on doit donc présumer que l'ame est conservée pour une vie à venir, où elle peut appliquer et utiliser ces facultés. Si nous examinons cette thèse avec quelque détail, nous trouvons par l'expérience dans l'ensemble de la nature que les animaux ne possèdent aucun organe, aucune force, aucune faculté en vain; que tout en eux a son utilité et sa fin déterminée. Or, on demande si les forces de l'ame humaine sont telles qu'elles trouvent leur emploi en ce monde, ou si elle n'a pas aussi des capacités et des facultés qui n'ont aucun but déterminé, aucune utilité dans cette vie. Si l'on examine bien la question, on se décidera pour l'affirmative de la seconde proposition. Prenons seulement la faculté de connaître, nous voyons qu'elle s'étend beaucoup plus loin que ne l'exigent notre destinée dans ce monde et les besoins de la vie présente : c'est ce que prouvent certaines sciences. La mathématique fait voir que notre intelligence va beaucoup au-delà de notre destinée actuelle. Nous sommes curieux de connaître l'entier édifice de la création; nous recueillons des observations avec beaucoup de peine; notre désir de connaître s'étend à chaque point brillant du ciel, comme le prouve l'astronomie. Or, on se demande si tous ces efforts qui ont pour but de satisfaire notre besoin de connaître, sont de la plus mince utilité pour notre vie présente. Il est bien reconnu que toutes les sciences qui ont pour objet de satisfaire nos besoins intellectuels sont d'une très-faible importance pour la vie terrestre, puisqu'il existe un grand nombre de nations qui les ignorent, pour lesquelles le système de Copernic est complètement indifférent, et qui savent fort bien se passer de ces connaissances. On peut toujours vivre sans ces sciences : le point le plus important de l'astronomie est précisément celui qui intéresse le moins. La connaissance des temps

(*Kalender*) et la science de la navigation sont bien les deux parties de l'astronomie les plus utiles, mais on pourrait vivre sans cela si la vie devait être *purement* terrestre. Ce sont là les conséquences du luxe de l'entendement, qui n'ont pas la vie présente pour but. Nous pourrions toujours vivre sans le luxe que nous procure la navigation : notre valeur personnelle ne tient pas à ce que nous soyons couverts de marchandises et de vêtements provenant des régions étrangères ; ce n'est pas là non plus une fin déterminée de la vie. Mais notre passion de connaître va plus loin : l'homme réfléchit, et se demande ce qu'il était avant de naître, ce qu'il deviendra après la mort. Il ne s'en tient pas là : il veut savoir où va le monde, s'il est infini, contingent ou de toute éternité; et, s'il a une cause, comment il en a été créé. Toutes ces questions sont pour moi sans aucun intérêt dans cette vie : si je n'existais que pour ce monde, à quoi me servirait de savoir d'où je viens, d'où vient le monde, où nous allons, quelle est la cause de ce monde, et comment il a été fait. Toutes ces facultés ne pouvant pas avoir été données en vain, il faut donc qu'elles aient leur utilité dans un autre état. Les fins mêmes qui peuvent être les plus intéressantes dans cette vie, par exemple de savoir comment se fait une bonne bière, etc., etc., paraissent très-viles à la conscience, qui fait au contraire le plus grand cas de recherches dont l'utilité positive actuelle est nulle. Il ne serait donc pas seulement inutile, mais encore absurde, d'élever ses facultés au-dessus de sa destinée, de sa fin et de son bien présent ; une autre vie doit donc nous être réservée, où tout cela ait son but et son utilité. Ajoutons que les sciences et les spéculations exigent qu'une partie des hommes travaille, afin qu'une autre partie puisse consacrer plus de temps et de loisir à la recherche de la vérité, sans avoir à s'occuper de la vie matérielle : si nous n'avions pas une autre destinée, cette inégalité parmi les hommes serait tout-à-fait en désaccord avec cette vie. L'homme même qui s'adonne aux sciences et à la spéculation néglige un grand nombre d'avantages terrestres : il abrège sa vie et affaiblit sa santé. Ces sciences n'étant pas faites pour notre destinée actuelle, nous devons en attendre une autre où elles auront plus de valeur. Remarquons en outre que la brièveté de la vie ne permet pas de faire *usage* de toutes les sciences et connaissances que l'on acquiert. La vie est trop courte pour perfectionner son talent : quand on l'a exclusivement consacrée aux sciences, et qu'on pourrait faire de celles-ci le meilleur usage, il faut mourir. Si, par exemple, un Newton eût vécu plus long-temps, il aurait plus fait d'inventions à lui seul que tous les hommes ensemble n'en feraient en mille ans; mais il n'eut pas plutôt cultivé les sciences, qu'il dut mourir. Après lui en vient un autre qui est obligé de recommencer par l'A, B, C; et s'il va aussi loin que son prédécesseur, il doit mourir aussitôt. Il en est de même de celui qui vient ensuite. La brièveté de la vie n'est donc pas proportionnée au talent de l'entendement humain. Et cependant, rien dans la nature n'étant fait en vain, ce talent doit être réservé pour une autre vie. *Les sciences sont le luxe de l'entendement; elles nous donnent un avant-goût de ce que nous serons dans la vie future.*

Si, d'un autre côté, nous envisageons les forces de la volonté, nous trouvons en nous un mobile de moralité et de justice. S'il ne nous avait été donné que pour cette vie, la nature seule aurait bien mieux valu ; tout cela serait inutile si l'ame n'avait pas une destinée ultérieure. Supposez qu'un autre être, un esprit, vienne sur notre terre, et qu'il pénètre par la vue dans le corps d'une femme enceinte : il verrait que le fœtus a des organes, mais qu'il ne peut pas s'en servir dans l'état où il est; cet esprit en conclurait nécessairement que cet être en germe est destiné à un autre état dans lequel il pourra faire usage de ses organes. Nous raisonnons de même quand, par exemple, nous voyons une chenille, et que nous nous apercevons qu'elle a déjà tous les organes qui devront lui servir comme papillon; nous disons qu'elle les emploiera après son développement. L'ame de l'homme est aussi douée de facultés intellectuelles et appétitives, de mobiles et de sentiments moraux, qui n'ont aucune destination suffisante en cette vie. Et, comme la nature ne fait rien en vain, que tout a sa fin, ces facultés de l'ame doivent aussi avoir leur fin déterminée; et comme cependant il n'en est rien dans la vie présente, elles sont donc réservées pour une vie à venir.

La difficulté qui accompagne cette preuve tient à l'objection suivante : La procréation des hommes est contingente ; il dépend toujours d'eux de vouloir ou de ne vouloir pas se mettre en état de procréer des enfants : c'est une affaire de pure inclination et de caprice. Souvent même des enfants sont procréés d'une manière illicite, lorsque des personnes d'une grande ardeur viennent à se rencontrer. En ce point les hommes pourraient donc aussi bien être disciplinés par l'éducation que d'autres animaux. Or, nulle créature mise au monde par la détermination contingente de ses parents, ne peut être destinée à une fin supérieure et à une vie future. Cela serait vrai sans doute si les hommes ne venaient à la vie que par le but de la naissance animale (*durch den Zweck der Thier-Geburt*), qui est fortuit, et ce ne serait pas là une simple objection, ce serait une preuve : mais nous voyons, d'un autre côté, que la vie de l'ame est indépendante de la contingence de la procréation de la vie animale; qu'elle a déjà existé *avant* cette vie, et que l'existence de l'ame dépend par conséquent d'une destinée supérieure. *La vie animale est donc contingente, mais pas la vie spirituelle :* celle-ci pourrait continuer quoique l'ame ne fût pas éventuellement unie au corps. Quand des êtres qui ne seraient pas nés, ou qui n'auraient pas pu naître, ne participeraient pas non plus à la vie humaine, l'esprit qui aurait été développé par le corps pourrait cependant être développé d'une autre manière. Quoique cette réponse à la difficulté ne montre pas encore nettement la chose, elle a cependant cette utilité, qu'elle fait voir que l'objection contre laquelle elle est dirigée est sans force, et que nous pouvons être tranquilles dans notre croyance à une vie future.

Quant à la nature de l'état de l'ame dans la vie à venir, on n'en peut rien dire avec assurance, puisque les bornes de notre raison s'étendent jusqu'aux limites des deux vies, mais ne les dépassent pas. — On ne peut donc opposer aux objections possibles que de purs concepts. On demande d'abord si l'ame aura ou n'aura pas conscience d'elle-même dans son état futur. —Si elle n'avait pas conscience d'elle-même, elle serait *morte spirituellement,* état qui a déjà été démontré faux par les concepts précédents. Mais si elle n'y a plus conscience de l'existence de sa force vitale, elle est alors dans un *assoupissement intellectuel,* ne sachant où elle est, et ne pouvant pas bien s'accommoder encore de l'autre monde. Mais cette absence de force vitale et de conscience ne peut être prouvée : car l'ame même, étant la force vitale, ne peut être privée de rien de semblable.

La *personnalité,* qui est l'affaire principale dans l'ame après la mort, et l'identité de la personnalité, consistent en ce que l'ame sache qu'elle est une personne, et qu'elle ait aussi conscience de son identité : car, autrement, l'état précédent serait sans liaison avec l'état qui suivrait. La personnalité peut être entendue *pratiquement* et *psychologiquement : pratiquement,* si des actions libres lui sont imputées ; *psychologiquement,* si elle a conscience d'elle-même et de son identité. La conscience de soi-même et l'identité de la personne reposent sur le sens intime. Or, le sens intime subsiste aussi sans le corps, parce que le corps n'est pas un principe de vie, ni par conséquent la personnalité.

Mais si l'ame a conscience d'elle-même, il s'agit de savoir si elle en a conscience *comme d'un esprit pur, ou comme attachée à un corps organique.* Nous n'en pouvons rien dire de certain. Il y a là-dessus deux opinions :

1° On peut concevoir une restitution de la vie animale, qui peut être ou d'une nature terrestre, ou d'une nature surterrestre (*überirdischer*). Dans le premier cas, mon ame devrait prendre ce corps ou un autre; dans le second, ce qui serait un passage de cette vie à une autre vie animale, l'ame devrait prendre un corps radieux (*verklærten*). On peut aussi concevoir :

2° Une vie entièrement spirituelle, où l'ame n'aura pas de corps.

Cette dernière opinion est celle que préfère la philosophie : car si le corps est un obstacle à la vie, et que la vie à venir doive être parfaite, elle doit aussi être *entièrement spirituelle.* Mais si nous admettons une vie semblable, on peut demander de nouveau : Où est le ciel? où est l'enfer? et quel est le lieu de notre destinée future? La séparation de l'ame et du corps ne doit pas consister dans un changement de lieu. La présence de l'esprit ne peut pas être expliquée localement : car si elle pouvait l'être de la sorte, je pourrais demander si, quand l'homme est mort, l'ame reste encore long-temps dans le corps, ou si elle le quitte aussitôt; si elle est quelque part dans la maison mortuaire (*in der Stube oder im Hause*); combien il lui faut de temps pour faire son voyage soit au ciel, soit en enfer; ou quelle est d'ailleurs sa demeure. — Mais toutes ces questions tombent quand on n'entend pas et qu'on n'explique pas physiquement la présence de l'ame. Des lieux ne sont que des rapports de choses corporelles, et non de choses spirituelles. L'ame, n'occupant pas de lieu, ne peut donc être conçue dans l'univers corporel; elle n'y a aucun lieu déterminé; mais elle est dans le monde spirituel, elle est en union et en rapport avec d'autres esprits. Si, maintenant, ces esprits sont des êtres saints et animés de bonnes pensées, et que l'ame jouisse de leur société, elle est alors *au ciel;* mais si cette société se compose d'esprits méchants, et que l'ame s'y trouve, elle est alors *en enfer. Le ciel est donc partout où existe une pareille société d'esprits saints;* mais il n'est, à proprement parler, nulle part physiquement, parce qu'il n'occupe aucun lieu dans le monde, puisque la société qui le constitue n'est pas établie dans l'univers matériel. Le ciel ne sera donc pas l'espace infini qu'occupent les corps célestes, qui paraît de couleur bleue, et qu'il faudrait gagner en traversant les airs si l'on devait y aller. Le ciel est, au contraire, le monde des esprits; et *être au ciel*, c'est être en rapport et en société avec ce monde tout spirituel. L'ame n'ira donc pas en enfer si elle a été méchante, mais elle vivra dans le commerce des mauvais esprits, et c'est ce que signifie *être en enfer*.

Nous avons une connaissance du monde corporel par l'intuition sensible, en tant qu'il nous apparaît; notre conscience est assujettie à l'intuition animale; le monde actuel est le *commercium* de tous les objets, en tant qu'ils sont perçus par l'intuition sensible actuelle. Mais quand l'ame quitte le corps, nous n'avons plus cette intuition sensible du monde; nous ne percevons pas alors le monde comme il apparaît maintenant, mais comme il est réellement. La séparation du corps et de l'ame consiste donc dans le *changement de l'intuition sensible en intuition spirituelle; et c'est là l'autre monde*. L'autre monde n'est donc pas un autre lieu, mais seulement une autre intuition. L'autre monde reste le même que celui-ci quant aux objets; il n'en est pas différent quant aux substances, mais il est *perçu spirituellement*. Ceux qui se représentent l'autre monde *comme* s'il était un *lieu nouveau*, distinct de celui-ci, et où il faudrait être transporté pour s'y trouver, prennent aussi d'une manière physique la séparation du corps et de l'ame, et donnent une explication matérielle de la présence de l'ame. Alors cette présence reposerait sur des conditions corporelles, comme sur le toucher, l'étendue dans l'espace, etc.; mais alors aussi se présenteraient une foule de questions, et l'on tomberait dans le matérialisme. La présence de l'ame étant spirituelle, sa séparation ne peut consister dans sa sortie du corps pour entrer dans l'autre monde; mais, l'ame ayant, par le moyen du corps, une intuition sensible du monde corporel, elle aura, une fois affranchie de l'intuition sensible du corps, une intuition spirituelle; et c'est là l'autre monde. — Aller dans l'autre monde, ce n'est donc pas se mettre en communication avec d'autres choses, par exemple aller dans d'autres planètes : car je suis déjà en union avec elles, malgré la distance qui m'en sépare. C'est au contraire rester dans ce monde, mais avoir de tout une intuition spirituelle. L'autre monde ne diffère donc pas de celui-ci quant au lieu; le concept de lieu n'est pas du tout applicable ici. Il ne faut donc pas chercher dans ce monde sensible l'état de béatitude ou le ciel, pas plus que l'état de malheur ou l'enfer, toutes choses que comprend l'autre monde; mais si je me conduis en honnête homme ici-bas, et qu'après la mort j'aie de toutes choses une intuition spirituelle, et que je me trouve en société avec d'autres justes, alors je serai au ciel. Mais si, par suite de ma conduite, j'ai une intuition spirituelle d'êtres dont la volonté est opposée à toutes les règles de la morale, et que je tombe dans leur société, alors je serai en enfer. Cette idée de l'autre monde ne peut être démontrée, je le sais ; mais c'est une hypothèse nécessaire de la raison.

La pensée de *Swedenborg* sur cette matière est tout-à-fait sublime. Il dit : Le monde spirituel constitue un univers réel particulier ; c'est le *mundus intelligibilis*, qui doit être distingué du *mundo sensibili*. Il dit : Toutes les natures spirituelles sont en rapport entre elles ; seulement la communauté et l'union des esprits n'a pas les corps pour condition ; un esprit n'y sera pas près ou loin d'un autre, mais c'est une union spirituelle. Or nos ames, en tant qu'esprits, sont en union et en communauté même dans ce monde ; seulement nous ne nous voyons pas dans cette communauté, parce que nous avons encore une intuition sensible ; mais quoique nous ne nous y voyions pas, nous n'y sommes cependant pas moins. Quand une fois l'obstacle à l'intuition spirituelle sera levé, nous nous verrons dans cette communauté spirituelle, et c'est là l'autre monde ; ce ne sont donc pas d'autres choses, mais les mêmes choses que nous voyons autrement. Quand donc un homme est juste dans le monde, quand sa volonté est bien intentionnée, quand il tâche de pratiquer les règles de la morale, il est déjà dans ce monde en communauté avec toutes les ames justes et bonnes, qu'elles soient dans l'Inde ou dans l'Arabie; seulement il ne s'apercevra de cette communauté qu'après avoir été affranchi de l'intuition sensible. De même aussi le méchant est déjà ici-bas en société avec tous les scélérats, qui se haïssent, se détestent mutuellement; seulement il ne s'y voit pas encore. Mais quand il ne sera plus soumis à l'intuition sensible, alors il s'y verra. Chaque bonne action de l'homme de bien est donc un progrès dans la société des bons, comme toute mauvaise action est un pas dans la société des méchants. L'homme vertueux ne va donc pas au ciel, mais il y est déjà dès maintenant; seulement, ce n'est qu'après la mort qu'il s'apercevra qu'il est membre de cette société. De même, les méchants ne se voient pas dans l'enfer, quoiqu'ils y soient déjà réellement; mais quand ils seront délivrés du corps, ils verront alors pour la première fois *où* ils sont. Terrible pensée pour le méchant! Ne doit-il pas redouter à chaque instant que les yeux spirituels ne lui soient ouverts? Ils ne le seront pas plus tôt, qu'il se verra déjà dans l'enfer.

Je n'aperçois point du tout la nécessité des corps pour que cette intuition spirituelle ait lieu. Pourquoi l'ame devrait-elle être encore enveloppée de cette poussière, quand une fois elle en aura été purifiée? C'est là tout ce que nous pouvons dire pour déterminer le concept de la nature spirituelle de l'ame, de sa séparation d'avec le corps, de la vie future, qui a la double forme du ciel et de l'enfer.

Pour achever la psychologie, il faudrait encore traiter des *esprits en général;* mais nous ne pouvons en connaître, par la raison, qu'une chose, c'est qu'*ils sont possibles.*

Il reste cependant à savoir si l'ame, qui se voit déjà spirituellement dans l'autre monde, peut apparaître et apparaîtra dans le monde sensible par des effets sensibles? C'est ce qui n'est *pas possible :* car la matière seule peut être perçue d'une manière sensible, et tomber sous les sens corporels, mais pas l'esprit. Ne pourrais-je pas au moins, comme le veut *Swedenborg*, déjà *percevoir ici-bas*, d'une certaine manière, la société des ames des morts avec mon ame encore unie à mon corps, mais qui, en sa qualité d'esprit, est déjà en communauté avec elles? — Il y a là contradiction : car il faudrait, pour qu'il en fût ainsi, que l'intuition spirituelle commençât déjà dans ce monde; mais comme j'ai encore une intuition sensible sur la terre, *je ne puis pas avoir en même temps une intuition spirituelle.* Je ne puis pas être en même temps dans ce monde et dans l'autre; et cependant, si j'ai une intuition sensible, je suis dans ce monde; et si j'ai une intuition spirituelle, je suis dans l'autre monde. Mais ces deux états ne peuvent pas exister en même temps. Supposez cependant qu'il fût possible que l'ame pût encore apparaître en ce monde, ou qu'une intuition spirituelle pût avoir lieu dès ici-bas, puisque, après tout, nous n'en pouvons pas démontrer l'impossibilité; la maxime de la saine raison n'en doit pas moins être pour le contraire. Cette maxime est la suivante : *De n'accorder aucune expérience, aucun phénomène de ce genre; de rejeter au contraire tout ce dont l'hypothèse est de nature à rendre impossible l'usage de ma raison, à faire disparaître les conditions sous lesquelles seules je puis me servir de ma raison.* Si l'on admettait le contraire, c'en serait fait de l'usage de ma raison dans ce monde; *alors un grand nombre d'actions pourraient être attribuées aux esprits.* Mais il est inutile d'insister sur ce point, puisqu'on voit déjà par expérience que quand un malfaiteur rejette la faute de ses actions sur un esprit mauvais qui l'aurait poussé au mal, le juge ne tient aucun compte de cette excuse. S'il faisait autrement, il ne pourrait point punir un tel homme. Disons encore en général : *qu'il n'est nullement conforme à notre destinée présente de nous soucier beaucoup de la vie à venir; mais que nous devons au contraire remplir notre vocation actuelle, et attendre en ce qui regarde l'autre monde.* L'affaire principale est que nous nous conduisions ici-bas d'une manière juste et morale, de façon à mériter d'être heureux dans la vie future. Il est absurde qu'un simple soldat s'occupe de l'état de commandant ou de général; il pourra prendre pareil souci quand il sera parvenu à cette dignité.

La Providence nous a caché la vie future, et ne nous a laissé qu'une faible espérance, mais qui est bien suffisante pour nous porter *à nous en rendre dignes;* ce que nous ferions avec moins d'ardeur si nous connaissions déjà par anticipation la vie à venir.

L'affaire capitale est toujours la moralité; c'est la chose sainte et inviolable que nous devons protéger; c'est aussi le fondement et le but de toutes nos spéculations et de toutes nos recherches. C'est là qu'aboutissent toutes les spéculations métaphysiques. *Dieu* et *l'autre monde,* tel est le but unique de toutes nos investigations philosophiques; et si les notions de Dieu et de la vie à venir ne se rattachaient pas étroitement à la moralité, elles seraient inutiles.

THÉOLOGIE RATIONNELLE.

INTRODUCTION.

Nous voici parvenus à cette partie de la métaphysique qui en est le *terme absolu*, et qui la rend tout entière nécessaire. L'objet de toutes nos expériences et de tous nos concepts empiriques est ce monde. Nos connaissances ne vont pas plus loin que l'expérience ; mais nous pouvons, dans ces connaissances, atteindre jusqu'à la limite de l'expérience. *Les limites de ce monde,* a parte ante et a parte post, *sont Dieu et l'autre vie. Dieu en est la limite* a priori, *et l'autre vie la limite* a posteriori. Sans ces limites, toute spéculation métaphysique serait vaine, *et sans la moindre importance*. Toutes les spéculations de la philosophie se rapportent à ces deux concepts extrêmes, qui ne seraient par conséquent pas nécessaires si nous ne pouvions pas connaître par-là ce qui précède et ce qui suit ce monde. Tout ce qui est en dehors du monde en est *cause* ou *conséquence;* ces deux choses ont entre elles la liaison la plus étroite. Le *monde en général* est l'objet de la cosmologie; ses *conséquences,* celui de la psychologie rationnelle; et sa *cause*, celui de la théologie rationnelle. La connaissance de Dieu est donc le but et la fin dernière de la métaphysique; on pourrait même dire que la métaphysique est une science de la raison pure, dans laquelle nous recherchons si nous sommes capables d'apercevoir une cause au monde. Nous pouvons rapporter à notre conduite toutes les conséquences pratiques qui résultent de cette connaissance. Toutes nos connaissances peuvent être considérées ou comme des problèmes purement arbitraires de l'entendement et de la raison, ou comme des problèmes nécessaires de ces mêmes facultés. Les problèmes arbitraires de notre raison sont soulevés par notre désir de connaître; mais il en est qui sont donnés par la nature même de l'entendement, et qui sont par le fait des questions naturelles de l'entendement pur et de la raison pure.

L'homme est naturellement porté à reconnaître quelque chose qui diffère de la nature ou qui doit en être une cause. Que ce soit là une question naturelle de la raison, c'est ce que démontre l'expérience, puisque tous les peuples se sont toujours fait un concept, quelque imparfait qu'il ait été du reste, d'un être primitif.

Puisque nous sommes témoins de la contingence des choses, il est naturel que nous concevions une cause à toute chose contingente. Quand donc l'entendement considère ensemble toutes les choses contingentes qui composent le monde, il est conduit à concevoir un être différent du monde et qui en est la cause. Il est tout-à-fait contraire à la raison commune que les évènements doivent exister sans une raison première, sans un premier principe : tout ce qui existe avec caractère de contingence doit donc avoir une cause. C'est là du moins une question qu'il est très-naturel à la raison de se poser ; mais ce problème n'intéresse pas seulement la raison spéculative, la raison pratique elle-même ne peut pas faire autrement que de se l'adresser. L'homme conçoit par sa raison une loi sainte qui doit servir de règle à ses actions. Il conçoit ses dispositions, et voit qu'elles sont fondées en raison ; mais il est cependant obligé de placer au-dessus de la nature un être qui les détermine toutes, afin qu'il puisse lui-même avoir quelque chose de certain, et qui soit la règle de sa conduite et de l'usage de sa raison. C'est donc là, comme nous l'avons dit, un problème naturel de la raison pratique, et il n'est pas étonnant que tous les peuples admettent un auteur suprême de toutes choses, qui dirige tout suivant certaines lois. La raison spéculative ayant besoin d'une solution à cet égard, les hommes l'ont cherchée dans tous les sens, l'ont donnée de toutes les manières. Les concepts qu'ils se sont faits de l'Etre suprême, en ce qui concerne, par exemple, l'unité et la multiplicité de cet Etre, ont été fort différents. Mais ils se ressemblent cependant en quelques points, par exemple en ce que cet Etre n'est pas seulement une cause nécessaire de la nature, mais bien un *agent libre*, qui n'est en rien soumis à la nécessité physique. Sans cette dernière condition, c'est-à-dire s'ils n'avaient pas envisagé l'Etre suprême comme un agent libre, ils n'auraient pas satisfait à la question de l'entendement: car je ne puis concevoir un principe des choses contingentes sans une intelligence et une volonté libres. *Tout ce qui résulte de la nécessité de la nature, et non de la liberté, n'est pas un principe, n'est pas un commencement. Un commencement n'est donc concevable qu'à la condition de la liberté*[1]. Un premier principe doit donc

---

[1] C'est-à-dire que tout ce qui arrive primitivement doit en être le produit. *T.*

être un agent doué de libre arbitre. Sans cette condition, le problème de la raison pratique ne serait pas non plus résolu; car les dispositions des hommes requièrent une cause première, pour qu'ils puissent concevoir une règle déterminée par rapport au bonheur. Mais la chose n'est possible qu'autant qu'ils conçoivent un être qui procède suivant des fins et des desseins. Or un tel être doit avoir une intelligence et une volonté libres; d'où nous concluons que la cause première est une *intelligence libre et raisonnable.* C'est là une conséquence naturelle des besoins de la raison. Cette cause suprême du monde, qui est différente du monde, douée d'entendement et d'une volonté libre, est *Dieu.*

Le concept de la cause du monde et de la Divinité est de deux sortes : car si les hommes conçoivent une cause du monde d'après la nécessité de la nature, ils ont alors un être primitif, mais pas de Divinité; le concept de Divinité implique celui d'un être agissant par liberté; il n'y a qu'une semblable intelligence *paracosmique (intelligentia supramundana)* qui puisse s'appeler Dieu, qui soit Dieu.

C'est une question déjà plus difficile, que celle de savoir s'il existe un ou plusieurs êtres primitifs. Notre raison doit s'efforcer d'atteindre l'unité des causes. Si elle est obligée de supposer un être primitif intelligent et libre, il faut qu'il soit un, car autrement elle n'aurait pas de règles. Supposé, en effet, qu'il y en ait plusieurs, rien ne serait plus déterminé, et nous ne pourrions savoir si l'un ne serait pas contraire à l'autre; l'un pourrait avoir telles qualités, l'autre telles autres. Mais si un seul les possède toutes, alors quelque chose est déterminé pour la raison.

La connaissance de Dieu n'a jamais été qu'une hypothèse nécessaire de la raison théorétique et pratique. Néanmoins, comme supposition nécessaire de la raison, elle a une certitude pratique, un titre à notre créance tel, que, bien qu'elle ne puisse être démontrée, celui qui veut faire usage de sa raison et de son libre arbitre, doit nécessairement la supposer, s'il ne veut pas agir comme un animal ou comme un méchant. Ce qui est une supposition nécessaire de la raison est considéré comme s'il était d'une nécessité en soi. Les raisons subjectives de la supposition nécessaire n'ont donc pas moins d'importance que les raisons objectives de la certitude. Une hypothèse nécessaire s'appelle *croyance*. Quoique nous ne puissions pas démontrer l'existence de Dieu ni celle de la vie future, nous avons donc au moins une raison subjective de les admettre, parce que c'est une hypothèse nécessaire de la raison, et que celui qui les nie est conduit *ad ab-*

surdum logicum et practicum, où il tombe en contradiction avec son intelligence et son libre arbitre. La ferme croyance qui résulte seulement de ce que quelque chose est une condition nécessaire, est d'autant plus sûre, d'autant plus fondée subjectivement, que rien de ce qui repose sur des raisons objectives ne peut être mieux établi, plus solidement affermi dans l'ame que l'objet de cette croyance.

La solidité de cette supposition a la même force subjective que la première démonstration objective des mathématiques, quoiqu'elle ne soit pas aussi forte objectivement. Si j'ai une ferme persuasion subjective, je ne lirai pas même les objections que l'on fait contre, à moins que ce ne soit par curiosité, parce que rien n'est capable d'ébranler en moi cette croyance. Car, quoique je ne puisse en démontrer l'objet, il n'en est pas moins une supposition nécessaire de la raison. Cette foi subjective est aussi ferme en moi, plus ferme même qu'une démonstration mathématique : car je parierais tout pour cette foi ; mais s'il fallait tout parier pour une démonstration mathématique, j'aurais plus d'appréhension, parce qu'il pourrait se faire peut-être que mon intelligence fût trompée en quelque chose. Il s'agit de savoir néanmoins jusqu'où nous pouvons aller dans les raisons objectives de cette connaissance, sans admettre les principes subjectifs et les besoins naturels de la supposition. Mais lors même que nous ne pourrions pas aller loin dans cette direction, les raisons subjectives nous restent toujours.

DIVISION DE LA THÉOLOGIE.

Toute théologie se divise :
1° En théologie *révélée;*
2° En théologie *rationnelle.*

La théologie révélée repose sur la manifestation de l'Etre suprême aux hommes; elle n'est donc pas d'origine rationnelle. La théologie rationnelle (et non pas la théologie naturelle) est l'opposé de cette théologie révélée.

La théologie rationnelle est la connaissance de Dieu par la raison.

Une triple théologie découle des besoins de la raison.

Le *premier* besoin de cette faculté est celui de la raison *pure*, en conséquence duquel je suis obligé de supposer un Etre primitif si je veux faire usage de ma raison pure. C'est là la *théologie transcendentale,* qui est la connaissance de Dieu par la raison pure. — Le *deuxième* besoin de cette faculté est celui de la raison *empirique,* en conséquence duquel je suis obligé de supposer un être primitif si je veux faire un usage expérimental de ma raison. De là la *théologie naturelle*. La théologie *rationnelle* est donc ou *transcendentale*, ou *naturelle*. La première repose sur des concepts purs de la raison; la seconde sur des concepts empiriques de cette même raison. Mais l'une et l'autre dérivent de principes spéculatifs de la raison. — Le *troisième* besoin de cette faculté est le besoin *pratique* et *moral*, en conséquence duquel je suis obligé d'admettre un Etre suprême par des raisons morales et pratiques. Telle est l'origine de la *théologie morale*, ou théologie proprement dite, qui se fonde sur la morale, dont les principes supposent un être primitif, principes sans lesquels l'usage pratique de la raison serait impossible.

La *théologie morale* est de toutes la plus importante, car notre bonne conduite est l'affaire principale; tout se rapporte à la morale.— Mais si nous faisons abstraction de la théologie morale, et que nous ne considérions la théologie que par des principes de spéculation, la théologie transcendentale est alors celle qui obtient le premier rang; car la connaissance de l'être primitif par purs concepts rationnels est le principe de toutes les autres théologies. La supposition de ces concepts purs est nécessaire, puisque l'idée de l'Etre suprême en dérive; car autrement il serait impossible de parler d'un être entièrement distinct et différent du monde. Nous ne pouvons pas, en effet, en parler d'après des concepts pris du monde, mais uniquement d'après des concepts rationnels purs. Car, cet être ne faisant pas partie du monde, en étant au contraire la cause, on ne peut lui attribuer des déterminations prises de l'expérience, de la connaissance des choses possibles; on ne peut donc en avoir que des concepts transcendentaux purs et d'une valeur universelle. Je ne puis connaître, au moyen de déterminations et de connaissances expérimentales, que les choses du monde, mais non pas l'être qui est au-dessus du monde. — Je ne puis me représenter Dieu par les sens comme je me représente les choses du monde. Ce n'est pas un objet des sens extérieurs; une telle représentation de Dieu est anthropomorphique; représentation du reste fort naturelle, et dans laquelle les hommes tombent facilement, puisqu'ils n'ont besoin pour cela que d'agrandir l'homme; alors ils ont Dieu. Quelques philosophes ont cru que l'on n'a pu se faire un concept pur de Dieu avant que la révélation ait été connue. Il est vrai, sans doute, que certains concepts, par exemple celui de la sainteté de Dieu, ont atteint leur parfaite pureté par l'Evangile; mais pour ce qui est des autres concepts, il n'est pas difficile de les avoir. Car, comme il suffit d'étendre les qualités de l'homme, et d'en prendre le maximum, on se forme alors un concept complet de Dieu. Par exemple, l'homme a des connaissances, il sait beaucoup, mais Dieu sait tout, il a la suprême connaissance. L'homme vit un certain temps, fort court, il est vrai, mais Dieu est éternel. L'homme a une certaine puissance, mais Dieu est tout-puissant. L'homme est dans quelques lieux, Dieu est partout. La chose est, comme on voit, très-facile. Mais il y a une connaissance épurée de Dieu par concepts purs de la raison, qui sont exposés dans la théologie transcendentale. Cette théologie traite donc d'un être primitif, d'un être nécessaire, Etre suprême, être de tous les êtres; toutes choses qui sont des concepts intellectuels purs. Il n'est pas ici question de savoir si cet être est doué d'entendement et d'une libre volonté : déjà ces concepts sont tirés de l'expérience de l'ame, et appartiennent à la théologie naturelle. La théologie transcendentale ne nous apprend nullement à connaître Dieu, mais seulement un être primitif, sans, du reste, nous rien dire sur les déterminations particulières de cet être qui se rapportent à ce monde. Celui donc qui n'admet pas d'autre théologie que celle-là est un *déiste :* car la théologie transcendentale n'est que la connaissance d'un être primitif, mais pas une connaissance de la Divinité. Le concept de Dieu indique déjà un être doué d'entendement et d'une volonté libre. Mais la théologie transcendentale est le fondement des deux autres, savoir : de la théologie naturelle et de la théologie morale. Son utilité est donc *négative :* car elle donne des concepts purs de la connaissance de Dieu, au moyen desquels les notions fausses et impures qu'on peut s'en faire sont purifiées.

La théologie naturelle donne de Dieu un concept pur, qui est tiré de principes empiriques, et fournit une preuve de son existence, en partant des mêmes principes. Quels sont, maintenant, ces principes? Dieu n'étant pas un objet des sens extérieurs, nous ne pouvons lui appliquer d'autres principes de l'expérience *que des concepts du sens intime.* Nous les tirons de l'expérience de notre ame; expérience qui s'accorde avec les concepts transcendentaux de l'être primitif, les détermine et les ennoblit. Je trouve en moi la faculté de connaître, j'attribuerai donc à l'être primitif l'intelligence absolue. La théologie naturelle considèrera donc l'être primitif comme suprême intelligence. On peut faire la même opération pour toutes les facultés de l'ame; elle réussit tant que cette espèce de théologie s'accorde avec des concepts transcendentaux; mais en empruntant de l'humanité les prédicats, on court le danger de tomber dans l'anthropomorphisme. Il faut, pour l'éviter, bien se persuader que les attributs dont il s'agit ne sont pas les mêmes dans Dieu et dans l'homme, mais seulement analogues.

La théologie naturelle est de deux sortes, savoir : la *cosmo-théologie*, et la *physico-théologie* ou théologie physique. La cosmo-théologie emprunte ses concepts des principes empiriques universels de l'existence de la nature en général. — J'existe, je suis; par conséquent un monde existe aussi. La théologie physique emprunte ses concepts empiriques de qualités déterminées, par exemple, de l'ordre du monde. Celle de ces théologies qui a le plus d'attraits est la théologie physique, et ensuite la théologie morale. On traitera plus tard de la théologie morale en particulier. — Nous allons nous occuper à présent de la première partie de la théologie rationnelle, c'est-à-dire de la théologie transcendentale.

I.

THÉOLOGIE RATIONNELLE PURE.

1º

Théologie transcendantale.

La théologie transcendantale est la forme d'après laquelle nous cherchons à nous faire, dans toute théologie, des concepts d'un Etre suprême qui lui conviennent comme être primitif, et à purifier les concepts de toute autre théologie qui ne s'accorderait pas avec la connaissance de l'être primitif. Cette théologie est donc très-importante, et doit être exposée d'une manière spéciale : car il est de l'objet de la philosophie de faire voir les connaissances qui sont hétérogènes, et par conséquent de séparer les connaissances pures de la raison de celles qui sont empiriques. La théologie transcendantale doit donc être exposée en premier lieu. Elle peut être définie : *Une connaissance de l'Etre primitif, par simples concepts de la raison pure.* Notre raison a besoin de poser quelque chose comme fondement de tout le reste. Si quelque chose est donné, nous pouvons alors en dériver aussi quelque autre chose; mais sans cette condition, ou si rien n'est donné, nous ne pouvons rien déduire, rien dériver : car penser n'est pas produire, mais réfléchir. Réfléchir par le moyen de l'expérience seule, c'est percevoir le phénomène; mais ce n'est *pas* réfléchir sur la manière dont les objets existent. Pour connaître ce dernier point, la raison est obligée de mettre quelque chose en principe. Elle a donc besoin d'une limite *a priori :* ce doit être un *substratum*. Ce concept est le concept limité (*conceptus terminatus*).

Les concepts de la théologie transcendentale sont :

1° Un *Etre primitif*, qui ne dépend de rien, qui est, au contraire, un *ens originarium*, et qui sert de fondement à tous les autres ;

2° Un Etre *premier*, parce que tous les autres en dépendent ;

3° Un Etre *suprême*, en tant qu'il est le principe de tout, et qu'il est plus grand que tous les autres êtres ;

4° Un Etre *nécessaire* à tous les autres êtres, en tant qu'il les contient tous, et par conséquent *tout-suffisant*. Ce n'est encore là qu'un concept hasardé, ou plutôt mis en avant, et qui sera prouvé par la suite.

Essayons donc maintenant de voir à quelles

conditions notre entendement, s'il est obligé de supposer nécessairement un tel être, peut concevoir d'autres objets. Je puis concevoir arbitrairement un pareil être; j'avance dans la série des choses subordonnées jusqu'à ce que je rencontre un être premier; je parcours la série des choses coordonnées entre elles, jusqu'à ce que je rencontre un être qui embrasse tout. Mais je me demande maintenant si c'est ou non une nécessité pour mon entendement de supposer un être semblable? Si je connais *a priori* cet être, je dois en connaître la nécessité : car ce que je connais de cette manière est nécessaire; parce que l'opposé de la chose répugne au concept, et réciproquement, la nécessité ne peut être aperçue autrement qu'*a priori* : car ce que je n'aperçois pas *a priori*, mais bien par l'expérience, n'est pas nécessaire pour moi : car il pourrait même ne pas être, si l'expérience n'en apprenait pas l'existence; — il est donc contingent. Si donc je connais cet être *a priori*, j'en reconnais alors la nécessité; et parce qu'il est nécessaire, je le connais par-là même *a priori :* car s'il n'était pas nécessaire, je ne pourrais pas le connaître ainsi. L'existence d'un être, en tant qu'être primitif, doit donc être démontrée. Mais comment arriverai-je à la preuve de ce concept, qu'il y a un être nécessaire *substratum* de tous les autres?

Comme je n'ai d'autre source de connaissance à cet égard que ma raison, tout ce que je puis faire, c'est d'établir l'existence de cet être comme une supposition nécessaire de cette raison et de toute pensée. La raison dit donc : Il est nécessaire de supposer un être qui soit la condition nécessaire de la possibilité de toute pensée, si la supposition contraire entraîne en même temps la ruine absolue de toute pensée. Il est donc impossible d'admettre le contraire d'une semblable supposition, parce qu'alors c'en serait fait de la pensée. Faisons voir maintenant que c'est réellement ce qui a lieu dans la raison : *ce ne sera pas une preuve*, mais ce qui est la base de la raison se trouvera développé, et de la manière suivante :

Toutes les choses sont considérées par ce qu'elles contiennent de positif. Rien de ce qui est négatif ne peut être conçu que comme opposé du positif, et par le positif. Le négatif suppose donc toujours quelque chose de positif. Mais comme toutes les négations supposent des positions ou des réalités, toutes les négations sont donc des bornes de la réalité. L'illimité, l'infini, doit donc être le fondement du limité, du fini ; nous ne pouvons concevoir des négations qu'en supposant le tout de la réalité. La possibilité de toutes les choses suppose donc un être *positif infini*, ou l'ensemble universel de toutes les réalités, et du *substrati summæ realitatis*. Si donc la somme de toutes les réalités est supposée, alors toutes les choses possibles peuvent être déterminées, avec leur diversité, par la limitation de cette réalité; tandis que sans cette réalité suprême, la possibilité de toutes choses n'a rien de clair.

Il est donc nécessaire d'avoir d'abord toutes les réalités, dont on prend quelques-unes, et dont on peut laisser de côté les autres : car tous les êtres ont quelques réalités, et manquent de quelques autres. Il est donc nécessaire, pour tout déterminer, de supposer l'*omnitudinem realitatum*, dont on peut ensuite se servir pour déterminer toutes les choses. C'est donc une supposition nécessaire de notre entendement, que d'admettre une réalité suprême. Un *substratum* comprenant l'*omnitudinem realitatum*, sert donc de fondement à la possibilité de concevoir toutes choses. Mais l'être qui possède cette totalité des réalités est l'*ens realissimum*. Notre raison se fonde donc sur une condition nécessaire pour supposer cet être. Sans cette condition, c'en serait fait nécessairement de la clarté de toute possibilité des choses; le concept de l'être souverainement réel est donc aussi nécessaire.

On se demande si l'on peut concevoir que rien

n'existe? La chose semble possible, puisque l'on peut, par la pensée, supprimer successivement l'existence de toutes les choses. Mais je ne puis avoir cette idée qu'à la condition de nommer les choses qui doivent ne pas exister. Or je ne pourrais pas nommer ces choses, si elles n'étaient déjà des réalités à moi données par-là même : car si rien n'existait, rien ne serait donné, et l'on ne pourrait rien nommer qui dût ne pas exister. Rien par conséquent ne pourrait non plus être conçu : car si rien n'est donné, il n'y a plus rien de concevable, et l'on ne peut pas non plus alors concevoir que rien ne puisse être : car pour que je puisse concevoir quelque chose, il faut déjà qu'il existe. Il est donc impossible que rien n'existe; il faut, au contraire, qu'il y ait un *ens realissimum*.

Mais on ne décide pas encore par-là si cet *ens realissimum* est unique ou plusieurs. Cependant, c'est aussi une nécessité pour notre raison qu'il n'y ait qu'un pareil être comprenant la réalité suprême : car s'il y en avait plusieurs, les réalités seraient partagées *entre eux*, et aucun d'eux ne les possèderait toutes. Il n'y aurait donc pas d'*ens originarium*. Pour qu'il y ait un *ens originarium* et *realissimum*, son existence ne doit supposer aucun autre *substratum*, et doit posséder toutes les réalités réunies. Mais un pareil être ne peut être qu'unique. S'il y en avait plusieurs, aucun de ces êtres ne possèderait toutes les réalités : car le tout ne peut être qu'une fois. Les réalités devraient être distribuées entre eux, et devraient supposer toutes à leur tour un *substratum* du tout de la réalité. Le tout de la réalité est donc dans un seul être, pour servir de fondement à tous les autres; toutes les choses y sont contenues, et peuvent être déterminées par des limitations, des restrictions de cette réalité. Ceci se fonde en partie sur le principe : *Nihil est in intellectu, quod non antea fuerit in sensu.* Ce principe fait voir au moins que tout ce que nous percevons par les sens doit être réalisé, et que ce n'est qu'alors qu'on peut avoir matière à réflexion : car la pensée n'est déjà qu'une réflexion sur ce qui est donné. L'ensemble des réalités doit donc être donné avant et pour qu'on puisse penser quelque chose. — Il ne peut y avoir d'autre preuve de l'être dont le concept embrasse la somme de la réalité, qu'une hypothèse nécessaire.

Mais comment connaîtrai-je la nécessité absolue de cet être autrement que par la raison? Je puis conclure la nécessité de la contingence. Tout ce qui existe est nécessaire ou contingent. Le contingent doit avoir une cause dans un autre contingent, et ainsi de suite. Mais il doit y avoir quelque chose qui soit la cause de tout ce qui est contingent, et ce quelque chose est nécessaire. On peut donc conclure ici de la contingence à la nécessité. Mais le concept de la *nécessité absolue* n'est qu'un problème de l'entendement. Je dis : Il doit y avoir un être absolument nécessaire; mais *comment*, c'est ce que je ne puis apercevoir. Aussi *Wolff* disait-il : Il existe un monde, ou j'existe. Ce qui existe doit avoir une cause, parce qu'il est contingent. Ce philosophe se place donc dans la série des choses subordonnées entre elles, jusqu'à ce qu'il en rencontre de premières, et alors il dit : Il existe un être nécessaire. Mais il se présente ici une très-grande difficulté, celle de savoir quels doivent être les attributs de cet être, pour qu'il soit absolument nécessaire. Je ne puis connaître et faire connaître ces attributs qu'autant que j'aperçois ce qui est indispensable pour que quelque chose soit absolument nécessaire. Je dois donc avant tout apercevoir la nécessité absolue, pour déterminer ensuite les attributs que doit avoir un être absolument nécessaire. Mais le concept d'un tel être n'est pas du domaine de la raison; cependant je puis présenter cet être comme une hypothèse nécessaire. Je puis, à la vérité, connaître la nécessité d'un être absolument nécessaire : car un pareil être est nécessaire ou *derivative* ou *originarie*. Mais ce n'est là qu'une analyse, une décomposition du concept que je me suis fait moi-même. Qu'un pareil être soit possible, la chose est incontestable; mais il ne s'ensuit pas qu'il doive être nécessairement. Ce fait, que le concept de la nécessité absolue ne peut être aperçu par la raison, est la pierre de touche de l'argument de Wolff. Le contraire de quoi que ce soit n'est pas impossible en soi. Or, la nécessité absolue est ce dont le contraire est impossible en soi. Mais comme, d'après notre raison, le contraire de toute chose est possible, nous ne pouvons pas rationnellement apercevoir la nécessité absolue. Le contraire d'une chose n'est impossible qu'autant qu'il lui répugne; mais il n'implique jamais que le contraire d'une chose soit : il est donc aussi toujours possible. Car quand je pose, par exemple, Dieu avec toutes ses réalités, son contraire a lieu lorsque je suppose la non-existence de Dieu avec toutes ses réalités encore. Rien alors ne se contredit : car quand je pose tout, et qu'ensuite je supprime tout, il ne reste rien qui doive se contredire. Le contraire de la chose même ne se contredit donc jamais, quoique les prédicats des choses puissent se contredire entre eux. Car si je pose la chose avec tous ses prédicats, et que j'en supprime quelques-uns, une contradiction peut bien alors en être la conséquence; mais elle n'a pas lieu lorsque je supprime la chose avec tous ses prédicats : car alors, encore une fois, il ne reste plus rien qui puisse se contredire. Quand je dis : Dieu n'est pas tout-puissant, je laisse subsister le sujet Dieu, et je supprime son prédicat, d'où résulte assurément une contradiction. Mais si je supprime et sujet *et* prédicat, et que je dise : Il n'existe pas de Dieu tout-puissant, y a-t-il alors contradiction ? Si j'affirme purement et simplement, et que je nie de même, il n'y a pas de contradiction dans les deux cas. Mais si j'affirme et que je nie en même temps, alors il y en a une. *Wolff* croyait avoir aperçu la nécessité absolue. Il prenait le concept arbitrairement, se faisait une idée de toutes les réalités, comprenait l'existence au nombre des réalités; ensuite il disait : L'être qui renferme toutes les réalités doit nécessairement avoir aussi l'existence. Il n'éprouvait alors aucune difficulté, ne tombait dans aucune contradiction. Mais je puis à mon tour faire disparaître cet être, le supposer non-existant avec toutes ses réalités. Wolff insiste, et dit : Si je conçois un être qui possède toutes les réalités, et que l'existence soit aussi une réalité, un pareil être, devant les avoir toutes, doit avoir aussi l'existence, car autrement il ne les possèderait pas toutes : il doit donc exister nécessairement. On obtient de cette manière, et comme par magie, l'existence d'un être absolument nécessaire, sans qu'on sache comment. Mais si une affaire aussi importante est si facilement et si promptement terminée, cela tient assurément à un vice qui n'a pas encore été approfondi.

L'existence n'est pas un prédicat; ou si c'en est un, ce n'est qu'autant qu'elle est prise logiquement : mais tout peut devenir un prédicat logique, et par conséquent devenir un signe, un caractère d'autre chose. On demande donc si l'existence est un prédicat qui puisse convenir aux autres prédicats du sujet? L'existence est *une position,* mais pas un prédicat : car ce qui existe a des prédicats. L'existence est ou réelle ou logique. Si je dis maintenant : Dieu est tout-puissant, le mot *tout-puissant* est un prédicat, et la copule *est* n'indique qu'une existence logique. Mais je puis maintenant affirmer l'existence réelle de Dieu : car l'être est une position de la chose avec tous ses prédicats. Après avoir énuméré toutes les réalités et tous les prédicats d'une chose, je puis alors concevoir tous ces prédicats. Mais il ne s'ensuit pas qu'une chose dont j'ai conçu les prédicats doive exister; seulement, si elle existe en réalité, elle peut avoir tous ces prédicats. — Le concept de la réalité suprême ne *contient donc pas l'existence en soi, parce que l'existence n'est pas une réalité*. Telle est cependant la preuve *cartésienne* que *Wolff* et d'autres ont admise, et cette preuve est la seule transcendentale que l'on ait eue jusqu'ici. — Mais que dirons-nous maintenant de la nécessité absolue de l'existence ? Que nous ne pouvons l'apercevoir objectivement par la raison, mais que nous devons seulement la supposer comme une hypothèse nécessaire de cette raison ; ce qui, du reste, a la même valeur subjective, ou par rapport à nous, que si nous l'avions aperçue et démontrée objectivement. Car ce qui est une hypothèse nécessaire de l'usage de la raison, hypothèse sans laquelle je ne puis absolument pas me servir de la raison, est, par rapport à nous, la même chose que si nous l'avions aperçue en soi par la raison.

Ce serait la preuve transcendentale d'un être primitif et de sa nécessité absolue ; preuve subjectivement, et non objectivement, suffisante, puisque nous ne pouvons dépasser le champ de l'expérience et de notre pensée. Cette preuve transcendentale constitue déjà en soi la théologie transcendentale : car les autres concepts transcendentaux de l'être nécessaire ne sont que des *conséquences* de celui-là, et s'y appliquent. Mais, pour compléter cette partie de la philosophie, nous devons encore rapporter les autres preuves, savoir : la *cosmologique*, la *physico-théologique* et la *morale*, afin de pouvoir les examiner toutes quatre, et que l'on ne croie pas, comme *Sulzer*, qu'il y en a peut-être encore une qui pourrait être une bonne démonstration de l'existence de Dieu. Mais comme nous avons déterminé la *source* et les *limites* de la raison, nous savons que personne sous le soleil n'ira plus loin, et que jamais nul ne trouvera une pareille démonstration : car où la prendrait-on ? De quelle source la ferait-on découler ? Passons maintenant aux preuves de la théologie naturelle.

1° Preuve *cosmologique*. — Cette preuve est prise de l'expérience en général. L'expérience en général s'énonce ainsi : Il existe quelque chose ; or tout ce qui existe doit être nécessaire ou contingent. Est-il contingent, alors il doit avoir une cause. Cette cause est-elle aussi contingente, elle doit à son tour avoir une cause qui en soit la raison. Si donc je rétrograde dans la série des causes et des effets, je dois tomber sur une cause *première* qui n'ait pas de cause : car autrement elle serait encore contingente, et il n'y aurait pas de cause première. Cette cause première doit donc être nécessaire. Comme donc il existe quelque chose, un être nécessaire doit exister. Telle est la preuve cosmologique donnée par *Wolff*.

2° Vient ensuite la preuve *transcendentale* ou *cartésienne,* que *Wolff* adopte également. Mais s'il existe, suivant la preuve de Wolff, un être nécessaire, quels attributs doit-il posséder pour qu'il soit absolument nécessaire? Ici, *Wolff* rétrograde, sans qu'il s'en aperçoive, vers la preuve transcendentale que nous avons signalée tout-à-l'heure. Avant d'aller plus loin, il est nécessaire de faire quelques observations ontologiques. *Wolff* et d'autres n'ont pas bien conçu le concept de la nécessité absolue, et ont cru que l'absolument nécessaire était intrinsèquement (*interne*) nécessaire; ce qui n'est pas. Ce qui est intrinsèquement nécessaire n'est pas pour cela absolument nécessaire. — Ce qui est absolument nécessaire, est aussi, à la vérité, intrinsèquement nécessaire. Ils prenaient la nécessité logique des rapports des prédicats, pour la nécessité réelle des choses : c'est ainsi, par exemple, qu'il est nécessaire qu'un triangle ait trois angles. Certainement, si je conçois un triangle, il faut nécessairement que je lui conçoive trois angles ; mais le triangle n'est cependant pas nécessaire. Est absolument nécessaire, ce qui est nécessaire sous tous les rapports. Mais si je mets en principe un être, une substance comme *substratum* de toute perfection, cet être devient nécessaire à tous égards, parce qu'il est le fondement de toutes choses. Comment, maintenant, *Wolff* s'y prend-il pour déterminer les attributs de l'être nécessaire ?

Il dit : Un être qui est nécessaire, et qui possède toutes les perfections, doit être aussi absolument nécessaire : car les êtres imparfaits sont contingents. S'il avait pu prouver *cela*, il n'aurait pas eu besoin d'une preuve cosmologique; il aurait pu alors démontrer par purs concepts l'existence d'un pareil être. Il part de l'expérience, et reconnaît une cause première nécessaire de toutes les choses contingentes. Pour établir les attributs d'un être qui doit être nécessaire, il revient à la preuve transcendentale de *Descartes*. La preuve cosmologique peut bien établir l'existence d'un être premier, nécessaire en tant qu'il est cause du monde; mais je ne puis pas conclure, en partant du monde, toutes les réalités de cet être : je n'en puis déduire qu'autant que le monde en nécessite dans sa cause. L'expérience ne m'apprend donc à connaître que quelques réalités, mais non pas toutes les réalités.

La preuve cosmologique, qui conclut de l'existence des choses contingentes à celle d'une cause nécessaire, est conforme à la raison naturelle; aussi les anciens l'employaient-ils toujours : ils l'appelaient la preuve tirée *de primo motore*. Elle est ainsi conçue: Tout corps se meut contingentiellement; il doit donc avoir une cause qui le mette en mouvement. Si l'on remonte d'une cause à une autre cause du mouvement, on doit rencontrer un premier moteur qui est différent des corps, qui n'est par conséquent pas de nature corporelle, mais spirituelle. Or, le premier moteur est un être libre; le premier mouvement doit résulter du principe interne du libre arbitre. Le monde ne prouve donc pas seulement une cause première, mais une cause qui agit avec liberté. Le prédicat de la liberté est tiré de la psychologie; mais on peut aussi concevoir une liberté transcendentale comme spontanéité absolue, capable d'agir par un principe interne. Une cause suprême douée de liberté n'est pas seulement une cause, mais aussi *un auteur primitif.* Nous pouvons donc conclure par la preuve cosmologique du contingent au nécessaire, à une cause libre : car sans liberté il n'y a pas de cause. — Mais si nous nous élevons jusqu'à la liberté, nous pouvons en déduire toutes les autres perfections et attributs dont on parle dans la théologie naturelle. Nous pouvons donc passer de la preuve cosmologique à la *théologie naturelle.*

3° La troisième preuve de la théologie naturelle est la *physico-théologique.* Elle est prise de l'expérience déterminée de ce monde : on y conclut de l'observation du monde, de ses déterminations et qualités, aux attributs de sa cause. Le concept transcendental de la liberté se conclut déjà de la contingence et s'y observe. Cherchant donc maintenant dans ce monde la trace de l'action d'un être libre, nous apercevons les déterminations, les fins du monde, et nous voyons qu'il s'y trouve un choix, que par conséquent un être agissant librement existe. — Nous voyons de plus, par l'ordre du monde, que cette liberté est unie à la sagesse; et par le soin qu'elle prend du monde, que cette liberté est unie à la bonté. Si nous pensons ensuite à la grandeur merveilleuse de l'univers, nous voyons que cette liberté est unie à une puissance incalculable. Cette preuve est on ne peut plus d'accord avec l'entendement humain : elle sert à la culture de notre raison dans l'expérience; nous apprenons ainsi à mieux connaître le monde. Elle a cela de particulier, qu'elle ne démontre pas seulement un auteur du monde, mais qu'elle en fait aussi concevoir la sagesse et la bonté. *Cette preuve devrait être exposée à tout le monde, même aux gens les plus simples, dans les ouvrages destinés à l'instruction de l'enfance. Elle peut très-bien aussi être employée dans les chaires. Mais elle n'est pas suffisante pour la spéculation, elle ne répond pas à une forte investigation.* Je ne puis pas savoir par-là s'il y a beaucoup d'êtres semblables, ou quelques-uns seulement; et lors même que je serais certain sur la terre de l'unité du monde, comme je ne suis cependant que dans une très-petite et très-insignifiante partie du monde, et que je ne connais rien de tout le reste du plan de la création, je n'en puis rien conclure. J'aperçois bien à la vérité, dans ce que je connais, une puissance d'une grandeur étonnante, mais pas encore la toute-puissance. Si le monde nous paraît si grand, c'est peut-être parce que nous sommes si petits; de la même manière qu'un vermisseau regarde une goutte d'eau comme un océan. Nous pouvons donc croire seulement par cette preuve qu'il existe un être très-puissant.

Ces trois preuves, la transcendentale, la cosmologique et la physico-théologique, sont des preuves des principes théorétiques de la raison, dans lesquelles l'existence de Dieu est prise comme une supposition nécessaire dans l'usage *théorétique* de la raison.

4° Il y a encore une espèce de preuve où l'existence de Dieu est regardée comme une supposition nécessaire de l'usage *pratique* de la raison : c'est la preuve *morale*. Nous avons besoin, en conséquence de l'usage pratique de la raison, de supposer nécessairement l'existence de Dieu. Cette preuve morale se fonde sur les principes suivants : Les règles des mœurs sont indépendantes, certaines et apodictiques, puisqu'elles contiennent une nécessité et qu'elles ont la même évidence que d'autres connaissances de la raison. Elles peuvent être envisagées complètement *a priori*; elles sont indépendantes de toute expérience et de toute conséquence d'utilité comme de préjudice; elles sont valables en elles-mêmes et pour elles-mêmes. Le mensonge n'est pas un vice parce qu'il procure de l'avantage ou des inconvénients, mais parce que mentir est de soi avilissant, parce que c'est contraire aux principes suprêmes de la raison et aux fins de la morale. Les règles des mœurs ne sont pas prises de la volonté donnée, mais elles subsistent en elles-mêmes et par elles-mêmes. Si donc nous reconnaissons les lois morales, elles ne nous disent autre chose, si ce n'est que nos actions sont, par elles-mêmes, bonnes ou mauvaises. Mais si, dans les lois morales, il n'y a pas accord avec le bonheur, alors on manque de *mobile* pour faire pratiquer ces lois. Si je me conduis moralement, et que je me rende digne du bonheur, je dois aussi parvenir à le posséder. Mais en fait, cela n'arrive point. Ce mobile manque donc aux lois morales; elles ne contiennent aucune promesse semblable. Et cependant, sans de pareils mobiles, elles ne sont que des principes servant à juger, mais pas à agir; elles sont objectivement, mais non pas subjectivement pratiques. — J'aperçois bien la condition sous laquelle un agent libre peut se rendre digne d'être heureux, mais je ne suis pas certain qu'un être qui s'est conduit de manière à mériter le bonheur, en *jouira réellement* sous cette condition. Mais si l'on ne peut pas l'espérer, les lois morales manquent de force impulsive; car il n'est pas de créature qui puisse être indifférente sur la question du bonheur; cette indifférence n'est pas dans la nature. Les lois morales sont donc bien justes par rapport au jugement, mais elles sont pratiquement vaines en ce qui regarde l'exécution; elles sont à la vérité, quant à l'entendement, une force déterminante de plaisir ou de peine; mais elles n'ont aucune force impulsive, si elles ne tiennent pas intimement au bonheur. — Personne ne peut cependant affirmer être digne du bonheur *sans* les lois morales; cela n'est pas possible, et personne n'a tenté de l'affirmer. Car les lois morales sont apodictiques, irrésistibles: nul ne peut dire raisonnablement qu'il peut être heureux sans les lois morales; car, par le fait qu'il l'affirmerait, il s'en rendrait indigne. Comme il ne nous est pas possible de parvenir au bonheur sans les lois morales, et que ces lois, par elles-mêmes, ne promettent point la félicité, il ne peut y avoir de résolution morale sans assurance d'être réellement heureux si l'on s'en est rendu *digne.* Espérer le bonheur *sans* l'accomplissement des lois morales, c'est tomber dans un *absurdum morale.* D'un autre côté, prendre l'immuable résolution de vivre conformément à la loi morale, c'est sans doute éviter cette absurdité; mais puisqu'on ne participe pas de cette manière au bonheur dont on s'est rendu digne, c'est tomber dans une autre absurdité, dans l'*absurdum pragmaticum.* Il faut donc être assuré de pouvoir être réellement heureux si l'on s'en rend digne. Mais comme la nature entière ne nous présente rien qui puisse nous donner cette assurance, et que nous ne pouvons participer au bonheur en conséquence de l'ordre physique, lors même que nous le mériterions par notre conduite, puisque la moralité consiste dans les sentiments, et que la nature ne s'accorde pas avec la moralité en ce sens qu'elle ne distribue pas le bonheur à proportion du mérite, — *il doit donc y avoir un régulateur suprême du monde, dont la volonté est morale, et qui ne peut nous faire participer au bonheur que sous la condition de la loi morale; un être enfin capable de concilier le bien-faire avec le bien-être.* Il n'est pas possible de concevoir une autre manière de concilier la moralité avec le bonheur. Sans cette supposition, il est impossible qu'un homme puisse prendre l'immuable résolution de mériter d'être heureux par sa conduite, parce qu'aucune créature ne peut renoncer à son bonheur. Si donc il s'efforçait de mériter d'être heureux *en dehors* de cette supposition, il faudrait alors qu'il renonçât à son propre bonheur. Un être suprême et saint régissant le monde, et donnant à chacun ce qui lui revient d'après sa conduite, doit donc être admis. Mais cet être ne peut ainsi donner à chacun ce qui lui est dû, qu'à la condition de posséder un entendement et une volonté d'accord avec la loi morale. Nous pouvons donc suivre cette loi avec sécurité, avec le ferme espoir d'être heureux.

L'existence de Dieu ne peut pas être prouvée directement, mais *seulement* d'une manière *indirecte ; je ne puis pas la démontrer à un autre. Mais s'il veut me prouver le contraire, je puis alors le réduire* ad absurdum logicum et practicum. La preuve apagogique qui conduit à l'*absurdum logicum,* dérive de la supposition nécessaire de l'usage théorétique de la raison. Nous sommes obligés de supposer un sage créateur du monde, si nous voulons expliquer l'ordre de la nature; tout reste incompréhensible sans cette supposition. — Beaucoup de propositions doivent ainsi être admises à titre d'hypothèses nécessaires, si l'on veut expliquer quelque chose, par exemple le cours de la terre autour du soleil. Cette supposition n'est cependant pas absolument nécessaire; elle ne l'est que relativement; c'est-à-dire que je ne puis expliquer aussi bien les phénomènes de la révolution diurne par aucune autre hypothèse que par celle-là. On peut bien, à la vérité, l'expliquer aussi par une autre hypothèse: mais c'est une hypothèse absolument nécessaire que celle d'un auteur primitif, si l'on veut entendre quelque chose à l'ordre de la nature. L'autre preuve apagogique, qui conduit *ad absurdum practicum*, est tirée de la supposition nécessaire de l'usage pratique de la raison, et ne conduit pas seulement *ad absurdum pragmaticum* suivant les règles de la prudence, mais encore *ad absurdum morale* suivant les règles de la moralité. *Si je n'admets pas de Dieu, j'ai agi, dans le premier cas, d'après des principes, comme un insensé; et dans le second, encore d'après des principes, comme un fripon.* Admettez-vous la loi morale, et agissez-vous honnêtement? vous suivez alors une règle qui ne peut pas vous conduire au bonheur, et la vertu n'est plus qu'une chimère; vous tombez donc dans un *absurdum pragmaticum*, et vous agissez comme un insensé. Dites-vous, au contraire: Eh bien! je n'admets pas la loi morale, je veux chercher ici-bas mon bien-être, me le procurer de tout mon pouvoir; car si je ne fais que traverser le monde, je n'ai rien à

craindre après : — alors vous agissez comme un scélérat, et vous tombez dans un *absurdum morale.*
— La preuve morale tient donc à la source la plus intime de l'activité, et peut être, par cette raison, considérée comme la plus importante et la meilleure par rapport à la vie pratique. *Dieu devient ici un objet de foi*, et personne ne peut le rejeter à ce titre. Toutes les objections spéculatives sont alors sans portée; car je suis fermement persuadé de l'existence de Dieu. Quoiqu'on ne puisse pas *prouver* que Dieu punit et récompense, *nul ne peut cependant prouver le contraire*, et cette supposition nécessaire est déjà une raison suffisante d'admettre un Dieu. Nous ne sommes pas seulement persuadés, par la preuve morale, de l'existence de l'être souverainement saint, mais nous en sommes aussi *améliorés*. Cette preuve n'est pas seulement tirée de raisons pratiques, mais elle produit elle-même un effet pratique; *elle doit être fortement recommandée et employée dans l'instruction de la jeunesse; car la moralité est l'affaire principale, et de toutes la plus importante. On peut ajouter à cette preuve la preuve physico-théologique, qui est pleine d'attraits, et qui complète ainsi toute l'œuvre.*

Afin de parcourir systématiquement la connaissance des *attributs* de cet être, nous devons faire encore quelques observations préliminaires. On peut diviser toute la connaissance de Dieu, en *théologie scientifique* et en *théologie de sens commun*. Cette dernière pourrait encore s'appeler *théologie populaire*. Elle se fonde sur des sources à la portée de l'entendement vulgaire. Elle est susceptible d'une double perfection, l'une *logique* et l'autre *pratique*. Quand elle possède cette dernière, elle est alors aussi parfaite qu'on peut le désirer. Les perfections logiques peuvent être négatives ou positives; elles seraient positives si l'on découvrait par-là de nouvelles connaissances; elles sont négatives, au contraire, si elles préservent seulement de l'erreur. La perfection logique a donc simplement pour but, non pas de faire connaître des attributs particuliers, mais principalement de prévenir l'erreur; tel est le but de la théologie spéculative. Elle ne nous apprend rien de plus que ce que sait déjà le sens commun, et qui nous est connu par l'usage pratique; mais elle doit être poussée aussi loin que possible, afin de prévenir les erreurs. Et comme il est impossible de défendre de raisonner, de subtiliser, puisque l'homme y est toujours porté, et que la raison, si elle ne juge pas convenablement, peut s'égarer; la perfection logique de la théologie a pour but de mettre en garde contre les faux raisonnements sur cette matière, de prévenir la corruption de la croyance en Dieu. Elle est donc comme la gardienne de la religion. La théologie populaire est très-difficile à faire : car toutes les connaissances qui doivent se rapporter au point culminant deviennent, par-là même, simples. Si donc on veut faire une théologie populaire, il faut être parfaitement préparé pour savoir où l'entendement commence. Telle est aussi la raison pour laquelle il est difficile de faire un catéchisme, ou un premier livre d'instruction religieuse, instruction qui doit être à la portée des enfants; et plus difficile encore d'établir la liaison de ce premier enseignement religieux avec la morale. La théologie populaire est donc très-importante, puisqu'elle a pour but de donner à tout le monde une connaissance de Dieu.

Après avoir exposé les preuves de l'existence de Dieu ou d'un Etre suprême, en partant de chaque espèce de théologie, nous déterminerons d'une manière plus précise les *attributs* de cet être d'après chacun des points de vue de la théologie. Dans la théologie transcendentale, l'existence d'un être primitif a été démontrée contre les *athées*, mais l'être primitif pur et simple n'est pas encore Dieu. Dans la théologie naturelle, l'existence d'une intelligence suprême a été démontrée contre les *déistes*. La connaissance théologique naturelle de Dieu est celle d'un être qui est l'auteur du monde par entendement et raison, suivant un libre arbitre; c'est ce qu'on appelle le théisme. Celui qui admet la théologie naturelle est donc un théiste; celui qui la nie est un déiste. On établit, dans la théologie morale, l'existence d'un Etre suprême contre les payens (*contra ethnicos*). On ne peut, en effet, appeler autrement que payen, et sa doctrine autrement qu'ethnicisme, celui qui admet une connaissance de Dieu sans une sainteté morale, puisque cette connaissance de Dieu ne renferme pas de principes moraux de la sainteté. Les preuves de la théologie transcendentale sont donc dirigées contre les athées, celles de la théologie naturelle contre les déistes, et celles de la théologie morale contre les payens.

L'athéisme est de deux sortes : le *dogmatique* et le *sceptique*. Le dogmatique prétend prouver qu'il n'y a pas de Dieu; le sceptique ne le nie pas absolument, mais il n'admet pas non plus le contraire; seulement il le considère comme un problème. Les raisons contre l'athéisme dogmatique et l'athéisme sceptique doivent être différentes. Le premier, étant dogmatique, doit prouver qu'il n'y a pas de Dieu, mais il ne le peut pas : car s'il veut prouver que quelque chose n'existe pas, il en doit faire voir l'impossibilité. Mais où prendra-t-il cette preuve? L'existence de Dieu est donc assurée contre l'athéisme dogmatique. La thèse est plus difficile avec l'athéisme sceptique, parce qu'on est soi-même dogmatique et qu'on enseigne qu'il existe un Dieu. Une preuve dogmatique est une preuve spéculative logiquement suffisante. Mais nous ne pouvons pas donner de semblables preuves, parce que la *raison* n'a pas assez de sources pour prouver Dieu *a priori*, et que nous ne pouvons pas établir par l'*expérience* ce que nous voudrions obtenir, savoir : un concept déterminé de tous les attributs d'un tel être. Mais il me suffit de prouver au sceptique que la question de l'existence ou de la non-existence de Dieu ne peut être traitée problématiquement, mais qu'elle doit l'être catégoriquement : je dois savoir de *science certaine* s'il y a un Dieu ou s'il n'y en a pas. Je ne puis donc pas traiter cette preuve problématiquement ; car autrement je ne sais pas ce que j'ai à faire. Dans d'autres sciences, par exemple en physique, beaucoup de choses peuvent être traitées comme problèmes ; car elles n'ont pas de conséquences qui doivent influer sur la pratique ; mais lorsqu'il s'agit de pratique, il n'est plus possible de traiter problématiquement une question. L'athée sceptique est dans la nécessité de ne pas admettre un Dieu, ou d'en admettre un. Dans le premier cas, je le conduis, en partant de la preuve morale au moyen d'un *syllogismum cornutum*, *ad absurdum practicum*, *vel morale*, *vel pragmaticum*. La théologie est donc aussi en sûreté contre l'athéisme sceptique.

Le concept de la théologie transcendentale, concept que nous avons déjà prouvé, est celui d'un *ens originarium*. De ce concept découlent d'abord deux attributs principaux : la nécessité absolue et la toute-suffisance (*omnisufficientia*), qui consiste dans la plénitude de la réalité (*omnitudo realitatum*). La nécessité absolue est une nécessité à tous égards sans conditions restrictives, sans exception : de ce qu'un être primitif existe, il suit qu'il doit être absolument nécessaire. Un *ens originarium* est un substratum nécessaire de toute possibilité; mais s'il est un substratum de toute possibilité, il doit être absolument nécessaire : car autrement il ne serait pas un *ens originarium*. En quoi consiste, maintenant, la nécessité absolue? C'est ce que nous avons déjà fait voir antérieurement. Elle ne peut pas être aperçue par le *principium contradictionis*, mais elle peut être supposée comme une condition générale de la possibilité. Il suit de cette nécessité absolue, que l'être nécessaire doit être une substance nécessaire, par conséquent la substantialité. Etant le premier substratum de toutes choses, il est, par cette raison, une substance : car tout ce qui est réel est ou accident, ou substance. Si donc l'*ens reale* est la première condition de la possibilité, il doit être une substance : car un accident n'est pas nécessaire, mais existe *inhærendo*. Et comme cet *ens reale* est une condition nécessaire de toute possibilité, il doit être une *substantia originaria et necessaria*. — De la nécessité absolue découle encore l'*immutabilité*. De ce que sa propre possibilité et la possibilité de toutes choses supposent son existence, il n'y a pas d'autre espèce d'existence possible, c'est-à-dire que l'être nécessaire ne peut pas exister de plusieurs manières. — L'*impassibilité* découle de la même source encore : car l'être nécessaire ne peut être affecté par rien d'étranger. L'affection (*affectio*) est une détermination occasionée par autre chose; cette affection tombe sur un être qui est, pour cette raison, appelé *passif*. La réceptivité ou la possibilité d'être affecté ne se rencontre que dans les êtres contingents. — De la nécessité résulte aussi l'*indépendance*. L'*ens originarium* est indépendant par rapport à son existence et à ses déterminations. Ce qui contient en soi la raison de la possibilité de toute chose ne peut tirer son existence d'autre chose : car autrement il ne serait pas principe de la possibilité des choses; il doit être indépendant.

A quoi tient donc que l'*ens originarium* est une

condition nécessaire de toute possibilité des choses? L'être absolument nécessaire ne l'est pas en ce sens qu'il soit soumis à la condition de la nécessité, mais en ce sens qu'il est lui-même la condition nécessaire universelle de toute possibilité. De la même manière que l'espace et le temps sont absolument nécessaires quand on les considère par rapport aux concepts sensibles et cosmologiques, parce qu'ils sont la condition sans laquelle les choses ne peuvent être, de même l'être nécessaire l'est absolument, parce qu'il est la condition de toute possibilité.

Le second attribut principal est la *toute-suffisance*, qui consiste dans l'*omnitudine realitatum*. Nous avons vu dans l'Ontologie que toute chose est déterminée complètement (*omnimode*), mais *partim ad realia, partim ad negativa*. L'*ens originarium* est déterminé *omnimode ad realia*. Maintenant, toutes les réalités peuvent être déterminées en lui, ou il peut les déterminer toutes. Nous pouvons donc le concevoir ou bien en tant qu'il est déterminé, ou bien en tant qu'il est déterminant; mais comme nous ne connaissons de réalités que par les sens, ces réalités ne peuvent *pas* être déterminées en Dieu. Nous ne pouvons donc concevoir Dieu que comme *déterminant*, et non comme *déterminé*. Il renferme en lui tout ce qui est nécessaire pour être le principe de tout:

ce caractère constitue l'*omni-suffisance* que nous sommes obligés de lui attribuer; mais si nous concevons en lui toutes choses comme *déterminées*, nous tombons dans l'anthropomorphisme. A la place de cette omni-suffisance, les hommes ont mis des concepts mathématiques, tels que l'*infinité*, l'*immensité* de Dieu. Mais ces concepts sont *beaucoup au-dessous* de celui de la toute-suffisance : car l'immensité ou l'incommensurabilité n'est qu'une quantité relative à notre capacité; elle indique une quantité qui dépasse en rapport la mesure de tout nombre, puisque l'on ne peut jamais l'épuiser par la répétition de cette unité de mesure. L'infinité suppose l'homogénéité, ce qui est une grandeur dont la mesure est la partie la plus petite, mais qui ne peut absolument pas être déterminée par une mesure : j'aurais beau étendre par la pensée l'humanité jusqu'à l'infini, je n'atteindrais jamais le degré de la Divinité, puisque ce n'est pas un être homogène, mais bien un être hétérogène. Si l'infinité indique un être *sans bornes*, le concept est alors négatif; tandis que celui de la toute-suffisance est un concept positif. Le concept d'infinité fait, il est vrai, plus d'impression sur notre sensibilité, et emporte avec lui l'idée d'une intuition de l'impuissance d'embrasser la quantité; mais il ne signifie rien de plus que la toute-suffisance. — De la toute-suffisance et de l'*omnitudine realitatum* résulte l'*unité*, c'est-à-dire la nécessité que l'être dont nous parlons soit unique : car l'être qui est tout-suffisant, qui contient toutes les réalités, ne peut être qu'un être unique. Plusieurs êtres qui renfermeraient toutes les réalités ne sont pas possibles, parce que le tout n'est qu'une fois : car s'il y avait plusieurs *entia realissima*, un être aurait alors des réalités qu'un autre n'aurait pas, et réciproquement; chacun de ces êtres manquerait donc des réalités de tous les autres, et aucun ne serait un *ens realissimum;* un *ens realissimum* doit donc être unique. L'être nécessaire est *simple :* car un être composé n'a pas d'autre nécessité que celle de toutes les parties dont il se compose. Si un être composé était nécessaire, toutes ses parties devraient aussi être nécessaires. Il y aurait donc autant d'êtres nécessaires que de parties dans le composé, ce qui répugne à l'unité que nous venons d'établir. Nous pouvons voir encore la même chose en partant de l'idée que les parties d'un composé sont en commerce entre elles, c'est-à-dire dans un état d'action et de réaction, et par conséquent qu'une partie détermine l'autre et en est déterminée. Mais un *ens originarium* est indépendant, et n'est par conséquent pas composé; mais l'*ens originarium* est aussi *immatériel.* Tout ce qui est matériel est par-là même déterminé de manière à être pour mon sens un phénomène, et à se manifester dans l'espace. Mais comme l'*ens originarium* est un *ens extramundanum*, ainsi que nous l'avons fait voir, il n'est pas un objet d'intuition dans l'espace; il est donc immatériel. Quand nous disons que l'*ens originarium* est un *ens extramundanum*, cela ne signifie pas qu'il ait une place en dehors de ce monde, mais qu'il ne fait pas partie du monde comme univers. L'*ens originarium* n'est en commerce avec aucune chose, quoiqu'il soit en rapport (*in nexu*) avec toutes les choses, parce qu'il en est le principe fondamental : s'il était en commerce avec les choses, il en serait déterminé, il en dépendrait; ce qui, nous l'avons vu, n'est pas possible. Si donc c'est un *ens extramundanum*, son existence n'est pas déterminée dans l'espace; il n'est pas un objet d'intuition : donc il est immatériel. Comme *ens extramundanum*, il n'est ni dans l'espace, ni dans le temps. On a fait voir dans l'Ontologie que l'espace et le temps sont des formes sensibles, qu'ils ne peuvent être par conséquent des conditions de l'*entis originarii*. S'il était dans l'espace, il serait un *ens mundanum :* car l'espace est la possibilité du *commercium;* il serait donc déterminé et dépendant. S'il était dans le temps, une partie de son existence serait passée, une autre partie future, et son existence actuelle ne se composerait que d'un instant. S'il était présent dans l'espace et dans le temps, il serait localisé pour chaque chose; mais une présence universelle dans l'espace est une contradiction : car s'il est dans un lieu, il n'est pas dans un autre; et s'il était en même temps dans un autre lieu, il serait en dehors de lui-même, ce qui est une contradiction. Dieu, comme *ens extramundanum*, n'est donc réellement ni dans l'espace, ni dans le temps : comme il contient toutes choses en lui, son existence, considérée sous le rapport de la quantité, est une *durée dans l'éternité*, et sa présence partout *une présence universelle*, en tant qu'il n'est pas conçu présent localement, mais virtuellement. L'éternité n'est pas l'existence dans tous les temps, non plus que la toute-présence une existence dans tout l'espace, ce qui serait une contradiction. Il n'est donc pas convenable d'appliquer à Dieu des concepts sensibles pris du monde : il ne peut être conçu par rapport au monde lui-même que par des concepts intellectuels; c'est ainsi qu'il faut entendre son éternité et sa présence partout. De cette manière on coupe court à beaucoup d'objections concernant l'éternité et la toute-présence de Dieu : car les questions du commencement du monde par rapport à Dieu, de la *manière* dont il a commencé, de l'*époque* de ce

commencement, du *lieu* où il a été placé, etc.,
tombent d'elles-mêmes. Telle est aussi la véritable utilité de la théologie transcendentale, qu'elle
prévient les erreurs si faciles à commettre dans
cette matière, sans, du reste, qu'elle apprenne
quelque chose de nouveau. Le *déisme* correspond
à la théologie transcendentale, et celui qui n'admet que celle-là est un déiste. Nous devons
maintenant passer au *théisme* et à la *théologie
naturelle*.

2°

Théologie naturelle ou Théologie physique.

Le concept de la théologie naturelle est que
l'*être primitif est cause de la nature*. Or, comme
la causalité ne peut pas être indiquée par des
prédicats transcendentaux, mais bien par des
prédicats de la nature, les attributs de Dieu,
dans la théologie naturelle, sont donc pris de ce
qu'il y a de plus général dans nos concepts empiriques. Et comme la cause de la nature n'est
pas un objet du sens extérieur, nous ne pouvons
pas tirer nos concepts empiriques généraux des
objets des sens externes ; ces sortes de concepts
sont empruntés de ce qu'il y a de général dans le

sens *interne*, et exprimés par ceux que fournit la psychologie rationnelle. La théologie rationnelle a pour objet l'étude de l'être primitif comme cause de la nature. Le concept principal de la causalité, par rapport à la nature, est celui de la liberté. De ce que l'être primitif est une cause de la nature, elle doit être regardée comme contingente par rapport à lui. Mais la causalité (toute détermination causale) de la cause suprême n'a jamais lieu que par liberté. La cause *première* du contingent doit donc être une cause libre. Si une série de choses doit avoir un commencement, ce commencement ne peut être dû qu'à la liberté : car tout ce qui arrive ne peut avoir lieu que par la nécessité de la nature ou par la liberté. Mais ce qui arrive en conséquence de la nécessité de la nature d'un être, n'est pas moins nécessaire que cet être lui-même. Une action nouvelle ne peut donc avoir de commencement par suite de la nécessité de la nature; et si un être veut commencer à agir, il est nécessaire, au contraire, qu'il le fasse par liberté. L'origine première, le commencement absolu, ne peut être conçu que comme conséquence de la liberté ; et un être qui est cause de tout ce qu'il y a de contingent, est un être libre. Le concept de liberté est donc le premier prédicat de l'être primitif, en tant qu'il est cause du monde.

— Nous sommes donc parvenus, dans la théologie naturelle, au point d'avoir démontré que l'être primitif du monde doit être un agent libre. Mais la liberté suppose l'intelligence; le concept complet de l'être primitif, dans la théologie naturelle, est celui d'une intelligence suprême. Or, un pareil être est Dieu. Donc le concept de Dieu ne se présente que dans la théologie naturelle. *Un être, cause du monde par liberté et intelligence, est Dieu.* Le concept de l'intelligence suprême peut être dérivé de principes transcendantaux : car, l'être primitif étant le substratum de la possibilité de toutes choses, la possibilité de tout ordre et de toute perfection doit avoir en lui sa raison, ce qui n'est possible qu'à la condition de l'intelligence. En effet, l'accord de l'ordre et de la perfection est impossible sans un entendement.

A.

Si nous considérons l'être primitif comme l'intelligence suprême, nous avons alors à étudier d'une manière particulière quelle peut être la nature de son *intelligence*, sa *faculté de connaître*. Nous trouverons dans son entendement quelque chose de positif et quelque chose de négatif. Le positif de l'entendement suprême consiste en ce qu'il est indépendant de tous les objets : car, l'Etre suprême étant lui-même indépendant de toute chose, son entendement doit l'être des objets de la connaissance. Il en est tout autrement de l'entendement humain. — Si les objets n'avaient d'existence que *par* notre connaissance, cette connaissance serait aussi indépendante des objets. Mais nos connaissances ne sont, au contraire, que par les objets; elles en dépendent donc. Mais comme tous les objets existent en vertu de l'entendement de l'être primitif, il les connaît par le seul fait qu'il se connaît lui-même. Voyant en lui-même la causalité, le principe et la source de la possibilité de toutes choses, il connaît ainsi toutes choses en tant qu'il se connaît lui-même; son entendement est donc tout-à-fait indépendant de tous les objets des connaissances.

La partie négative de l'entendement suprême consiste en ce qu'il n'est pas sensitif ni quant à la forme, ni quant à la matière. Si les données des objets de la connaissance pouvaient, par leur présence, affecter son entendement, alors cet entendement serait sensitif; mais comme les déterminations de cet entendement ne sont pas des effets de la présence des choses, l'entendement divin n'est donc pas matériellement sensitif. D'un autre côté, la forme des représentations sensibles étant une conséquence de leur confusion, et l'entendement suprême (*intellectus originarius*) étant l'intelligence de l'ordre, il ne peut pas non plus être sensitif quant à la forme. La primitivité de l'*intellectus originarii* tient à ce qu'il connaît toutes les parties par le tout, et non le tout par les parties : car il connaît tout, et détermine toutes choses en les limitant. Les connaissances de l'*intellectus originarii* ne sont donc pas des concepts, mais des *idées*. Des concepts sont des représentations discursives universelles et des caractères généraux des choses. L'abstraction est nécessaire pour la formation de tous les concepts ; mais l'abstraction est un défaut. Ce n'est donc qu'à la condition de limiter nos représentations, que nous pouvons cependant obtenir des concepts et des représentations claires. Mais comme l'*intellectus originarius* est illimité, il ne peut reposer sur une limitation et une abstraction. L'entendement humain, connaissant quelque chose par des caractères généraux, soumet ces caractères à des concepts, et connaît ainsi au moyen d'une règle : en sorte que l'entendement humain est discursif, tandis que l'*intellectus originarius* est intuitif. Ce dernier entendement ne connaît donc pas *per conceptus*, mais bien, au contraire, *per intuitus :* car, n'ayant pas de bornes, et la connaissance discursive étant une limitation, la connaissance divine est une connaissance *immédiate*. L'entendement divin est donc intuitif.

Pouvons-nous considérer l'entendement divin comme le principe de la possibilité des choses, et dire qu'il est la raison de tout? — Oui, quant à la *matière*. La possibilité des choses quant à la *forme*, repose sur des concepts des choses formés d'après le principe de contradiction; mais la possibilité des choses quant à la matière, a sa raison dans un être qui est le substratum de toute possibilité.

L'être divin est le principe de toute possibilité des choses. En tant que Dieu se connaît lui-même par l'entendement, il connaît de la même manière le principe de toute possibilité; et nous pouvons dire, dans le même sens encore, que son entendement est le principe et le fondement de toutes choses. Il y a donc en Dieu des *archétypes*, des *idées*.

Passons donc maintenant aux *idées*. L'idée est une connaissance *qui est elle-même le principe de la possibilité de son objet*. Les connaissances divines contiennent la raison de la possibilité de toutes choses. L'*intuitus divinus* contient à son tour des idées d'après lesquelles nous sommes possibles nous-mêmes; tandis que la *cognitio divina est cognitio archetypa*, et que ses idées sont des archétypes des choses. Les connaissances de l'entendement humain sont aussi appelées, par analogie, des archétypes, des idées, lorsqu'elles servent à juger les choses. Nos connaissances, quant à l'intégralité, ne sont jamais empiriques; elles forment une idée, un archétype que l'on porte en soi-même, dans son esprit : c'est un *idéal* qui sert à juger toutes choses. C'est ainsi, par exemple, qu'un peintre a toujours dans la tête une idée d'après laquelle il peint, quoiqu'il n'atteigne jamais l'idée elle-même. — Mais comment la connaissance de Dieu est-elle possible?

Cette connaissance est considérée :

1° De la manière dont Dieu se connaît lui-même;

2° Et de la manière dont une créature le connaît.

Cette connaissance de la créature diffère de celle que Dieu possède de lui-même, *non-seulement quant au degré, mais encore quant à l'espèce ou à la qualité*. Une créature connaît Dieu par analogie, d'après les représentations qui lui sont données par la nature, et qu'elle en abstrait. Ces concepts empiriques abstraits n'expriment que des phénomènes. Mais comme Dieu est un objet de l'entendement pur, aucune créature n'en peut connaître absolument les attributs en partant des concepts qui sont obtenus par les sens, mais seulement le rapport qui existe entre Dieu comme cause et le monde comme effet. Dieu se connaît lui-même, puisqu'il se voit; mais la créature n'a d'intuitions que pour les choses sensibles ou de ce monde. Elle ne peut donc percevoir Dieu d'aucune manière, mais seulement le connaître au moyen du rapport que nous venons de signaler. Nous ne pouvons donc pas connaître Dieu *comme il est*, mais d'après la manière dont il se rapporte au monde comme en étant la cause : c'est ce qu'on appelle connaître Dieu *par analogie*. — On entend ordinairement par analogie une certaine ressemblance; mais il n'y en a aucune entre Dieu et le monde. Comment connaissons-nous donc Dieu en partant du monde? L'analogie est une proportion entre quatre termes dont trois sont connus, et le quatrième inconnu; par exemple, de la même manière que $A:B$, $C:X$, ou à l'inconnu, que nous savons se comporter comme les trois autres choses, bien que nous en ignorions la nature. Nul homme ne peut comprendre l'entendement divin : nous partons donc de notre propre entendement, qui n'est point intuitif, mais discursif, pour nous faire quelque idée de celui de Dieu, qui est, au contraire, intuitif et non discursif. Nous voyons bien qu'un entendement parfait doit être *intuitif;* mais nous ne comprenons pas *comment* cet entendement perçoit, parce que *nous n'avons d'autre intuition que par le moyen des sens.* Il n'y a donc entre l'entendement divin et le nôtre aucune ressemblance. En vain multiplierions-nous nos facultés jusqu'à l'infini quant au degré, notre entendement ne ressemblerait pas à l'entendement divin : nous ne pouvons donc connaître celui-ci que *par analogie.* Nous disons donc : *Il y a une certaine proportion entre la manière d'être des objets relativement à ce que nous appelons l'entendement en nous, et la manière d'être de tous les objets possibles relativement à l'inconnu* (pour nous) *en Dieu,* lequel inconnu est, quant à la nature divine, comme notre entendement est à notre nature humaine, c'est-à-dire d'une tout autre espèce que notre entendement propre.

Par-là tombent beaucoup de difficultés par rapport aux attributs que nous concevons en Dieu après les avoir pris du monde. Ils peuvent tous avoir une certaine valeur, mais seulement *par analogie,* ce qui empêche de tomber dans l'anthropomorphisme. L'absolu peut être inconnu; mais le rapport peut bien être connu. Nous ne connaissons donc pas Dieu *absolument,* mais par rapport aux effets, et *nous avons ainsi une connaissance suffisante de Dieu:* il nous serait inutile d'en savoir davantage. Si nous connaissons

Dieu *par analogie*, nous en tirons les prédicats et les données de la nature ; mais alors nous devons écarter, par voie de réduction, toute imperfection et tout concept qui ne conviennent pas à Dieu, qui ne s'accordent pas avec le concept transcendental de l'être primitif; et nous devons élever, au contraire, *per eminentiam*, à leur plus haute puissance toutes les qualités réelles qui conviennent à cet être. Toute connaissance de Dieu, par rapport aux objets, est une connaissance soit des objets réels, soit des objets possibles. La connaissance des objets *possibles* est une connaissance *nécessaire :* car Dieu, se connaissant lui-même, connaît en lui tout ce qui est possible ; il le connaît donc nécessairement. Mais la connaissance de quelque chose de *réel* est contingente, puisqu'il est possible aussi que l'objet n'existe pas. Les objets n'étant réellement que par la libre volonté de Dieu, la connaissance des choses réelles du monde, connaissance qui se fonde sur cette libre volonté, est *contingente* ou *libre*. Dieu connaît toutes les choses *possibles*, en tant qu'il a conscience de *lui-même;* il connaît toutes les choses *réelles,* en tant qu'il a conscience de *ses desseins*. La connaissance de Dieu, par rapport aux objets réels, se divise en connaissance des objets présents et en connaissance des objets futurs (*præscientia*). Les connaissances des hommes ont des sources *différentes* par rapport au passé, au présent et à l'avenir; mais cette différence n'a pas lieu par rapport à la connaissance divine : car, pour Dieu, rien n'est passé, rien n'est présent, rien n'est à venir, puisque le temps n'est rien pour lui. C'est seulement par rapport à elles-mêmes que les choses sont dans ces différents temps, ou plutôt par rapport à nous, mais pas par rapport à Dieu : car Dieu n'est pas dans le temps; le temps n'est donc pas non plus pour lui la condition de l'intuition des choses, comme il l'est pour nous. La connaissance divine ne portant pas sur la condition du temps, il n'y a pas lieu non plus ici à un grand nombre de difficultés relatives au rapport de Dieu avec l'avenir et le passé, puisque, pour Dieu, le passé, le présent et le futur sont une même chose. Ce n'est donc pas une difficulté de savoir *comment Dieu* connaît *l'avenir*, puisqu'il le connaît de la même manière que le présent. Toute la difficulté consisterait à savoir *comment Dieu* connaît le *présent;* ce qui semble facile à comprendre, puisque l'homme lui-même le connaît. Mais il s'agit de savoir comment l'homme connaît le présent : le fait répond que c'est par les sens. Mais Dieu connaît le présent par son entendement de la même manière que le passé et l'avenir. L'homme, au contraire, ne connaît pas plus par son entendement le présent que le passé et l'avenir ; il ne connaît le présent qu'autant qu'il est affecté par la présence des choses ; tandis que Dieu connaît et a conscience du passé, du présent et de l'avenir de la même manière, c'est-à-dire par cela seul qu'il a conscience du dessein en vertu duquel le monde a pu être réellement. Tous les objets passés ou futurs ne peuvent être réellement que par la volonté divine ; et puisqu'un Dieu a conscience de ce qu'il veut, il a par-là-même aussi conscience de tous les objets. Il semble qu'il y ait ici une difficulté, celle de savoir comment Dieu peut connaître *les actes libres futurs*. Sans doute, il est difficile de savoir comment Dieu connaît les actes libres de l'homme ; mais cette difficulté ne concerne pas seulement les actes futurs, mais encore, et au même degré, les actes présents : car Dieu ne connaît pas les actes libres présents comme les connaît l'homme qui les voit ; il les connaît *parce* qu'il a conscience de lui-même, comme raison de la possibilité de toutes choses. — Il connaît de *cette manière* toutes les actions libres tant présentes que futures. La difficulté ne consiste donc pas à savoir comment Dieu aperçoit les actions libres futures, mais comment il connaît en général les actions libres ; ce qui ne s'accorde pas avec la liberté de l'homme : car si tous les actes libres ont leur raison dans le décret de Dieu, au moyen duquel Dieu en a conscience, ils sont déterminés par ce décret, et dépendent par conséquent d'un principe qui leur ôte leur caractère de liberté. Toutefois, la difficulté de la liberté de l'homme ne tient pas à la prescience de Dieu, mais bien à ce que nous ne pouvons pas apercevoir comment une créature qui a sa raison dans un autre être, doit avoir liberté d'agir en vertu d'un principe interne indépendant d'une *cause externe nécessitante*. — La liberté étant une forme primitive fondamentale, nous ne pouvons pas l'apercevoir, puisque les raisons déterminées (positives) en sont cachées dans le décret divin. Mais de ce que nous ne pouvons pas résoudre la difficulté, il ne s'ensuit pas que nous devions renoncer à la liberté : car toutes les propositions pratiques la supposent; et de l'impossibilité où nous sommes d'apercevoir la liberté, on n'en peut légitimement conclure la non-possibilité de cette liberté. Nous ne devons pas regarder les limites de notre raison comme celles des choses mêmes.

La sagesse de Dieu est la connaissance de ce qui est absolument bon à tous égards : or, est absolument bon ce qui est dérivé de la connaissance du tout. L'homme n'est pas sage, parce qu'il ne connaît pas ce qui est absolument bon. L'homme ne peut percevoir la sagesse de Dieu dans aucune créature, parce qu'il n'en peut connaître aucune sous *tous* les rapports, ni par conséquent savoir à quoi elle est bonne. Si l'homme voulait connaître la sagesse divine, il ne pourrait le faire empiriquement, mais seulement au moyen d'une idée générale. La science de l'application des moyens à ce qui est absolument bon est la *prudence*, et fait partie de la sagesse de Dieu. Mais il est inconvenant de dire de Dieu qu'il est prudent. Ce langage n'est vrai qu'en parlant de l'homme, qui possède les moyens de sa connaissance, c'est-à-dire l'*habileté*, la *prudence*, la *sagesse*. L'*habileté* est la connaissance des moyens propres à atteindre une fin volontaire ; la *prudence* est une connaissance de l'usage des moyens relativement à des fins qui ne sont jamais parfaitement en notre pouvoir. L'habileté se dit en parlant des actions par rapport aux choses ; la prudence, lorsque les actions concernent les personnes. La *sagesse* n'est dans l'homme qu'une idée qu'il ne peut atteindre ; mais il peut faire quelque chose de sage ; il peut atteindre un certain degré de sagesse. C'est ainsi, par exemple, que la moralité fait partie de la sagesse, qu'elle est même la véritable sagesse. Mais les hommes ont besoin de prudence, parce que leurs fins principales sont en opposition entre elles. C'est ainsi, par exemple, qu'on dit d'un marchand qu'il est prudent, lorsque sa fin est habilement dirigée en ce qui touche les intérêts d'autrui. On ne dit pas, au contraire, d'un horloger qu'il est prudent, mais bien qu'il est habile. Or, comme l'être primitif tient tout en sa puissance, et que l'univers n'existe que par lui, je ne puis pas me servir du prédicat *prudence* à son égard. Lorsqu'on veut indiquer la grandeur de l'être, il faut bien se garder d'employer des prédicats qui en rabaissent l'idée.

B.

Le *second* attribut de l'être primitif comme intelligence suprême est le concept de *libre volonté*.

Il faut prouver d'abord que l'être primitif a une volonté. Cet être, comme cause du monde, ne peut être qu'un agent libre : car la cause première de la contingence ne peut être conçue autrement. Si elle n'était pas libre, elle ne serait pas première, mais dérivée. La causalité du monde repose donc sur la spontanéité des actions. L'être primitif doit agir en vertu d'un principe interne, ce qui n'est possible que par liberté. L'être primitif est donc une cause du monde *par liberté*. Ce libre arbitre est un arbitre intellectuel et non sensible. Il serait sensible s'il était déterminé par des mobiles de cette nature ; mais un pareil arbitre est inconcevable dans l'être primitif. L'arbitre divin est donc un arbitre intellectuel, indépendant de tous les objets. Dieu n'éprouve donc aucune espèce d'instinct, d'inclination, parce que tous les objets n'existent que par sa volonté et ne peuvent réagir sur lui. Nous pouvons bien voir, par analogie, que Dieu est doué d'un entendement et d'une volonté, parce que nous en sommes doués nous-mêmes ; mais nous n'en pouvons apercevoir la *nature*. Nul homme ne peut se faire un concept de la volonté divine : car il n'est pas possible qu'un homme puisse désirer ou vouloir quelque chose sans qu'il soit satisfait de l'obtenir. Tout désir et tout vouloir dans l'homme est donc *un besoin*, un défaut : car si ce qu'il désire lui était indifférent, il ne pourrait plus le désirer. L'homme n'a donc d'autre concept de la volonté que celui qui dépend du contentement que procurent les objets. Mais la volonté divine est telle, qu'elle est absolument indépendante des choses. L'homme ne peut comprendre une semblable volonté ; et l'on ne saurait concevoir les mobiles de cette volonté, parce qu'elle n'est influencée par aucun objet. Comment donc quelque chose peut-il être motif en Dieu? et par quoi a-t-il pu être porté à l'action, par exemple à la création du monde? Dieu se connaît lui-même, et possède en soi, comme principe de tout, la félicité suprême. Trouvant le souverain bonheur en lui-même, en sa qualité de cause infiniment féconde, il prend donc par-là même un plaisir à tout ce dont il est le principe. Nous concevons donc la volonté de Dieu *par analogie*, lorsque nous l'affranchissons, *per viam reductionis*, de la dépendance où est notre volonté de tous les objets. — Voilà pour l'indépendance de la volonté de Dieu.

Si nous passons maintenant à la *liberté divine* en général, nous trouverons que la spontanéité absolue est une conséquence, non-seulement de l'indépendance, mais encore de la toute-suffisance. La volonté divine n'est pas nécessitée *per stimulos*, ni déterminée par une *cause externe*. Elle possède en elle-même un principe interne suffisant pour agir suivant son plaisir souverain: telle est la liberté divine. La nécessité absolue de sa nature et de son essence ne rend point ses actions absolument nécessaires. La nécessité absolue de son être est totalement différente de la détermination à l'action d'après le libre arbitre. La liberté divine est la liberté d'agir suivant son bon plaisir suprême; mais son bon plaisir est la souveraine complaisance dans le bien : sa volonté est donc intellectuelle.

La volonté divine est libre. Cette proposition est *opposée au fatalisme*. Les anciens reconnaissaient un *fatum* qui mettait Dieu dans la nécessité d'agir d'après la nature. Ce *fatum* nécessitait les dieux, et les dieux le monde. — On distingue la volonté divine en *antécédente* et en *conséquente*. — La volonté, considérée subjectivement en Dieu, n'a ni l'un ni l'autre de ces caractères ; cette distinction n'est valable que par rapport à l'homme. Mais cependant nous pouvons admettre objectivement en Dieu une volonté antécédente et une volonté conséquente. La volonté divine va du général au particulier ; la volonté particulière est la détermination dans le général. Nous concevons la volonté générale comme antécédente, et la particulière comme conséquente. Dieu veut, d'après sa volonté générale, le bonheur de tout le monde ; d'après sa volonté particulière, il ne l'accorde qu'à ceux qui s'en rendent *dignes*. L'homme détermine donc ici, pour ainsi dire, la volonté particulière de Dieu, en se mettant dans les conditions sous lesquelles il peut participer au bonheur.

C.

Nous pouvons, par analogie, reconnaître encore une *troisième* faculté en Dieu, savoir, celle du *plaisir et du déplaisir*, du *bien-être ou du mal-être*. L'accord du plaisir avec le sujet est la *satisfaction*, et le désaccord du déplaisir avec le sujet est la *douleur*. L'homme ne peut éprouver aucun plaisir sans être content, ni aucun déplaisir sans être mécontent. Son plaisir et son déplaisir dépendent donc des choses. Or, comme le plaisir et le déplaisir divins ne sont point accompagnés de contentement et de mécontentement, parce que Dieu ne dépend point des objets, on ne peut pas dire, à proprement parler, que Dieu jouisse ou qu'il souffre, qu'il éprouve plaisir ou peine.

Quand *nous* prévoyons un déplaisir, nous cherchons à l'empêcher, mais par mécontentement. Dieu l'empêche aussi, mais par une autre raison que nous ne pouvons apercevoir. Le déplaisir indiquant un effet et un rapport aux choses, nous concevons en Dieu un état analogue à celui que nous éprouvons dans certaines circonstances, quoique nous ne puissions rien dire sur le caractère positif de cet état en Dieu. Dans le monde même, il est une foule de choses que nous ignorons sous le point de vue positif ou absolu : en quoi consiste, par exemple, l'absolu dans les corps? De même, la compassion n'étant dans l'homme que la conséquence d'une affection qui nous porte à soulager celui qui souffre, cette compassion ne peut être conçue en Dieu, parce qu'il est exempt d'affection par les objets; et cependant nous la lui attribuons, c'est-à-dire que nous croyons exister en Dieu quelque chose qui le porte à soulager les souffrances des créatures; mais ce quelque chose, nous ne le connaissons pas : seulement nous le concevons comme étant dans le même rapport avec le mal physique, que ce que nous appelons en nous compassion, et nous lui donnons aussi ce nom en Dieu. La jouissance suprême en Dieu est la *quiescentia in semetipso*. Dieu prend plaisir à tout, en tant qu'il est le principe de tout. Nous appelons *béatitude* l'état de la jouissance suprême de soi-même par un principe interne. Le contentement de son état, en tant que cet état résulte de causes contingentes, s'appelle *bonheur (prosperitas)*. Mais l'homme n'éprouve jamais un bonheur parfait. — La béatitude est le bonheur suprême et la souveraine satisfaction de soi-même, chose qui est indépendante de tout ce qui est contingent. Celui-là n'est pas heureux *(beatus)*, auquel il manque encore quelque chose, ou qui a encore quelque chose à craindre. Les hommes ne peuvent donc pas être heureux, à moins d'être en communion avec Dieu.

30

Théologie morale.

La troisième partie de la théologie rationnelle est la théologie *morale*. Le concept de la théologie transcendentale est celui de Dieu comme être primitif. Le concept de la théologie naturelle est celui de Dieu comme cause parfaite de la nature et comme intelligence suprême. Le concept de la théologie morale est donc celui de Dieu comme être *souverainement bon et parfaitement saint*. Dieu, comme souverain bien (*summum bonum*), est le concept de la théologie morale. Des qualités réelles considérées en elles-mêmes, telles que la force, l'intelligence, etc., ne sont pas encore bonnes. L'homme n'est pas encore bon par cela seul qu'il les possède; la bonté tient à l'*usage* qu'on fait de ces facultés. Elles peuvent servir à toutes sortes de fins, aux bonnes comme aux mauvaises. — La bonté est l'intention qu'on a lorsqu'on se propose la fin véritable, la fin de droit.

Qu'est-ce, maintenant, que le *souverain bien? C'est la félicité suprême unie au plus haut degré de mérite.* S'il doit y avoir un souverain bien, il est donc nécessaire qu'il consiste dans cette union. Qu'est-ce qui constitue maintenant le mérite? C'est l'accord pratique de nos actions *avec l'idée* du bonheur général. Si nous nous conduisions de telle sorte que le bonheur fût la conséquence des actions des hommes, dans l'hypothèse où chacun agirait comme nous, *alors* nous nous comporterions de manière à mériter d'être heureux. Le bonheur d'une créature n'est possible qu'à la condition que ses actions soient dérivées de l'idée du bonheur général, et s'accommodent avec ce bonheur. La volonté divine est telle, qu'elle s'accorde avec l'idée du bonheur universel : elle dispensera donc à chacun le bonheur dans la mesure de l'accord de ses actions avec ce bonheur, c'est-à-dire à proportion qu'il s'en sera rendu digne. La conduite qui est d'accord avec l'idée du bonheur universel, l'est donc aussi avec la suprême volonté divine. La bonne conduite est donc la condition de tout bonheur, et celui-là seul mérite d'être heureux, dont la vie est en harmonie avec l'idée du bonheur général. La conduite d'un tel homme est aussi conforme à la volonté de Dieu, parce que Dieu veut le bien général. Tel est le point de vue supérieur ou le fondement de toute moralité. Dieu est ainsi le principe suprême de toute félicité suivant le mérite des personnes. On ne prouve pas dogmatiquement, il est vrai, tout en partant du principe moral, que cet être existe; mais son existence est une hypothèse nécessaire de nos actions pratiques établie d'après les lois de la moralité : car la théologie morale prouve qu'il faut, en conséquence des principes moraux, supposer un tel être. — On peut faire voir théorétiquement qu'un être qui est principe de la nature ne peut être qu'un agent libre : c'est ce qu'on a établi dans la théologie naturelle. Mais l'être qui agit suivant un libre arbitre parfait, doit avoir une fin générale relative à chaque partie considérée dans son rapport avec le tout : ce libre arbitre doit donc avoir une fin générale qui soit elle-même d'accord avec le tout. Or, tel est le caractère de la bonté des êtres raisonnables, lorsque leurs actions sont d'accord avec la fin universelle ; et comme Dieu est le souverain bien, il renferme une fin universelle, il distribue aussi à chacun le bonheur d'après la mesure suivant laquelle les actions s'accordent avec cette fin.

Mais comment connaissons-nous Dieu en théologie morale? Cette théologie est celle qui dérive de principes moraux; et si nous considérons la théologie morale comme dérivée de la volonté divine, toute théologie morale se fonde alors sur les principes suivants. Nous reconnaissons Dieu :

1° Comme un législateur saint ;
2° Comme un gouverneur bon ;
3° Comme un juge équitable.

Dieu, comme législateur, est saint; comme gouverneur, bon; comme juge, équitable. Ces trois concepts se distinguent entre eux ; ils ne sont pas identiques, quoique intimement unis. La volonté divine est sainte, parce qu'elle est parfaitement d'accord avec la loi morale.

Dieu, comme gouverneur et provident, est *bon*. La providence, l'administration du monde, déterminent la *fin* de l'Etre suprême. Mais sa législation détermine la *condition* sous laquelle seule on se conduit conformément à la fin absolue. Le législateur ne peut donc pas être indulgent : car autrement il ferait une loi insensée, en se prêtant à la commodité du sujet. Mais la loi doit être sainte et pure; elle doit avoir une extrême sévérité, et ne tenir aucun compte de ce que l'homme peut faire, c'est-à-dire du *quantum* de son pouvoir moral. Cette sévérité est compensée d'une autre manière. La bonté de l'Etre suprême ne concerne que sa providence; mais cette providence peut être de deux sortes, suivant qu'elle porte sur le monde *physique* ou sur le monde *moral*. Dieu peut bien être bon par rapport à nos actions morales, mais pas en les affranchissant de la loi. La bonté consiste à donner à nos actions ce qui leur manque pour qu'elles répondent à la *pleine* perfection de la loi morale, par conséquent dans le secours qu'elle donne.

Dieu, comme gouverneur, est *juste*, c'est-à-dire qu'il dispense le bonheur en proportion du mérite des créatures. La justice est donc un bien qui est restreint par la sainteté et par la condition de la loi sainte. Le juge n'est pas bon : car un juge bon est une contradiction ; il doit juger d'après la loi, et ne doit avoir aucune indulgence. Le juge ne peut donc pas non plus être saint : car la sainteté appartient à la loi. Tel est le concept total de la théologie morale.

La religion naturelle ne contient donc rien de plus qu'une *croyance à un législateur saint, à un gouverneur bon, enfin à un juge équitable*. Mais pour que cette croyance soit pratique, et pour que nous participions au souverain bien par la croyance qu'il existe ; pour qu'enfin il existe aussi un souverain bien *pour nous*, — il est nécessaire que nous ajoutions aux attributs qui précèdent d'autres attributs qui les rendent efficaces, et qui rendent ce souverain bien subjectivement pratique. Si donc Dieu est un juste juge, il doit être aussi *tout-puissant* : car autrement il ne pourrait nous donner ce qui nous manque. Il doit être aussi *partout présent* : car autrement il ne pourrait aider à tous. Il doit être *tout-scient* ; il doit être intimement présent à notre pensée et à nos cœurs (*scrutator cordium*), afin de donner à chacun ce qui lui revient. Il est inconvenant de parler de l'impartialité, de la longanimité, de l'équité, de la véracité, etc., de Dieu.

II.

THÉOLOGIE RATIONNELLE APPLIQUÉE.

La deuxième partie de la théologie rationnelle, ou la théologie *appliquée*, s'occupe de la nature *du rapport qui existe entre Dieu et le monde*. La matière de cette deuxième partie peut être divisée en trois sections, dont la première traite de la *création*, la seconde de la *conservation* et du *gouvernement du monde*, et la troisième de la *destinée du monde* ou de sa fin.

1°

De la Création.

Il s'agit d'abord de savoir si le monde a un commencement, et comment un commencement est possible. Si nous devions définir d'une manière intellectuelle le concept de commencement, nous dirions qu'il est la dépendance du contingent relativement à une cause qui n'est elle-même l'effet de rien autre. Dans l'Ontologie, nous avons défini le *commencement :* l'existence d'une chose suivie de toute la durée ; et la *fin* d'une chose : ce qui est précédé de toute la durée. Mais comme les concepts de *suivre* et de *précéder* sont des concepts de temps, et qu'ils servent de fondement à cette définition, ils ne conviennent pas à un concept intellectuel pur. Si donc je veux définir par des concepts intellectuels purs, celui de temps ne doit pas intervenir. Suivant des concepts intellectuels, une série est une multitude de choses subordonnées dont l'une est un principe suivi de sa conséquence ; mais la série commence par un principe qui ne dépend lui-même, comme conséquence, d'aucun autre principe.

Cet état du monde qui, dans la série des choses

comme principes et conséquences, n'est précédé d'aucune cause et d'aucun effet, est le *commencement*. Il ne faut pas confondre le commencement du monde avec son auteur : car le monde peut avoir un auteur sans avoir un commencement. Il pourrait se faire, en effet, qu'il n'y eût dans le monde aucun état premier. Nous voyons bien en général que le monde doit avoir un auteur; mais nous ne pouvons pas nous en représenter le commencement par la raison. Quelques-uns disent que le monde a été de tout temps. Cela est aussi vrai : car s'il n'avait été créé que depuis dix ans, ces dix ans formeraient tout le temps; mais alors le monde est *sempiternus*, et non *œternus :* en effet, si l'univers tout entier n'était pas, il n'y aurait pas non plus de temps, puisqu'il n'existe pas de temps en dehors du monde. Mais il s'agit ici de savoir si le monde a un commencement, et si le temps dans lequel était le monde est mesurable par le temps; ou bien s'il n'a pas de commencement, et si le temps est incommensurable à l'infini, auquel cas la durée du monde est par conséquent plus grande que tout temps. — Nous répondons que le monde *doit* avoir eu un commencement : car il est impossible de se représenter, d'après la raison, une série infinie de temps *a parte ante*. Mais, d'un autre côté, il ne l'est pas moins d'apercevoir comment ce commencement est possible : car la première cause, qu'elle agisse quand elle voudra, doit cependant *commencer* à agir. Nous ne pouvons donc nous représenter d'aucune manière un premier commencement; mais nous ne pouvons non plus concevoir un monde sans commencement. D'où nous voyons *que, dans les deux cas, notre entendement est dépourvu des conditions sous lesquelles seules il serait en état d'apercevoir la solution du problème en question.* Si nous concevons que l'agent primitif n'a pas commencé d'agir, alors le monde en serait une œuvre éternelle. Mais s'il a commencé d'agir, la cause pour laquelle il a commencé doit être quelque chose de déterminé. Nous ne pouvons donc rien dire ici d'arrêté, ni rien décider de positif d'aucun côté; mais nous pouvons seulement procéder d'une manière négative, et dire : *Le monde a une cause, et nous n'en avons plus besoin dans la théologie rationnelle* ni dans la théologie naturelle.

On dira peut-être que si le monde n'a pas de commencement, il n'a pas non plus de cause; mais nous pourrions soutenir la négative (sans toutefois rien pouvoir prononcer dans le sens positif de la question). Le temps est le concept de la durée. Si les objets sont liés à des conditions sensibles, le temps est la condition de leur durée : toutes les choses dans le monde sont donc dans le temps. Mais un commencement du monde d'après la sensibilité n'est pas concevable: car le monde est un objet de la sensibilité, et le temps en est une condition. Le temps est donc dans le monde. Je ne puis donc me représenter aucun autre temps, en dehors du monde, dans lequel le commencement du monde serait placé: on ne peut donc mettre le commencement du monde dans aucun temps. Quand donc je demande pourquoi le monde n'a pas été créé plus tôt, je cherche à concevoir par-là un temps avant le monde, dans un point duquel temps le commencement du monde serait placé. Mais c'est chose impossible : car il n'y a pas de temps avant le monde; le temps n'est que par le monde et dans le monde. La question : Pourquoi le monde n'a-t-il pas été créé quelques milliers d'années plus tôt, est donc absurde, et revient à demander pourquoi je ne suis pas né quelques milliers d'années plus tard: car alors les quelques milliers d'années que le monde aurait duré avant moi auraient renvoyé mon existence à une date postérieure égale à ce nombre d'années. En général, nos concepts ne peuvent être tirés *de l'espace et du temps,* de quelque manière que nous nous y prenions. Si je considère l'*espace* du monde comme l'unité, et qu'alors il y ait un espace *vide* en dehors de celui qui est occupé par le monde, je puis toujours me demander pourquoi Dieu a circonscrit le monde précisément en ce point de l'espace vide et pas plus loin. Si j'ajoute que tout l'espace est rempli jusqu'à l'infini, je ne pourrai me représenter aucun tout dans le monde. C'est exactement la même chose avec le *temps*. Je ne puis non plus concevoir aucun temps vide auquel tienne un temps plein. Je puis me demander, en effet, pourquoi le temps plein ne s'étend pas plus loin dans le temps vide. Si j'admets, au contraire, que tout le temps est plein, et qu'il n'y a pas de temps possible avant le monde, j'ai alors une série infinie que je ne puis pas connaître complètement. Mais si nous nous figurons qu'*en dehors* du monde il n'y a ni espace ni temps, nous concevons alors que nous ne viendrons jamais à bout de lever ces difficultés : car nos concepts tiennent au temps et à l'espace. Comme nous ne pouvons apercevoir ni le commencement du monde, ni la possibilité du commencement, nous voyons en définitive cependant que le concept de la causalité du monde par rapport à Dieu reste tout entier, ou que le monde a un *auteur*.

Dieu, comme causalité du monde, peut être conçu de deux manières : car il est auteur du monde, *ou* par la nécessité de sa nature, *ou* par liberté. Sous le premier point de vue, nous pouvons concevoir deux systèmes :

1° Le *systema inhærentiæ*, dans lequel le monde est un tout de déterminations de la Divinité; ce système est le *Spinosisme*;

2° Le *systema emanationis*, suivant lequel le monde est, à la vérité, une œuvre de Dieu, mais d'après la nécessité de sa nature, par conséquent une œuvre aussi éternelle et nécessaire que Dieu lui-même.

Mais nous ne pouvons concevoir Dieu comme cause du monde, qu'autant qu'il l'aurait produit *par liberté :* car on ne peut commencer à agir que par liberté. Ce système est celui de la *création* ou *production libre*, suivant lequel Dieu est une cause du monde ou cause libre. Dieu, comme auteur du monde, peut l'être quant à la *forme* ou quant à la *matière*. Dans le premier cas, les substances seraient éternelles, et Dieu n'aurait fait que les mettre en ordre; il serait alors un *auteur des formes* ou un *architecte*. Mais s'il a produit les substances ou la matière, alors seulement il est *créateur*. La création des substances n'étant pas un assemblage d'autres substances (car autrement il n'y aurait pas création), les substances ont donc dû être tirées du néant. Comme choses contingentes, elles doivent avoir un créateur. Mais si elles étaient nécessaires, il n'y aurait pas même d'architecte du monde, puisque le monde serait absolument nécessaire. — Tout ce qui est dans le monde est créature. Le monde est un tout, et les parties en sont dépendantes : elles sont donc aussi contingentes. Si elles étaient nécessaires, le monde ne pourrait former un tout : car des êtres nécessaires ne peuvent jamais former un tout. Un tout n'est possible que par un *commercium* dans lequel une chose en détermine une autre. Mais ce qui est nécessaire ne peut être déterminé par autre chose; les parties du monde sont donc contingentes, elles sont donc des êtres créés ou des créatures.

Ce mot créature, quoiqu'il indique toutes les parties du monde, ne s'entend toutefois dans la langue commune que des êtres corporels animés, par la raison sans doute que nous ne voyons pas aussi sensiblement la main du créateur dans les choses privées de vie que dans les êtres animés.

Dieu, étant le créateur du monde, est donc un *ens extramundanum* : car la substance créatrice doit être en dehors du monde, ne doit pas en faire partie. Aucune chose du monde, aucun être contingent, n'a donc une force créatrice : car toutes les choses dans le monde forment un tout, et sont entre elles dans un état d'action et de réaction ou de *commercium*. La détermination de l'une dépend donc de la détermination de l'autre. Si donc l'un de ces êtres avait une force créatrice, le créateur serait extérieurement déterminé par un autre être. Mais comme le créateur ne dépend que de lui-même, il y aurait contradiction à ce qu'il fût soumis à quelque chose d'étranger : le créateur doit donc être un *ens extramundanum*. — De plus, le créateur d'une seule substance est aussi le créateur de *toutes*, et la *création* est ainsi *universelle :* car il n'est pas possible de concevoir un créateur d'une substance et un créateur d'une autre substance, parce qu'alors le créateur, comme être nécessaire, ne serait pas en rapport avec lui-même, et que les créatures ne seraient pas soumises à une dépendance réciproque. Les choses qui sont *in commercio*, c'est-à-dire en état d'action et de réaction mutuelle, ne peuvent l'être *qu'autant qu'elles sont l'œuvre d'un même créateur.*

La création est *une unité :* c'est-à-dire qu'il n'y a pas plusieurs créations successives, mais que toutes les substances sont créées *d'un seul coup*. La succession est, à la vérité, dans le monde même, une condition de la détermination des choses; mais elle ne peut être une condition de l'existence du monde quant à la substance, ni par conséquent une condition de l'action divine. Le temps avec toutes les successions ne fait pas partie des conditions de la création comme action de Dieu. Dieu ne peut donc avoir créé *successivement :* la création est donc une unité. Tel est le principe objectif de cette proposition; mais nous devons admettre aussi pour principe subjectif, comme une hypothèse nécessaire, que la création est une unité. Si nous reconnaissions plusieurs choses comme créées successivement, nous n'aurions aucune raison déterminée pour expliquer les phénomènes. Si les données mêmes (*data*) ne sont pas déterminées, alors tout est indéterminé; mais les *data* sont les substances. Si donc les substances étaient toujours créées, si le nombre en augmentait, c'en serait fait de tout usage de la raison.

Ce principe est également valable en ce qui concerne la *direction de Dieu* dans le cours de la nature, principe suivant lequel nous sommes obligés d'admettre une règle déterminée et fermement établie, afin de pouvoir expliquer les phénomènes. Si nous admettions une direction *extraordinaire*, nous n'aurions aucune règle d'après laquelle nous puissions juger de l'espèce des évènements. Ces principes ne sont cependant que des hypothèses sans lesquelles nous ne pouvons faire un usage pratique de notre raison; mais ils ne prouvent pas objectivement que le contraire soit impossible. Toutefois, ce qui est un principe suivant lequel l'usage de la raison n'est pas empêché, est déjà d'une haute importance : *car l'usage de la raison n'est pas notre curiosité, mais notre devoir, la fin même de la création. L'abandon de l'usage de la raison n'est donc pas humilité, mais témérité.* Il n'y a pas moins de témérité que de présomption à sortir des bornes de notre raison et à rapporter *immédiatement* à Dieu quelque chose, quoiqu'*il semble d'abord qu'il y ait toujours de l'humilité* à tout lui attribuer immédiatement. C'est que notre raison est destinée à rechercher les causes du monde suivant des règles ou avec ordre. Abandonnons-nous ce concept et renvoyons-nous tout à la volonté de Dieu, nous nous comportons alors témérairement. *Nous ne pouvons pas nous dispenser de l'usage de la raison : car alors nous éluderions la fin de la création.* — *Si nous ne pouvons pas juger ultérieurement* (aller plus loin) *en suivant les lois de la nature, alors il est mieux de nous taire : c'est là la véritable humilité.*

La création tout entière, ou l'univers créé, est, par rapport à la volonté divine, le souverain bien contingent ou créé. La question *de mundo optimo* se présente donc ici. De même que Dieu est le *summum bonum originarium*, de même le monde est le *summum bonum derivativum*. — La volonté qui suppose un monde meilleur, dans le cas où une meilleure volonté est possible, n'est pas la meilleure des volontés. Si donc il pouvait y avoir une meilleure volonté de produire quelque chose, il aurait aussi été possible à la volonté divine jointe à la toute-puissance de faire encore mieux : la volonté divine en vertu de laquelle ce monde était possible, n'aurait donc pas été la meilleure. Mais il n'y a aucune volonté meilleure possible en Dieu, parce que cette volonté est excellente, absolument bonne, *la meilleure possible : il n'y a donc aucun autre monde meilleur possible ; ce monde est donc le meilleur possible.*

Relativement au bien et au mal, on fait cette réflexion : que l'un et l'autre dans le tout font partie de la beauté et de la perfection, et *que le mal ne concerne uniquement que les parties, mais qu'il s'accorde avec le tout : car le tout est déterminé par une idée ;* c'est-à-dire qu'en tant qu'il est considéré suivant les principes primitifs de la possibilité, il doit être précédé d'une idée, et que les parties en sont déterminées. — Le premier principe de la possibilité du tout est une idée, une unité, qui sert à déterminer les parties. Le monde n'est qu'un tout conforme à une idée, dans lequel les parties sont imparfaites, mais qui, considéré dans l'ensemble, concourt à la perfection, la constitue. — Il y a donc, à la vérité, du mal dans les parties, mais pas dans le tout. La thèse de l'*optimisme* sert donc à couper le nœud gordien dans la question du mal, quand on ne peut le dénouer : car si l'on dispute sur une loi donnée, que l'un demande pourquoi elle est ainsi plutôt qu'autrement, et qu'un autre dise que toutes les difficultés qu'on peut élever à ce sujet n'empêchent pas que la loi ne soit ainsi, alors toute discussion cesse. On pourrait aussi demander pourquoi Dieu n'a pas créé le monde *meilleur*, et pousser ces questions à l'infini. Mais elles se trouvent résolues tout d'un coup par l'optimisme. *On pourrait tirer beaucoup de bien du mal ; mais on s'embarrasserait cependant à la fin, et les pourquoi ne finiraient pas. La solution de l'un donne naissance à un autre, qui est encore plus difficile à résoudre que le premier.* Le moyen d'en finir promptement, c'est donc de dire : Le monde, ayant un auteur parfait, qui est le *summum bonum originarium*, le monde lui-même, considéré dans le tout, est le souverain bien créé, et les maux ne se rencontrent que dans les parties. Il en est ici comme dans un animal, où une partie est imparfaite par elle-même, quoique le tout ne partage pas cette imperfection. La difficulté concernant les parties du monde tombe donc également quand on envisage ces parties dans leurs rapports avec le tout.

Dieu, étant le créateur et l'auteur du monde, *peut-il encore être regardé comme l'auteur des actions libres de l'homme ?* Si Dieu devait déterminer ces actions, il en serait l'auteur. Mais comme la liberté est une faculté d'agir en vertu d'un principe interne par le moyen d'une cause externe, et comme une créature possède cette faculté de se déterminer elle-même indépendamment de toute contrainte, Dieu alors n'est *pas* l'auteur des actions libres de l'homme. — Il ne faut sans doute pas entendre *par-là* que Dieu, comme créateur de l'homme, n'ait pas dû avoir déterminé ses actions; seulement, le concept de liberté tranche également ici la difficulté. Si l'on n'admet pas la liberté, toutes les propositions pratiques sont des folies. Comme Dieu n'est pas l'auteur des actions libres de l'homme, il n'est pas non plus l'auteur du mal. Par suite du même principe, Dieu n'est pas davantage l'auteur du bien qui résulte de la volonté libre des créatures : car un monde ne peut exister sans des êtres raisonnables, ces êtres étant la fin du monde. Ces êtres raisonnables *doivent* être doués de liberté, mais alors aussi le mal moral est possible; d'un autre côté, le bien et le mérite d'être heureux sont aussi le résultat de la liberté. Si Dieu était l'auteur du bien qui est la conséquence de la liberté humaine, il n'y aurait aucune imputation possible, par conséquent aucune récompense possible : car ce qu'un autre fait ne peut m'être imputé. — Mais pourquoi disons-nous cependant que Dieu est l'auteur du bien ? *Parce que le bien est réalité; tandis que le monde n'est que limitation de la réalité : or Dieu, étant le principe universel de toute réalité, est par-là même aussi l'auteur du bien.*

2°

De la Conservation et du Gouvernement du Monde.

Si Dieu est considéré en dehors du monde, il est alors créateur. Mais si on l'envisage sous le point de vue de l'influence qu'il exerce sur le monde, il en est alors le *conservateur*.

Le monde étant un tout contingent de substances, la durée des choses contingentes doit donc avoir une cause comme leur commencement. Dieu n'est donc pas seulement créateur, mais encore conservateur. *Entre la création et la conservation il n'y a pas de différence pour Dieu, mais seulement pour le monde.* La création est le commencement de la causalité : la conservation n'est donc pas une création continuée. La création est le *commencement* de l'existence d'une substance, et la conservation ne peut être un commencement continuel : autrement le monde devrait cesser à chaque instant pour être recréé sans cesse. Mais il y aurait là une contradiction. Ceux qui affirment que la conservation du monde est une création continuée, ont voulu dire seulement que les conditions de la durée *sont les mêmes* que celle de l'existence. La conservation exige nécessairement une présence : de là le concept de la *toute-présence de Dieu*. Cette toute-présence par rapport aux choses du monde n'est pas une existence qui soit soumise à la condition du temps et de l'espace ; mais Dieu, présent partout, est dans tous les temps, bien qu'il ne soit ni dans l'espace ni dans le temps. La présence de Dieu aux choses du monde n'est pas telle qu'il y ait commerce entre lui et le monde : autrement il serait *l'ame du monde*, comme le croyaient les anciens. Mais cela ne peut être, parce qu'un *ens extramundanum* ne peut pas être une partie du monde (*pars mundi*). Mais Dieu est présent au monde par le fait qu'il est la cause, la raison fondamentale des choses ; et comme il est la cause de la substantialité des choses, il leur est alors intimement présent. *La présence de Dieu n'est pas externe, mais interne ;* elle n'est pas *locale*, mais *virtuelle*. La présence est locale quand on est présent aux choses par des conditions externes du temps et de l'espace. Mais, Dieu n'étant pas soumis à la condition des rapports extérieurs (des déterminations externes), sa présence est virtuelle, c'est-à-dire qu'il agit en toutes les choses qui sont dans des lieux, mais qu'il n'est lui-même dans aucun lieu. Il est présent à tout par le fait qu'il agit en tout. Dieu agit donc en toutes choses; les choses du monde composent un tout, sont en rapport entre elles, parce qu'elles existent toutes en vertu d'un seul être, et qu'elles ont pour fondement une cause commune : *car en lui nous vivons, nous nous mouvons et nous sommes.* Par le fait que les choses existent toutes en vertu d'un seul être, elles constituent une *unité.* Si cette unité est représentée sensiblement, c'est alors l'espace. L'espace est donc un phénomène de la toute-présence divine, quoique pas un organe, comme le pensent quelques-uns, qui le considèrent plutôt mathématiquement que métaphysiquement.

Si cet espace est représenté par l'entendement, c'est alors la toute-présence de Dieu. Dieu, par rapport aux évènements naturels, est auteur; mais pas par rapport aux actions libres des hommes : il n'est ici qu'une cause congruente; car les actions libres ne le seraient pas si elles étaient déterminées par une cause. En ce qui regarde la nature, Dieu n'est pas cause concurrente, mais cause sollicitante. Par rapport aux actions de la créature, Dieu est, au contraire, cause concurrente, à cause de l'insuffisance où est la créature pour produire par elle seule un effet : car toutes les créatures libres ne peuvent cependant rien produire *que par limitation,* soit par rapport à la nature et aux actions physiques, soit par rapport aux actions morales.

La *providence* est la causalité de l'*ordre* de la nature. Le *gouvernement* est la causalité du *cours* de la nature. La providence doit être placée *au commencement,* parce que l'ordre de la nature a déjà dû être conçu au commencement du monde. Mais le gouvernement doit être placé dans la *durée* du monde, parce que le cours du monde doit être régi dans la durée. *La providence est au gouvernement comme la création à la conservation.* Le concours de Dieu dans chaque évènement du monde est la *direction* de Dieu. La *direction ordinaire* est la subordination des évènements singuliers et des actions particulières qui sont soumises à l'ordre de la nature et aux fins générales de Dieu. La *direction extraordinaire* est la détermination des évènements particuliers qui ne sont pas soumis à l'ordre de la nature, et qui font partie des fins générales de Dieu. Cette division de la direction en ordinaire et en extraordinaire est très-naturelle, tout-à-fait d'accord avec la nature des choses. En tant donc que Dieu intervient dans une action particulière et produit une exception dans la règle et l'ordre, il y a direction extraordinaire. Une direction extraordinaire est toujours un *miracle;* et quelque petite qu'elle puisse paraître à nos yeux, elle n'en est pas moins un miracle. Dieu peut soulever un vent d'une manière extraordinaire, ou déranger le cours de l'univers; par rapport à lui il n'y a aucune différence entre ces deux choses. Toute la question est ici de savoir si ce que Dieu dirige est ou n'est pas conforme à l'ordre de la nature. S'il n'y a pas conformité à cet ordre, il y a miracle, grand ou petit; admettre une direction extraordinaire, c'est donc admettre des miracles. Tout dans le monde est soumis à la direction divine, tant ordinaire qu'extraordinaire. Il entre dans l'éternel décret concernant tous les évènements, qu'ils puissent arriver ou n'arriver pas; et *s'ils* arrivent, qu'ils aient lieu suivant la direction divine. Mais quand on dit qu'un évènement *arrive,* alors il a lieu conformément au dessein de Dieu. *Tous les évènements sont des moments de l'éternel dessein de Dieu.*

Tout bien qui s'accorde avec les fins absolues n'est pas lui-même une fin: ce n'est souvent qu'un *moyen de la fin.* L'air, par exemple, a beaucoup de bonnes conséquences qui sont d'accord avec la fin, mais qui ne sont pas elles-mêmes des fins. La destination de la neige n'est pas que l'homme puisse se promener en traîneau, et la destination de notre nez n'est pas de porter des lunettes. *Les conséquences doivent être déterminées d'après l'idée du tout.* Il est par conséquent téméraire, dans les évènements et les actions particulières, de donner quelque chose comme la fin de Dieu, par exemple d'attribuer immédiatement à Dieu le bonheur à la loterie, ou d'imputer un malheur à la direction de Dieu. *Il est donc téméraire aussi de déterminer, dans chaque cas particulier, celle des deux directions de Dieu à laquelle le cas appartient, et cela lors même que l'évènement semble tendre à la gloire de Dieu :* car *les fins et les desseins de Dieu nous restent toujours cachés.* Nous sommes toujours autorisés, au contraire, à chercher les fins de Dieu dans l'ordre général de la nature; nous y sommes même destinés. Le plus petit insecte nous invite à cette recherche. La providence divine, par rapport aux actions libres de l'homme, peut être ou un *decretum absolutum,* ou un *decretum conditionatum.* Le décret *absolu,* par rapport au bonheur ou au malheur de l'homme, est celui qui a lieu avec dessein de rendre l'homme ou positivement heureux, ou positivement malheureux. *Une telle volonté absolue est absurde en soi :* car il n'y a que l'absolument bon en soi qui puisse avoir lieu d'une manière absolue. Or, le bonheur et le malheur ne sont pas absolument bons, mais relativement. L'homme ne peut être heureux ou malheureux que *sous certaines conditions :* par conséquent le dessein *absolu* de Dieu concernant le bonheur ou le malheur de l'homme serait absurde. On ne peut pas penser, quelle que soit la croyance de certains partis religieux à ce sujet, qu'ils soient les auteurs de la proposition que nous combattons ici, ou la cause qu'elle dure encore : car il n'est pas facile de faire disparaître une opinion religieuse, même erronée. Toutes les religions qui ont été unies à un certain enthousiasme, ont établi une semblable prédestination. On ne peut pas non plus accorder par la même raison un dessein absolu de Dieu par rapport aux actions libres de l'homme : car une pareille proposition rendrait les actions pratiques impossibles.

3o

De la Fin dernière du Monde.

La fin dernière de la création divine est le *souverain bien.* Les deux éléments du souverain bien sont le *bonheur et le mérite d'être heureux.* Les êtres raisonnables sont seuls capables d'atteindre cette double fin : car seuls ils peuvent être bons *en eux-mêmes*, seuls ils constituent la *fin* du monde ; le reste n'est *qu'un moyen* des êtres raisonnables, en tant qu'il est propre à la fin dont nous parlons. Tous les desseins de Dieu étant *conditionnés*, la condition de cette félicité est la *moralité* ou le *mérite d'être heureux. Un être raisonnable sera donc heureux suivant la mesure de son mérite : telle est la fin de Dieu.* Si, de notre côté, nous cherchons par notre conduite à nous rendre dignes de cette félicité, nous pouvons espérer alors avec confiance que nous l'obtiendrons.

FIN.

TABLE DES MATIÈRES.

	Pag.
Préface du traducteur....................................	v
Préface de l'éditeur allemand...........................	1
Coup d'œil sur les principaux changements survenus dans la métaphysique depuis Kant, par le même..	11
§ I. Kant, Beck, Fichte.....................	20
§ II. Schelling, Bardili, Reinhold...........	34
§ III. Krug et Jacobi........................	45
§ IV. Abicht, Platner, Schulze..............	53

MÉTAPHYSIQUE.

Prolégomènes.................................... 67

ONTOLOGIE.

Du Possible et de l'Impossible..................	71
Des Jugements synthétiques et des Jugements analytiques...	74

Du Principe (*Grunde*)........................... 82
Du Principe de la Raison suffisante................ 88
Du Concept d'Etre (Essence, *Wesen*)............... 92
De l'Existence.................................... 94
De l'Etre et du Non-Etre.......................... 96
De l'Unité, de la Vérité et de la Perfection...... 98
Du Nécessaire et du Contingent.................... 100
Du Muable et de l'Immuable........................ 102
Du Réel (positif) et du Négatif................... 105
Du Singulier et de l'Universel.................... 107
Du Total et du Partiel............................ 107
Des Quantités..................................... 110
Du Degré de la Possibilité........................ 110
De la Substance et de l'Accident.................. 111
De la Force....................................... 114
De l'Etat... 115
Qu'est-ce que l'Agir?............................. 115
Du Simple et du Composé........................... 117
De l'Espace et du Temps........................... 120
Du Fini et de l'Infini............................ 122
De l'Identité et de la Diversité.................. 125
De la Cause et de l'Effet......................... 128
De la Matière et de la Forme...................... 136
La Philosophie transcendentale.................... 138
De l'Idée et de l'Idéal........................... 140

COSMOLOGIE.

Idée du Monde..................................... 143
De la Progression et de la Regression à l'Infini.. 148
De la Fatalité, du Hasard......................... 152
Du Saut et de la Loi de Continuité................ 154

Des Parties de l'Univers.......................... 165
De la Genèse des Corps........................... 171
De la Nature des Corps........................... 176
De la Perfection du Monde........................ 177
Du Commerce des Substances...................... 178
Du Naturel et du Surnaturel...................... 185
Des Miracles..................................... 187

PSYCHOLOGIE.

Notions préliminaires............................ 197
PSYCHOLOGIE EMPIRIQUE............................ 211
  De la Division générale des Facultés intellectuelles. 211
  De l'Intelligence sensible en particulier........ 214
  Des Représentations des Sens mêmes............... 216
  De la Faculté supérieure de connaître............ 230
  Considérations générales sur ce Sujet............ 230
  De la Faculté du Plaisir et de la Peine.......... 242
  De la Faculté appétitive......................... 258
  Du Commerce entre l'Ame et le Corps.............. 268
PSYCHOLOGIE RATIONNELLE.......................... 275
  SECT. I. L'Ame considérée absolument............. 279
  SECT. II. L'Ame considérée par Comparaison avec
    les autres Choses............................. 290
  SECT. III. L'Ame considérée dans son union avec
    d'autres Choses............................... 305
  De l'Etat de l'Ame après la Mort................. 315

THÉOLOGIE RATIONNELLE.

Introduction..................................... 347
Division de la Théologie......................... 354

I. Théologie rationnelle pure................... 360
   1º Théologie transcendentale.............. 360
   2º Théologie naturelle ou physique............. 395
   3º Théologie morale...................,...... 415
II. Théologie rationnelle appliquée. 420
   1º De la Création........................... 421
   2º De la Conservation et du Gouvernement du Monde................................... 434
   3º De la Fin dernière du Monde................ 440

FIN DE LA TABLE.

DIJON, IMPRIMERIE DE DOUILLIER.

www.ingramcontent.com/pod-product-compliance
Lightning Source LLC
Chambersburg PA
CBHW071619230426
43669CB00012B/1996